Qiaoliang Gongcheng Ruanjian

桥梁工程软件

midas Civil Yingyong Gongcheng Shili

midas Civil 应用工程实例

主编　邱顺冬
主审　桂满树　姜毅荣

人民交通出版社

内 容 提 要

midas Civil 软件是一款主要针对桥梁结构分析与设计的有限元软件,在国内拥有大量的用户群。对于使用 midas Civil 进行桥梁结构分析与设计,本书收集了 22 个工程实例,包括梁桥、拱桥、斜拉桥、悬索桥等桥型,分析内容涵盖了静力分析、动力分析、屈曲分析、水化热分析。同时,随书附光盘一张,盘中包括最新的 midas Civil 2010 试用版、相关分析模型、书中各部分内容的图片,供学习使用本书时参考。

本书对提高 midas Civil 软件用户的技术水平大有裨益,可供土木工程相关领域的工程师、科研人员、高等院校的学生和教师参考使用。

图书在版编目(CIP)数据

桥梁工程软件 midas Civil 应用工程实例 / 邱顺冬 主编. — 北京:人民交通出版社,2011.8
 ISBN 978-7-114-09340-1

Ⅰ. ①桥⋯　Ⅱ. ①邱⋯　Ⅲ. ①桥梁工程-应用软件,midas Civil　Ⅳ. ①U44-39

中国版本图书馆 CIP 数据核字(2011)第 161871 号

书　名:	桥梁工程软件 **midas Civil** 应用工程实例
著 作 者:	邱顺冬
责任编辑:	王　霞
出版发行:	人民交通出版社
地　　址:	(100011)北京市朝阳区安定门外外馆斜街 3 号
网　　址:	http://www.ccpress.com.cn
销售电话:	(010) 59757973
总 经 销:	人民交通出版社发行部
经　　销:	各地新华书店
印　　刷:	北京市密东印刷有限公司
开　　本:	787×1092　1/16
印　　张:	22.5
字　　数:	518 千
版　　次:	2011 年 8 月　第 1 版
印　　次:	2021 年 2 月　第 7 次印刷
书　　号:	ISBN 978-7-114-09340-1
定　　价:	60.00 元

(有印刷、装订质量问题的图书由本社负责调换)

前言 QIANYAN

在桥梁结构的设计与施工过程中,分析计算是一个重要环节,而专业软件则是实现这一环节的必要工具。2002 年至今,midas Civil 软件有幸得到我国桥梁工程界广大技术人员的厚爱,日益普及并在提高工作效率、推动技术进步等方面发挥着越来越重要的作用。很多软件用户已经熟练地掌握了 midas Civil 软件的操作过程和分析原理,但是对如何在软件中模拟实际工程往往感到无从下手,迫切需要软件的应用工程实例资料用来学习和参考。为此,我们组织了 midas Civil 软件用户中技术水平高、工程经验丰富、软件掌握熟练的专家编写本书,希望本书可以成为软件应用者的实用教程。

书中共收集了 22 个工程实例,按照梁桥、拱桥、斜拉桥、悬索桥、其他工程实例的顺序排序,分析内容涵盖了静力分析、动力分析、屈曲分析、水化热分析等。随书附光盘一张,光盘内容包含最新的 Civil 2010 试用版软件、相关分析模型、文本中的图片或 CAD 文件。光盘中的分析模型和书中的分析结果均以 midas Civil 2010(Ver. 780)版本为准。读者在阅读本书时,结合光盘中的相关分析模型理解实例内容学习效果会更好。

书中绝大部分实例都是以已经建成的桥梁工程项目为背景编写的,具有非常强的实用性。审定书稿的过程中,在不影响全书统一性的前提下,我们尽量保留了不同作者的不同写法,希望读者能够从不同角度理解软件的应用方法。由于部分书稿完成时间较早、时间紧迫等原因,书中还是留下了很多遗憾,例如有些实例采用的不是现行规范或者标准,有些实例没有附上分析模型、一些读者十分关心的内容没有体现等。尽管留有一些遗憾,相信本书还是会对 midas Civil 软件的广大用户和爱好者提高应用水平大有裨益。本书结合《桥梁工程软件 midas Civil 常见问题解答》一起阅读会产生更好的学习效果。

同一个结构因为关注点的不同,分析的方法和采用的模型也往往不相同,一般不存在"唯一解",读者在阅读本书时一定要特别注意这点。

  本书由邱顺冬主编,桂满树、姜毅荣主审。沈永林编写实例一、二;欧阳辉来编写实例三、十一;周家新编写实例四、七、二十;张雪松编写实例五、十三;徐磊编写实例六;周洲编写实例八、九;李宏江编写实例十;徐海军编写实例十二、十八;周泳涛编写实例十四、十六;钟继卫编写实例十五;程斌、孙海涛编写实例十七;周岑编写实例十九;伍小平编写实例二十一、二十二。凌奇昌、韩吉男、刘美兰、钱江、冯锐参与了全书的审稿工作。赵永红、司洋、张均洁、宫凤、玉苏云.纳斯尔、罗燕、魏双科、高永涛为本书的校对、整理等做了大量工作。

  感谢人民交通出版社陈志敏主任、王霞编辑、付宇斌为本书做的大量工作。

  由于时间紧迫和编者水平有限,书中难免存在缺点和错误,恳请广大同行和读者批评指正。联系电话:010-51659908-600,Email:SD-QIU@MidasUser.COM。

邱顺冬
2011 年 5 月

作者、主审、主编介绍

沈永林(1957—)，男，高级工程师，1986年毕业于云南省公路局职工大学道桥专业(专科)，1996年毕业于成都科技大学道桥专业(专科升本科)。1999年至今担任中国公路学会桥梁结构分会理事，现任云南省交通规划设计研究院副总工程师。

欧阳辉来(1975—)，男，高级工程师，1999年毕业于重庆交通学院桥梁工程专业，工学学士。现任中铁第一勘察设计院桥梁隧道处桥二所总工程师，从事桥梁设计工作。

周家新，高级工程师，1993年毕业于北方交通大学铁道工程专业，1996年硕士毕业于北方交通大学桥梁结构工程专业，自1996年起至今在中铁五院集团公司桥梁设计院先后从事桥梁分析软件开发、桥梁施工控制、铁路桥梁设计和计算方面的工作。

张雪松(1975—)，男，副教授，1997年毕业于重庆交通学院桥梁与隧道工程专业，工学学士；2000年毕业于重庆交通学院桥梁与隧道工程专业，工学硕士；2006年毕业于同济大学桥梁与隧道工程专业，工学博士；现任重庆交通大学桥梁工程系副主任。

徐磊(1976—)，男，工程师，2000年毕业于同济大学桥梁与隧道工程专业，工学学士，2003年毕业于同济大学桥梁与隧道工程专业，工学硕士，现就职于上海千年工程建设咨询有限公司，任桥隧设计院院长。

周洲(1976—)，男，工程师，1999年毕业于浙江大学道桥专业。原北京建达道桥咨询有限公司桥梁主任工程师，现任北京中汉威工程咨询有限公司副总工程师。

李宏江(1973—)，男，副研究员，2000年毕业于河北工业大学桥梁工程专业，工学硕士；2003年毕业于东南大学桥梁与隧道工程专业，工学博士。现工作于交通运输部公路科学研究院桥梁技术研究中心。

徐海军(1978—)，男，工程师，2003年毕业于同济大学桥梁工程专业，工学硕士，国家注册咨询工程师。现任同济大学建筑设计研究院(集团)有限公司市政工程设计院设计一所主任工程师。

周泳涛(1968—),男,教授级高工,1989年毕业于重庆交通学院桥梁工程专业,工学学士;中国公路学会桥梁和结构工程分会理事,交通部公路勘察设计评标专家,现任中交路桥技术有限公司副总工程师。

钟继卫(1975—),男,高级工程师,1996年毕业于长沙交通学院桥梁工程专业,工学学士;现任中铁大桥局武汉桥梁科学研究院有限公司副总工程师。

程斌(1979—),男,讲师,2008年毕业于同济大学桥梁工程专业,工学博士,现就职于上海交通大学船舶与建筑工程学院。

孙海涛(1976—),男,高级工程师,2007年毕业于同济大学桥梁工程专业,工学博士,现就职于上海市政工程设计研究总院(集团)有限公司。

周岑(1975—),男,高级工程师,1997年毕业于西南交通大学桥梁和隧道工程专业,获工学学士;2000年毕业于西南交通大学桥梁和隧道工程专业,工学硕士;2003毕业于同济大学桥梁与隧道工程专业,工学博士。现就职于中交公路规划设计院有限公司。

伍小平(1975—),男,高级工程师,1996年毕业于武汉水利电力大学农田水利工程专业,获工学学士;1999年毕业于中国地震局工程力学研究所工程力学专业,工学硕士;2002毕业于同济大学桥梁与隧道工程专业,工学博士。现任上海建工集团股份有限公司技术中心技术总监。

桂满树(1966—),男,工程师,1985年毕业于天津大学建筑结构专业,工学学士,1999年毕业于韩国釜山大学土木工学科结构专业(桥梁),工学硕士,现就职于北京迈达斯技术有限公司。

姜毅荣(1971—),男,1999年韩国清州大学建筑工学专业,工学硕士,现就职于北京迈达斯技术有限公司。

邱顺冬(1974—),男,工程师,1997年毕业于大连理工大学道桥专业,工学学士,2003年毕业于同济大学桥梁工程专业,工学硕士,现就职于北京迈达斯技术有限公司。

目录 MULU

第一篇　梁桥工程实例

实例一　先张空心板梁桥 ···································· 3
 1　桥梁概况 ···································· 3
 2　建模过程 ···································· 5
 3　计算疑难点分析 ···································· 14
 4　分析结果与结论 ···································· 21
 参考文献 ···································· 23

实例二　斜交 T 形梁桥 ···································· 24
 1　桥梁概况 ···································· 24
 2　建模主要步骤 ···································· 28
 3　竖向基频分析 ···································· 36
 4　分析结果与结论 ···································· 39
 参考文献 ···································· 43

实例三　新型简支槽形梁桥 ···································· 44
 1　桥梁概况 ···································· 44
 2　建模与分析结果 ···································· 47
 3　结论 ···································· 66
 参考文献 ···································· 67

实例四　三跨连续槽形梁桥 ···································· 68
 1　桥梁概况 ···································· 68
 2　槽形梁空间分析的特点 ···································· 70
 3　建模过程 ···································· 70
 4　分析结果与结论 ···································· 74

实例五　体外预应力混凝土连续刚构桥 ···································· 79
 1　桥梁概况 ···································· 79
 2　建模过程 ···································· 82

3　分析结果·· 88
　　　4　总结·· 93
　　参考文献·· 93
实例六　钢—混凝土组合连续梁桥·· 94
　　1　桥梁概况·· 94
　　2　要点分析·· 97
　　3　建模分析·· 99
　　4　分析结果与结论··· 102
　参考文献·· 109
实例七　V形墩连续刚构桥··· 110
　　1　桥梁概况·· 110
　　2　建模要点·· 113
　　3　建模过程·· 115
　　4　分析结果与结论··· 121
实例八　三跨预应力混凝土连续梁弯桥···································· 123
　　1　桥梁概况·· 123
　　2　建模过程·· 126
　　3　分析结果与讨论··· 132
　　4　总结·· 138
实例九　双薄壁墩曲线连续刚构桥·· 139
　　1　桥梁概况·· 139
　　2　建模过程·· 141
　　3　分析结果与结论··· 142
　　4　总结·· 160

第二篇　拱桥工程实例

实例十　下承式钢管混凝土简支拱桥·· 163
　　1　桥梁概况·· 163
　　2　建模要点·· 164
　　3　分析结果与结论··· 168
　参考文献·· 174
实例十一　上承式 RPC 混凝土提篮拱桥···································· 176
　　1　桥梁概况·· 176
　　2　建模与结果分析··· 178
　参考文献·· 193
实例十二　梁拱组合体系桥·· 195
　　1　桥梁概况·· 195
　　2　建模要点·· 196

  3　结果分析 ··· 199
  4　结论 ··· 210
 实例十三　朝天门长江大桥 ··· 211
  1　桥梁概况 ··· 211
  2　建模要点 ··· 214
  3　分析结果 ··· 217
  4　结论 ··· 223
  参考文献 ··· 227

第三篇　斜拉桥工程实例

 实例十四　双塔双索面 PC 斜拉桥 ································· 231
  1　桥梁概况 ··· 231
  2　建模分析 ··· 233
  3　分析结果与结论 ·· 237
  参考文献 ··· 239

第四篇　悬索桥工程实例

 实例十五　双塔单跨钢箱梁地锚式悬索桥 ····················· 243
  1　桥梁概况 ··· 243
  2　悬索桥的力学特点 ··· 244
  3　悬索桥的分析要点 ··· 244
 实例十六　独塔空间索面自锚式悬索桥 ························· 256
  1　桥梁概况 ··· 256
  2　初始平衡状态分析 ··· 258
  3　计算分析 ··· 261
  4　结果验证 ··· 266
  参考文献 ··· 267
 实例十七　三跨双塔自锚式悬索桥主缆分析 ················· 269
  1　桥梁概况 ··· 269
  2　分析理论 ··· 270
  3　建模要点 ··· 280
  4　分析结果与结论 ·· 282

第五篇　其他工程实例

 实例十八　自锚式悬索与斜拉组合体系桥 ····················· 287
  1　桥梁概况 ··· 287
  2　建模分析 ··· 288
  3　分析结果 ··· 296

  4 结论 ·· 304

实例十九 自锚式悬索桥的动力分析·················· 306
  1 桥梁概况 ·· 306
  2 模型说明 ·· 307
  3 分析结果及评价 ····································· 311
 参考文献 ··· 314

实例二十 连续刚构桥0#块分析························ 315
  1 桥梁概况 ·· 315
  2 模型说明 ·· 316
  3 建立几何模型与网格划分 ·························· 318
  4 建立实体单元分析模型 ···························· 321
  5 分析结果与结论 ····································· 323

实例二十一 斜拉桥主塔承台水化热分析··············· 327
  1 工程概况 ·· 327
  2 建模分析 ·· 328
  3 分析结果 ·· 331
  4 分析结果的评价 ····································· 336
 参考文献 ··· 338

实例二十二 斜拉桥主塔下横梁施工临时支撑分析······ 340
  1 工程概况 ·· 340
  2 建模要点 ·· 341
  3 分析结果与结论 ····································· 343
 参考文献 ··· 350

第一篇　梁桥工程实例

- 先张空心板梁桥
- 斜交 T 形梁桥
- 新型简支槽形梁桥
- 三跨连续槽形梁桥
- 体外预应力混凝土连续刚构桥
- 钢—混凝土组合连续梁桥
- V 形墩连续刚构桥
- 三跨预应力混凝土连续梁弯桥
- 双薄壁墩曲线连续刚构桥

实例一 先张空心板梁桥

1 桥梁概况

1.1 几何尺寸

空心板梁几何尺寸见图 1-1～图 1-3。

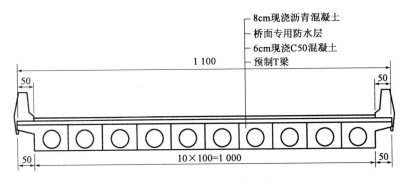

图 1-1 横截面布置图(尺寸单位:cm)

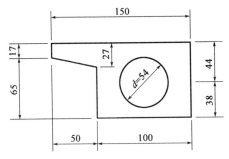

图 1-2 边板截面(尺寸单位:cm)

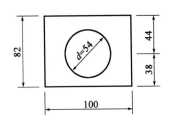

图 1-3 中板截面(尺寸单位:cm)

1.2 主要技术指标

(1)结构形式：装配式先张法预应力混凝土简支空心板梁。
(2)计算跨径：16m。
(3)斜交角度：0度。
(4)汽车荷载：公路—Ⅱ级。
(5)结构重要性系数：1.0。

1.3 计算原则

(1)执行《公路桥涵设计通用规范》(JTG D60—2004)和《公路钢筋混凝土及预应力混凝土桥涵设计规范》(JTG D62—2004)。
(2)6cm厚现浇C50混凝土铺装，不参与结构受力，仅作为二期恒载施加。
(3)温度效应：均匀温升、温降按20℃考虑；梯度温度按《公路桥涵设计通用规范》(JTG D60—2004)第4.3.10条的规定取值。
(4)按A类构件设计。
(5)边界条件：空心板梁预制阶段和存梁阶段的临时支座用"一般支承"来模拟；板梁安装以后的永久圆形板式橡胶支座约束用"节点弹性支承"进行模拟，弹簧刚度 $SD_x = SD_y = 1890 \text{kN/m}$，$SD_z = 9.212\text{E}+05\text{kN/m}$，$SR_x = 2.078\text{E}+09\text{kN} \cdot \text{m/rad}$。

1.4 主要材料及配筋说明

(1)空心板材料选用C50混凝土。
(2)预应力钢筋选用公称直径 $\phi^s = 15.2\text{mm}$ 的钢绞线，1根钢绞线截面面积 $A_p = 139\text{mm}^2$，抗拉强度标准值 $f_{pk} = 1860\text{MPa}$，锚具变形总变形值为12mm。横截面预应力钢筋和普通钢筋的布置见图1-4和图1-5，图中N9筋(实心黑点)为普通钢筋，其余为钢绞线。预应力钢筋有效长度见表1-1。

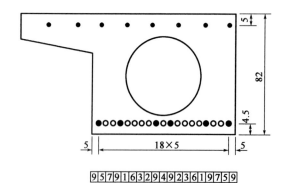

图1-4 边板钢筋钢绞线布置图(尺寸单位：cm)

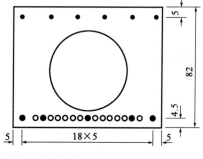

图1-5 中板钢筋钢绞线布置图(尺寸单位：cm)

16m 空心板预应力钢筋有效长度　　　　　　　　　　　　　　表1-1

钢束编号	边板（cm）			中板（cm）		
	根数	构造有效长度	计算有效长度	根数	构造有效长度	计算有效长度
1	2	1 250	1 159	2	1 250	1 159
2	2	1 600	1 505	2	1 600	1 505
3	2	950	859	2	950	859
4	1	646	555	2	650	559
5	2	1 430	1 339	2	1 096	1 005
6	2	1 146	1 055	2	1 434	1 343
7	2	1 468	1 377	—	—	—

注：表中构造有效长度指施工设计图中预应力钢筋的有效长度。计算有效长度指考虑预应力传递长度影响后结构分析采用的预应力钢筋有效长度；计算有效长度＝构造有效长度－预应力传递长度。

1.5 施工阶段说明

空心板梁的施工共划分为5个阶段，各阶段工作内容见表1-2。

空心板梁施工阶段划分说明　　　　　　　　　　　　　　　　表1-2

施工阶段	施工天数	工作内容说明
CS1	10	预制空心板梁并放张预应力筋
CS2	60	预制场存梁60d
CS3	15	安装空心板
CS4	30	现浇防撞护墙和桥面铺装
CS5	3 650	考虑10年的收缩徐变影响

2 建模过程

2.1 定义材料与截面

在"模型〉材料和截面特性〉材料"中定义材料，见图1-6和图1-7。其中，横向虚拟梁单元的材料"C50（不计重量）"的容重输入0。

中板、边板截面定义时，首先用AutoCAD绘制生成dxf格式的截面文件，导入至"工具〉截面特性计算器"中生成midas Civil截面文件，最后通过"模型〉材料和截面特性〉截面〉设计截面"选择"设计用数值截面"将该截面导入至模型中，具体见图1-8。

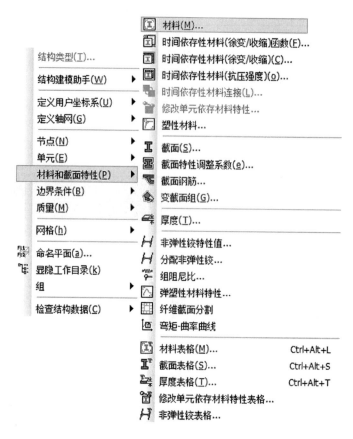

图 1-6 定义材料菜单

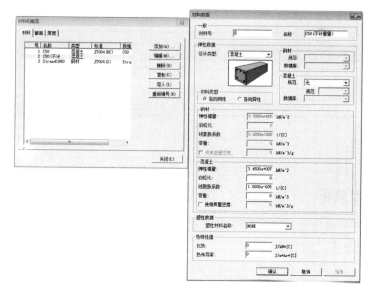

图 1-7 定义材料对话框

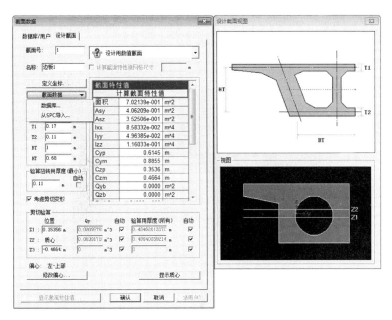

图 1-8 定义截面对话框

2.2 定义荷载类型

在"荷载〉静力荷载工况"中定义"荷载工况"及"荷载类型",见图 1-9。

图 1-9 定义荷载工况

2.3 定义组

首先检查所建模型是否正确,可点击图标菜单的"消隐"按钮显示结构外形,见图 1-10。

在"模型〉组〉定义结构组"中将结构定义为"主梁 1～主梁 10"和"横向连接"共 11 个"结构组",并用"鼠标拖放"功能指定给模型。接着通过"模型〉组〉定义荷载组"定义"自重"、"均布荷载"和"预应力"3个"荷载组",最后在"模型〉组〉定义边界组"中定义"永久支座"、"横向连接铰"、"临时支座"、"梁与支座连接"4个边界组,具体见图1-11。

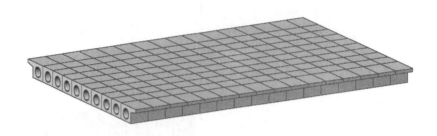

图1-10 结构消隐图

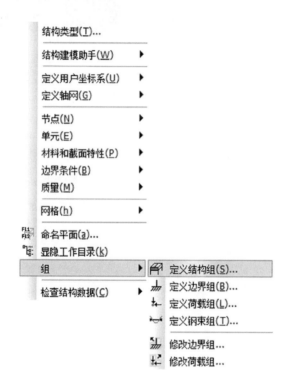

图1-11 定义组

2.4 预应力钢筋描述

预应力钢筋通过在"荷载〉预应力荷载"的下拉菜单中分别定义"钢束特性值"、"钢束布置形状"和"钢束预应力荷载"来实现,见图1-12。需要注意,在"钢束预应力荷载"对话框中输入张拉端应力值时,应考虑扣除与张拉台座工作长度相对应的锚具变形、预应力钢筋回缩及分批放张预应力钢筋引起的预应力损失。考虑上述因素的预应力损失值为48.5MPa,锚下张拉控制应力 $\sigma_{con}=0.725f_{pk}=1\ 348.5$ MPa。因此,在模型中输入的张拉端应力值 $\sigma=1\ 348.5-48.5=1\ 300$ MPa。

图 1-12 定义预应力荷载

2.5 支座和横向联系铰缝的模拟

梁顶节点与支座顶节点之间使用"模型〉边界条件〉弹性连接"中的"刚性"进行连接。空心板梁预制阶段和存梁阶段的临时支座用"一般支承"来模拟,板梁安装以后的永久圆形板式橡胶支座用"模型〉边界条件〉节点弹性支承"进行模拟。横向虚拟联系梁的铰接缝通过"模型〉边界条件〉释放梁端约束"选择"铰—刚接"来模拟,程序自动将单元 i 端的 M_y、M_z 的约束设置为 0,见图 1-13 和图 1-14。

2.6 荷载施加及各施工阶段描述

在"荷载〉自重"中定义自重荷载。midas Civil 软件中的混凝土容重默认值为 $\gamma_h = 25 \text{kN/m}^3$,本工程板梁 C50 混凝土的容重取 $\gamma_h = 26 \text{kN/m}^3$,因此输入的竖向($z$ 方向)自重系数为 -1.04。

二期恒载包括桥面铺装 C50 混凝土、沥青混凝土和钢筋混凝土防撞护墙,均通过"荷载〉梁单元荷载"定义为均布荷载。其中,每块中板承担 z 方向的均布荷载 $q_z = 3.34 \text{kN/m}$;每块边板承担 z 方向的均布荷载 $q_z = 14.96 \text{kN/m}$,x 方向的均布扭矩 $m_x = \pm 8.37 \text{kN} \cdot \text{m/m}$(均布扭矩=防撞护墙均布荷载集度(防撞护墙重心距边板偏心距)。

在"荷载〉温度荷载〉系统温度"中定义温升、温降荷载,正负梯度温度荷载通过"荷载〉温度荷载〉梁截面温度"定义。

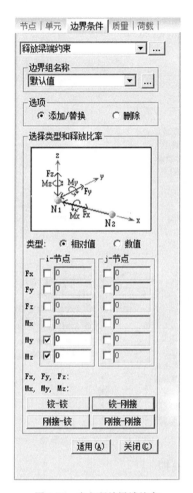

图 1-13 定义释放梁端约束

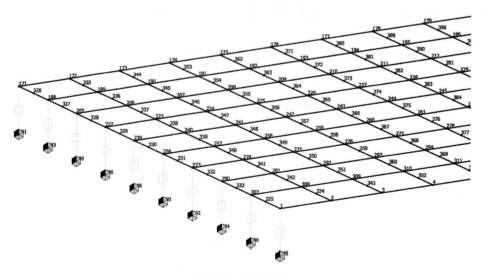

图 1-14 定义支座

在"荷载〉施工阶段分析数据〉定义施工阶段"中定义施工过程。按拟定的各施工阶段工作内容,分别"激活"和"钝化"已定义的"结构组"、"边界组"、"荷载组",见图1-15。

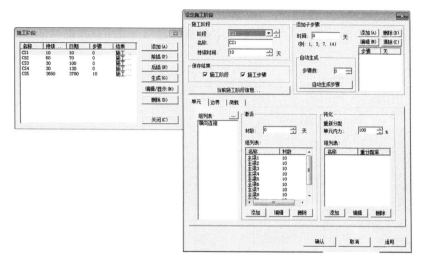

图1-15 定义施工阶段

2.7 定义汽车荷载

汽车荷载通过"荷载〉移动荷载分析数据"中的"移动荷载规范"、"车道"、"车辆"、"移动荷载工况"对话框来定义,见图1-16。

图1-16 定义移动荷载

11

定义"车道"时，车道1选择"横向联系梁"法、"横向联系梁组"选择"横向连接"，"斜交角"始终点均为0，"车辆移动方向"选择"往返"，以主梁2为基准"偏心距"取0.1m，"桥梁跨度"16m，用鼠标通过点击两点指定车道1，见图1-17。车道2选择"车道单元"法，"车辆移动方向"选择"往返"，以主梁5为基准"偏心距"取0m，"桥梁跨度"16m，用鼠标通过两点指定车道2，见图1-18。

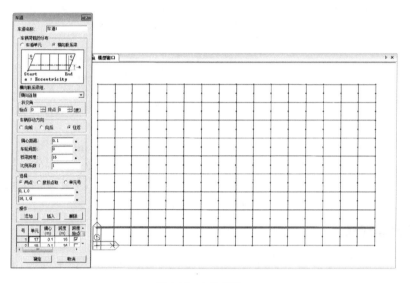

图1-17 定义车道1

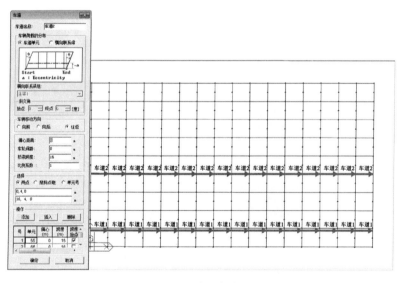

图1-18 定义车道2

2.8 分析控制数据

定义"分析>主控数据"，选择相关项见图1-19；
定义"分析>移动荷载分析控制数据"，选择相关项见图1-20；
定义"分析>施工阶段分析控制数据"，选择相关项见图1-21。

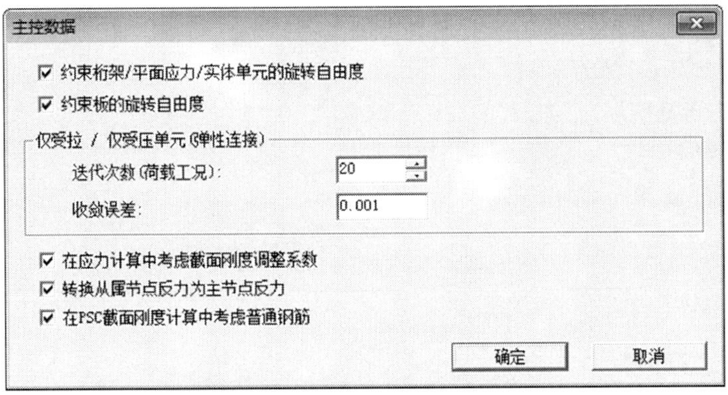

图 1-19 定义主控数据

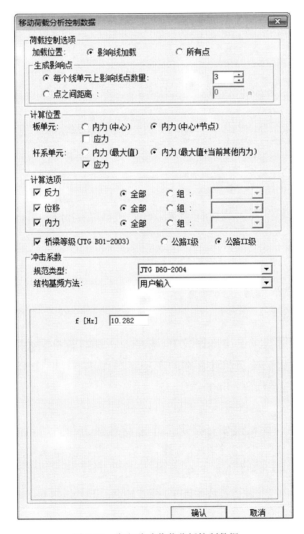

图 1-20 定义移动荷载分析控制数据

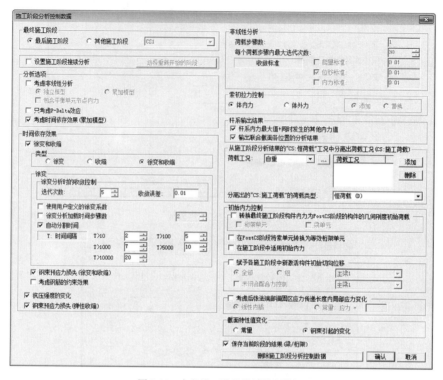

图 1-21 定义施工阶段分析控制数据

2.9 运行分析

点击"分析>运行分析"按钮(或快捷键 F5)开始进行结构分析。

3 计算疑难点分析

3.1 汽车荷载横向分布系数不同计算方法的比较

(1)方法一:铰接板法

采用平面杆系程序进行单梁模型计算时,需考虑汽车荷载空间效应影响,计入汽车荷载横向分布系数。本工程采用铰接板法计算在两车道活载作用下,边、中板跨中截面的汽车荷载横向分布系数。结果为 $m_{边}=0.298, m_{中}=0.243$。

(2)方法二

采用 midas Civil 空间梁格模型直接定义车道荷载法进行计算。空间梁格模型的边界条件和横向连接如前所述,定义了 2 个车道荷载,分析结束后在"结果>分析结果表格>位移"中查看 2 个车道荷载作用下各板梁跨中截面的挠度 D_z 值,见表 1-3 和图 1-22。

2 个车道荷载作用下各板梁跨中截面挠度 D_z 值　　　　表 1-3

板号	1	2	3	4	5	6	7	8	9	10	Σ
D_z(mm)(↓)	5.131	5.277	4.870	4.646	4.540	3.813	3.138	2.670	2.367	2.209	38.661

图 1-22 查看位移结果

汽车荷载横向分布系数可按公式(1-1)计算：

$$m_i = N \frac{D_i}{\sum_{i=1}^{n} D_i} \tag{1-1}$$

式中：m_i——汽车荷载横向分布系数；

N——车道数；

D_i——第 i 号板跨中截面挠度值。

1 号边板和 2 号中板跨中截面汽车荷载横向分布系数分别为：

$$m_\text{边} = 2 \times \frac{5.131}{38.661} = 0.265$$

$$m_\text{中} = 2 \times \frac{5.277}{38.6611} = 0.273$$

(3) 方法三

采用空间梁格模型施加单位力法计算。如图 1-23 所示，计算 $P=1\,000\text{kN}$ 分别作用于各板跨中截面时各板跨中截面的挠度值。按公式(1-2)计算横桥向各板位置处的影响线坐标。

$$\eta_{ij} = \frac{f_{ij}}{\sum_{i,j=1}^{n} f_{ij}} \tag{1-2}$$

式中：η_{ij}——横桥向各板位置处的影响线坐标值；

f_{ij}——单位力 P_i 作用于第 i 号板梁跨中截面引起的第 j 号板梁跨中截面位置处的挠度值。

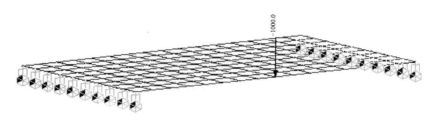

图1-23 梁格模型单位力法示意图

1号边板和2号中板影响线坐标计算结果见表1-4。

1号边板和2号中板影响线坐标计算 表1-4

板编号	1 号 边 板		2 号 中 板	
板位置	$f_{ij}\times 1\,000$	η_{ij}	$f_{ij}\times 1\,000$	η_{ij}
1	12 506	0.216 5	10 139	0.174 0
2	10 139	0.175 5	10 478	0.179 9
3	7 971	0.138 0	8 598	0.147 6
4	6 338	0.109 7	6 801	0.116 7
5	5 096	0.088 2	5 456	0.093 7
6	4 158	0.072 0	4 446	0.076 3
7	3 462	0.059 9	3 700	0.063 5
8	2 967	0.051 4	3 171	0.054 4
9	2 644	0.045 8	2 825	0.048 5
10	2 475	0.042 9	2 644	0.045 4
Σ	57 756	0.999 9≈1	58 258	1

根据表中η_{ij}值绘出1号边板和2号中板影响线,并按规范要求布置车辆荷载,见图1-24和图1-25。

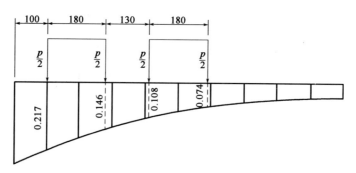

图1-24 1号边板荷载横向分布影响线

1号边板汽车荷载横向分布系数为:

$$m_{边} = \frac{1}{2} \times (0.217 + 0.146 + 0.108 + 0.074) = 0.273 \tag{1-3}$$

2号中板汽车荷载横向分布系数为:

$$m_{中} = \frac{1}{2} \times (0.180 + 0.153 + 0.115 + 0.078) = 0.263 \tag{1-4}$$

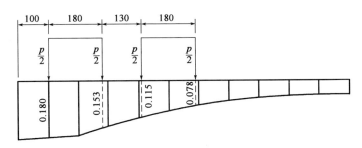

图 1-25　2 号中板荷载横向分布影响线

三种方法的荷载横向分布系数计算结果比较见表 1-5。

汽车荷载横向分布系数不同计算方法计算结果比较　　表 1-5

计算方法	方法一	方法二	方法三
$m_{边}$	0.298	0.265	0.273
$m_{中}$	0.243	0.273	0.263

三种方法的计算结果比较接近，在实际工程中，可采用上述任意一种方法计算汽车荷载横向分布系数，然后按平面单梁模型进行分析计算。

3.2　空间梁格模型与平面单梁模型计算结果比较

本实例仅对边板的弯矩计算结果进行比较。

（1）单梁模型计算说明

施加荷载和支座边界条件同前述空间梁格模型，采用方法一得到的边板汽车荷载横向分布系数 $m_{边}=0.298$ 进行计算。单梁结构图和离散图见图 1-26 和图 1-27。

图 1-26　单梁结构图

图 1-27　单梁离散图

（2）单梁模型内力计算结果

恒载弯矩图、最终施工阶段钢束一次弯矩图和汽车荷载弯矩图见图 1-28～图 1-30。

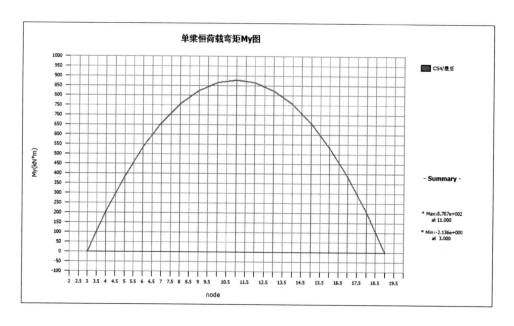

图 1-28　单梁恒荷载弯矩 M_y 图

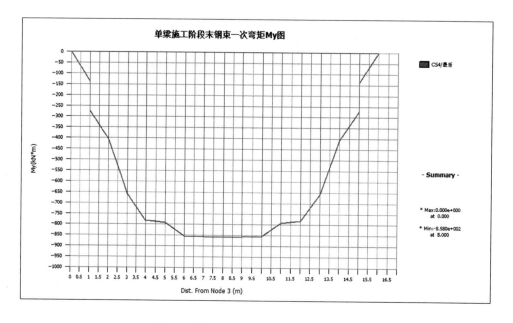

图 1-29　单梁施工阶段末钢束一次弯矩 M_y 图

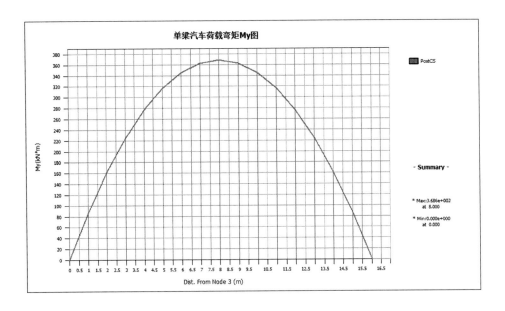

图 1-30　单梁汽车荷载弯矩 M_y 图

(3) 空间梁格模型计算结果

恒载弯矩图、最终施工阶段钢束一次弯矩图和汽车荷载弯矩图见图 1-31～图 1-33。

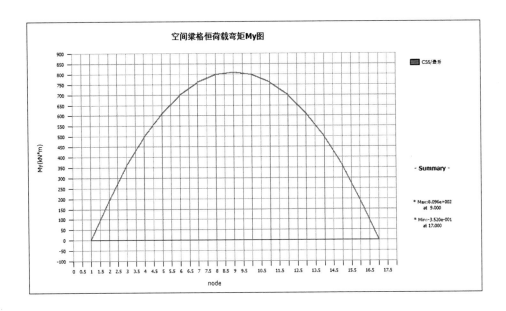

图 1-31　空间梁格恒荷载弯矩 M_y 图

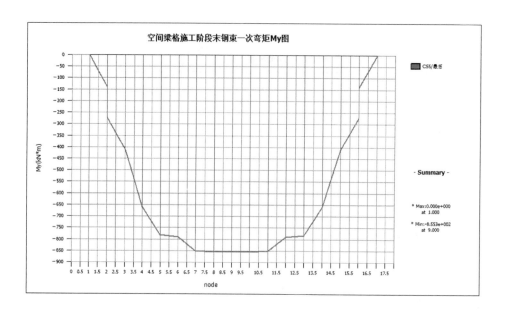

图 1-32 空间梁格施工阶段末钢束一次弯矩 M_y 图

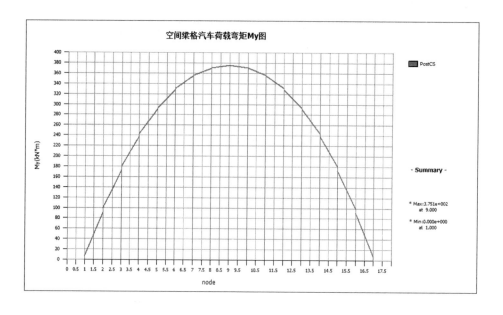

图 1-33 空间梁格汽车荷载弯矩 M_y 图

(4)两种计算模型分析结果的比较

边板跨中弯矩在不同模型中的差别见表 1-6,由此可得:

①恒载作用下,单梁模型比空间梁格模型的弯矩大 8.5%;

②施工阶段末钢束一次作用下,单梁模型比空间梁格模型的弯矩大 2.5%;

③汽车荷载作用下,单梁模型比空间梁格模型的弯矩小1.7%;
④恒载+预应力+汽车荷载作用下,单梁模型比空间梁格模型大17.8%。

边板跨中弯矩(kN·m) 表1-6

荷 载 作 用	单梁模型	空间梁格模型
恒载	878.7	810.0
施工阶段末钢束一次	−857.9	−854.4
汽车荷载	368.6	375.1
恒载+预应力+汽车荷载	389.4	330.7

4 分析结果与结论

4.1 定义荷载组合

在"结果〉荷载组合"对话框的"混凝土设计"表单中,点击"自动生成"按钮,并选择"JTG D60—04规范"生成荷载组合,见图1-34和图1-35。

图1-34 自动生成荷载组合

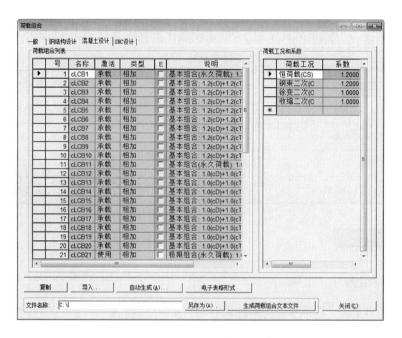

图 1-35 按所选规范自动生成的荷载组合

4.2 各施工阶段板梁跨中截面上拱值

在"结果>分析结果表格>位移"中，查看各施工阶段边板、中板的跨中截面挠度上拱值，见表 1-7。

各施工阶段边板、中板的跨中截面挠度上拱值(mm)　　　表 1-7

施工阶段	1号边板跨中截面(9号节点)	2号中板跨中截面(315号节点)
CS1	9.9	8.4
CS2	12.0	10.0
CS3	12.2	10.2
CS4	7.3	5.7
CS5	7.3	5.8

上拱值是控制施工质量的重要参数。设计文件中，一般要求提供施工各阶段的理论上拱值与实际上拱值的对比结果。工程实践中尤其要控制空心板的存梁时间，不宜过长，以免造成上拱值过大，从而影响桥面铺装的施工及支座高程的控制。

4.3 支点反力

以节点一为例，在"结果>反力>支点反力"查看第 36 号荷载组合"CBCmax：cLCB36"的支点反力值，见图 1-36。由图可知，边、中板支点反力最大值分别为 319.8kN 和 407.8kN。支座反力值的大小决定了支座规格的选择。

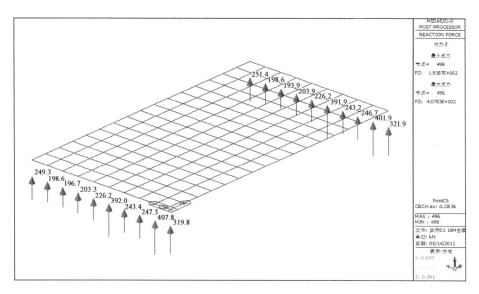

图 1-36 反力结果

4.4 结论

(1)对于装配式空心板等结构可采用平面单梁模型,也可采用空间梁格模型进行结构分析。当为正交板时,一般采用平面单梁模型,以减少建模的工作量;当为斜交板时,内力分布较复杂,建议采用空间梁格模型,以保证计算结果的精确。

(2)单梁模型的荷载分布系数,在实际工程中可采用介绍的三种方法之一计算。按空间梁格模型施加单位力法计算荷载横向分布系数,可真实模拟实际结构,无需作过多假设,力学概念清楚,同样适用于连续梁等超静定结构。

(3)在"恒载+预应力+汽车荷载"作用下,对于正交板的跨中截面弯矩,单梁模型比空间梁格模型的计算结果偏大 17.8%,从工程角度出发,偏于安全是可接受的。

参 考 文 献

[1] 中华人民共和国行业标准.JTG D60—2004 公路桥涵设计通用规范[S].北京:人民交通出版社,2004.

[2] 中华人民共和国行业标准.JTG D62—2004 公路钢筋混凝土及预应力混凝土桥涵设计规范[S].北京:人民交通出版社,2004.

[3] 谌润水,胡钊芳,邓经国.公路桥梁荷载试验[M].北京:人民交通出版社,2003.

实例二
斜交T形梁桥

1 桥梁概况

1.1 几何尺寸

斜交简支T形梁共有5道横隔板。其中3道中横隔板,2道端横隔板,横隔板均为斜置。横桥向布置5片梁。几何尺寸见图2-1～图2-4。

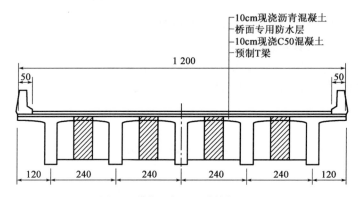

图2-1 横截面布置(尺寸单位:cm)

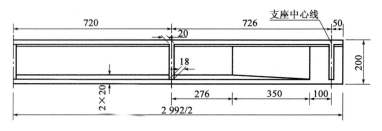

图2-2 半立面(尺寸单位:cm)

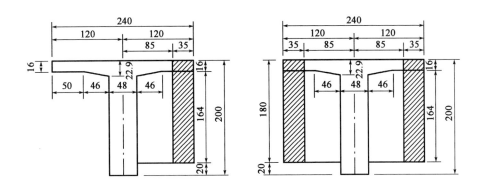

图 2-3 支点截面(尺寸单位:cm)

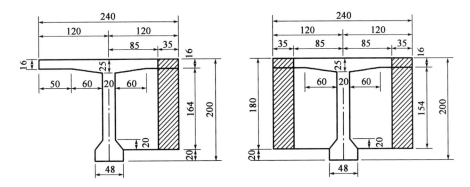

图 2-4 跨中截面(尺寸单位:cm)

1.2 主要技术指标

(1)构件形式:装配式后张法预应力混凝土简支 T 形梁。
(2)标准跨径:30m。
(3)预制梁长:29.92m。
(4)计算跨径:28.92m。
(5)斜交角度:30°。
(6)汽车荷载:公路—I 级。
(7)结构重要性系数:1.1。

1.3 计算原则

(1)本计算依据《公路桥涵设计通用规范》(JTG D60—2004)和《公路钢筋混凝土及预应力混凝土桥涵设计规范》(JTG D62—2004)。
(2)10cm 厚现浇 C50 混凝土不参与结构受力,仅作为恒载施加。
(3)温度效应:均匀温升、温降均按 20℃考虑,温度梯度按《公路桥涵设计通用规范》(JTG D60—2004)第 4.3.10 条的规定取值。
(4)构件类型:按 A 类构件设计。

(5)边界条件:预制 T 梁和存梁阶段的临时支座用一般支承模拟。安装 T 梁后,其他阶段的永久圆形板式橡胶支座约束用弹性支承模拟,取弹簧系数 $SD_x=SD_y=2\,438\text{kN/m}$;$SD_z=2.55\text{E}+06\text{kN/m}$;$SR_x=SR_y=SR_z=0$。

1.4 主要材料及配筋说明

(1)T 形梁选用 C50 混凝土。

(2)采用圆形塑料波纹管,波纹管外径 $D=70\text{mm}$。

(3)预应力钢绞线公称直径 $\phi^s=15.2\text{mm}$,单根钢绞线截面积 $A_p=139\text{mm}^2$,抗拉强度标准值 $f_{pk}=1\,860\text{MPa}$,预应力钢筋与管道壁摩擦系数 $\mu=0.16$,管道每米局部偏差对摩擦的影响系数 $K=0.0015$,预应力钢绞线松弛系数 $\xi=0.3$。张拉方式为两端张拉,锚具变形及钢束回缩总变形值为 12mm。预应力钢束布置,见图 2-5~图 2-7。预应力钢束规格及锚下张拉控制应力见表 2-1,预应力钢束坐标见表 2-2 和表 2-3。

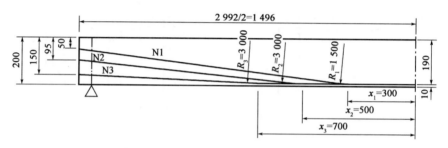

图 2-5 预应力钢束立面布置图(尺寸单位:cm)

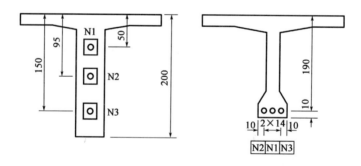

图 2-6 预应力钢束断面布置图(尺寸单位:cm)

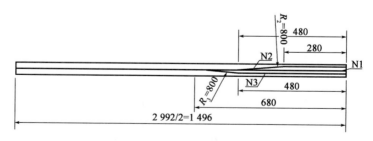

图 2-7 预应力钢束平面布置图(尺寸单位:cm)

实例二 斜交T形梁桥

预应力钢束规格及锚下张拉控制应力   表2-1

钢束编号	锚具规格及张拉控制应力				
	中梁	束数	边梁	束数	σ_{con}(MPa)
N1	15-9	1	15-9	1	1 395
N2	15-8	1	15-9	1	
N3	15-8	1	15-9	1	

预应力钢束立面坐标表(m)   表2-2

钢束 N1			钢束 N2			钢束 N3		
x	z	R	x	z	R	x	z	R
0	−0.50	0	0.0	−0.95	0	0	−1.5	0
11.96	−1.90	15	9.96	−1.90	30	7.96	−1.90	30
17.96	−1.90	15	19.96	−1.90	30	21.96	−1.90	30
29.92	−0.50	0	29.92	−0.95	0	29.92	−1.5	0

预应力钢束平面坐标表(m)   表2-3

钢束 N1			钢束 N2			钢束 N3		
x	y	R	x	y	R	x	y	R
0	0	0	0.0	0	0	0	0	0
29.92	0	0	10.16	0	8	8.16	0	8
—	—	—	12.16	0.14	8	10.16	−0.14	8
—	—	—	17.16	0.14	8	19.76	−0.14	8
—	—	—	19.76	0	8	21.76	0	8
—	—	—	29.92	0	0	29.92	0	0

(4)普通钢筋配筋说明

对于梁端至跨中腹板变化点范围,N1、N3、N4、N5 筋直径 $D=12$mm(HRB335);N2 筋直径 $D=25$mm(HRB335);其中箍筋 N5 顺桥向间距为10cm。

对于跨中腹板变化点往跨中 2m 范围,N1、N3、N4、N5 筋直径 $D=12$mm(HRB335);N2 筋直径 $D=25$mm(HRB335);其中箍筋 N5 顺桥向间距为10cm。

对于跨中截面,N1、N3、N4、N5 筋直径 $D=12$mm(HRB335);N2 筋直径 $D=25$mm(HRB335);其中箍筋 N5 顺桥向间距为20cm。详见图 2-8 和图 2-9。

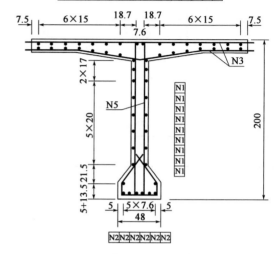

图 2-8 支点截面(尺寸单位:cm)　　　　图 2-9 跨中截面(尺寸单位:cm)

1.5 施工阶段说明

斜交简支 T 形梁共划分为 5 个施工阶段,各阶段工作内容见表 2-4。

30m 斜交简支 T 形梁施工阶段划分说明　　表 2-4

施工阶段	施工天数(d)	工作内容说明
CS1	10	预制 T 形梁并张拉预应力束
CS2	60	预制场存梁 60d
CS3	15	现浇翼板和横隔板湿接头
CS4	30	现浇防撞护墙和桥面铺装
CS5	3 650	考虑 10 年的收缩徐变影响

2 建模主要步骤

2.1 定义材料与截面

在"模型〉材料和截面特性〉材料"中定义构件材料,见图 2-10。其中,C50(不计重量)为横向联系单元。

在"模型〉材料和截面特性〉截面"中,定义构件截面,见图 2-11。

2.2 定义荷载类型

在"荷载〉静力荷载工况"中,定义荷载类型,见图 2-12 和图 2-13。

实例二 斜交T形梁桥

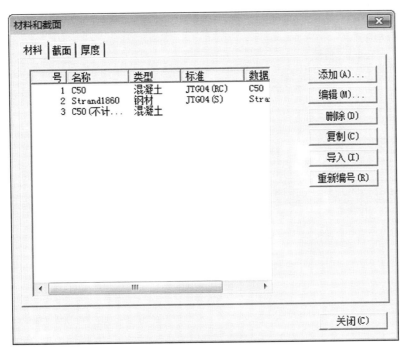

图 2-10 定义材料示意图

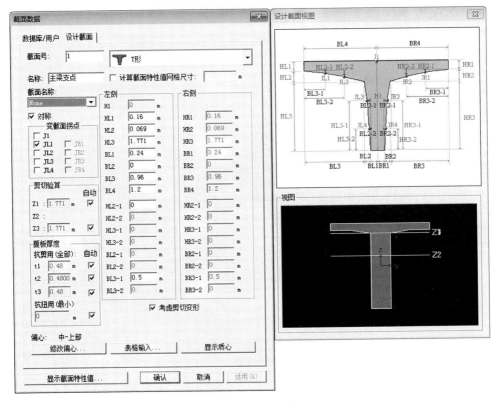

图 2-11 定义截面示意图

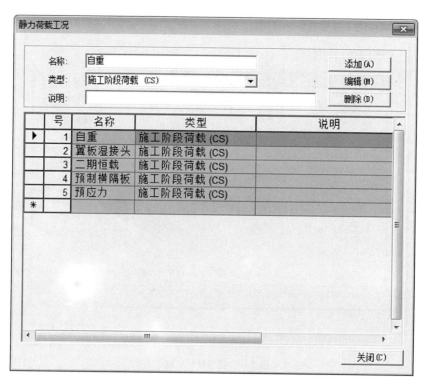

图 2-12 定义施工阶段荷载工况图

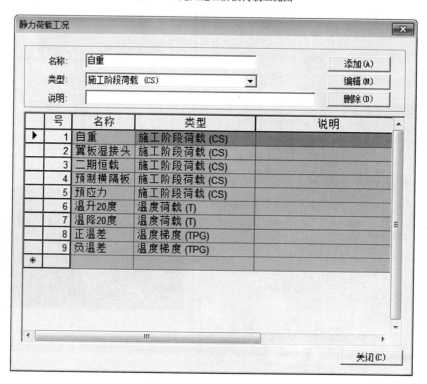

图 2-13 定义成桥荷载工况

2.3 定义组

定义组前,首先检查所建模型是否正确。按消隐按钮显示结构外形,见图2-14。然后在"模型>组>定义结构组"中,定义结构组;在"模型>组>定义边界组"中,定义边界组;在"模型>组>定义荷载组"中,定义荷载组。

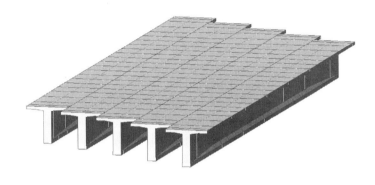

图2-14 有限元模型示意图

具体地,首先将结构定义为主梁1~主梁5和横向联系共六个结构组,并用midas的拖放功能指定给所建模型,接着定义自重、均布荷载和预应力三个荷载组,最后定义永久支座、临时支座和梁与支座连接三个边界组。

2.4 预应力荷载定义

钢束预应力荷载可以通过下述三个功能进行定义:在"荷载>预应力荷载>钢束特性值"中,定义"钢束特性值";在"荷载>预应力荷载>钢束布置形状"中,定义"钢束布置形状";在"荷载>预应力荷载>钢束预应力荷载"中,定义"钢束预应力荷载"。定义好的钢束预应力荷载见图2-15。进行两端张拉,张拉控制应力 $\sigma_{con}=1\,395\text{MPa}$。

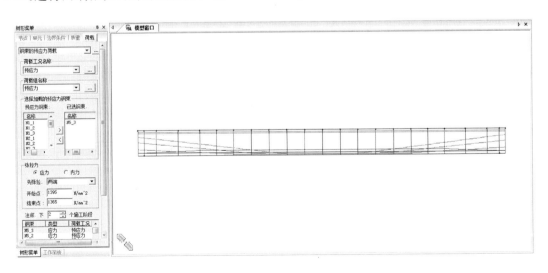

图2-15 钢束预应力荷载

2.5 支座的模拟

定义梁截面时选择梁上缘对齐方式。支座点的建立,可由梁上缘对应节点向下(Z方向)复制支座节点,距离为梁高2.0m。在"模型〉边界条件〉弹性连接"中的"刚性",进行梁与支座的连接。由于桥梁斜交角桥轴线与支承边法线方向的夹角为30°,梁底支座也是斜置的,所以需要定义"节点局部坐标轴"模拟支座的方向,相关命令操作见图2-16,定义好的节点局部坐标见图2-17。

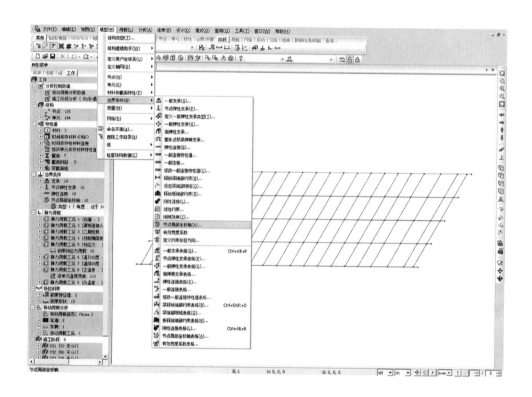

图2-16 定义节点局部坐标路径

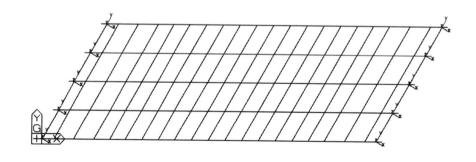

图2-17 定义节点局部坐标

2.6 荷载施加及各施工阶段描述

在"荷载〉自重"中,定义自重。程序中混凝土容重默认值为 $\gamma_h=25 \mathrm{kN/m^3}$,而 C50 混凝土的容重在实际工程中取 $\gamma_h=26 \mathrm{kN/m^3}$,因此输入竖向(Z 方向)"自重系数"应为 26/25=-1.04。

二期恒载包括桥面铺装 C50 混凝土、沥青混凝土和钢筋混凝土防撞护墙,均定义为均布荷载(在"荷载〉梁单元荷载"进行定义)。其中,每块中梁承担 z 方向的均布荷载 $q_z=-11.88 \mathrm{kN/m}$;每块边梁承担 z 方向的均布荷载 $q_z=-21.55 \mathrm{kN/m}$,x 方向的均布扭矩 $m_x=\pm 10.54 \mathrm{kN \cdot m/m}$,均布扭矩=防撞护墙均布荷载集度×防撞护墙重心距边板偏心距。

在"荷载〉温度荷载〉系统温度"中,定义温升、温降荷载。在"荷载〉温度荷载〉梁截面温度"中,定义正、负温差荷载。其中定义梁截面温度时,截面宽度 B 值应填与温度特征点对应的单梁截面相应位置的宽度,见图 2-18。

图 2-18 梁截面温度定义

2.7 定义汽车荷载

在"荷载〉移动荷载分析数据"中,定义汽车荷载。通过"移动荷载规范"、"车道"、"车辆"、"移动荷载工况"4 个功能进行定义,见图 2-19。

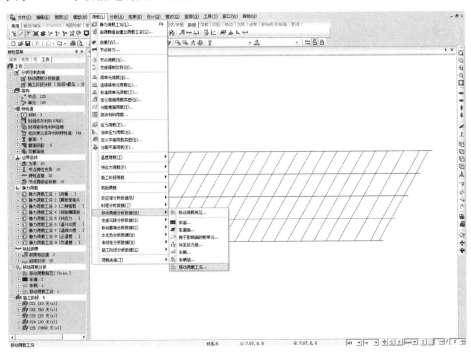

图 2-19 移动荷载定义

本桥为梁格模型,车道荷载采用"横向联系梁"加载,其中车道1以主梁1为基准,偏心距为-0.70m;车道2以主梁3为基准,偏心距为1.0m。车道定义时,见图2-20所示。定义好的车道显示见图2-21。

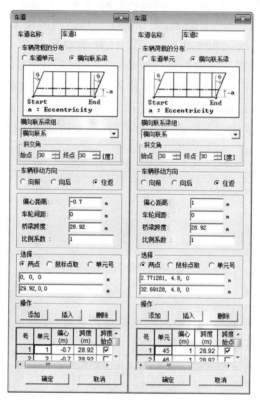

图2-20 梁格车道定义

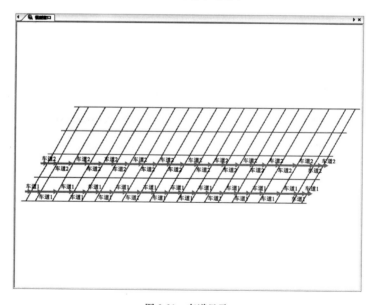

图2-21 车道显示

2.8 结构分析控制

在"分析>主控数据"中,定义"主控数据",见图2-22;在"分析>施工阶段分析控制数据",定义"施工阶段分析控制数据",见图2-23;在"分析>移动荷载分析控制数据"中,定义"移动荷载分析控制数据",见图2-24。

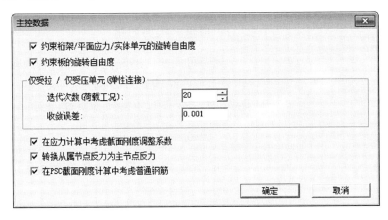

图2-22 主控数据定义

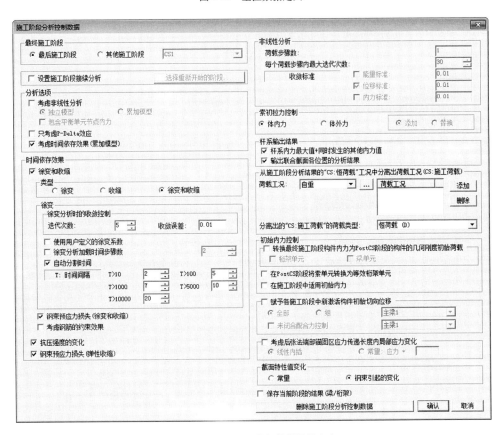

图2-23 施工阶段分析控制数据定义

图 2-24 移动荷载分析控制数据定义

2.9 运行

模型建立好后,可以按 F5 键执行计算。

3 竖向基频分析

3.1 自重转换为质量

为了得到结构的竖向基频,从而计算汽车的冲击效应,此处仅将结构自重转换为 Z 向质量。在"模型>结构类型"中,将结构自重转换为质量,见图 2-25。

3.2 恒载转换为质量

在"模型>质量>将荷载转换为质量"中,将荷载转换为质量,见图 2-26 和图 2-27。

3.3 特征值分析控制

在"分析>特征值分析控制"中,定义"特征值分析控制",见图 2-28。

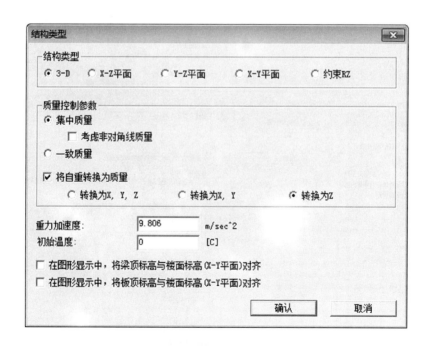

图 2-25 将结构自重转换为质量定义

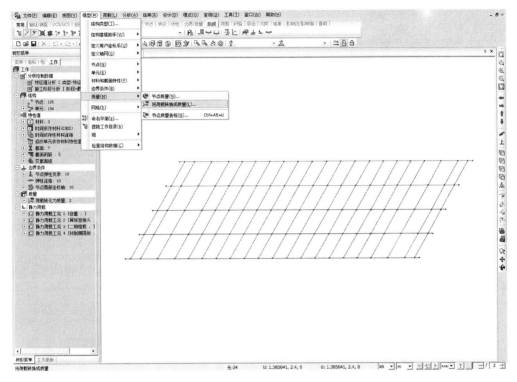

图 2-26 荷载转换成质量定义

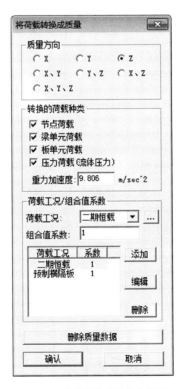

图 2-27 荷载转换成质量定义图

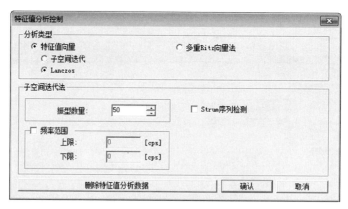

图 2-28　特征值分析控制

3.4 竖向基频

执行F5键,计算完毕,在“结果〉分析结果表格〉周期与振型”中,查询结构的竖向基频。见图 2-29。

模态号	频率 (rad/sec)	频率 (cycle/sec)	周期 (sec)	容许误差
1	21.629491	3.442440	0.290492	0.0000e+000
2	22.932898	3.649884	0.273981	0.0000e+000
3	80.943754	12.882599	0.077624	0.0000e+000
4	81.473819	12.966961	0.077119	0.0000e+000
5	86.976931	13.842809	0.072240	0.0000e+000

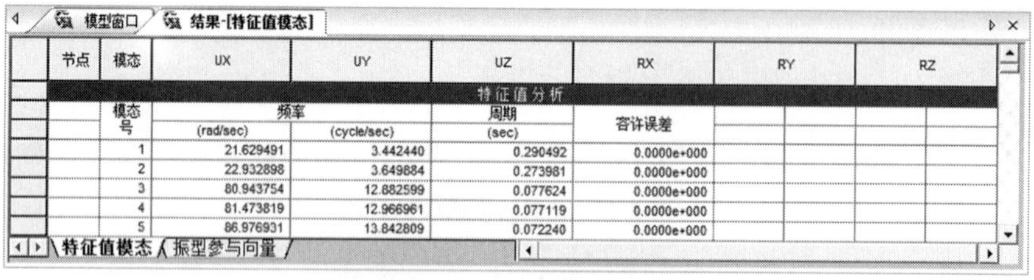

图 2-29　表格查询结构竖向基频

在“结果〉周期与振型”中,得到结构的竖向基频,见图 2-30。

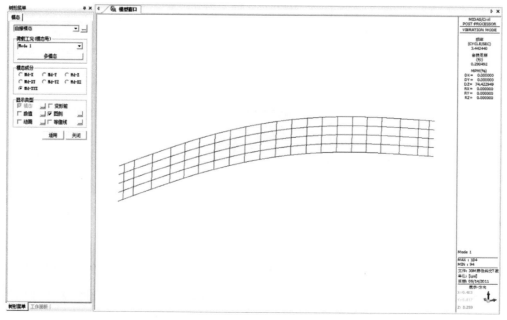

图 2-30　结构的竖向基频

由图 2-29 或图 2-30 可得到基频 $f_1=3.442\,440\,\text{Hz}$。

4 分析结果与结论

4.1 荷载组合

在"结果〉荷载组合"中,选择"混凝土设计"中的"自动生成",进行荷载组合,见图 2-31 和图 2-32。

图 2-31 选择荷载组合

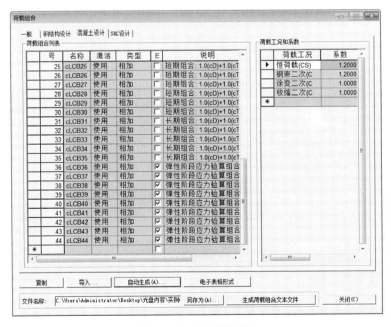

图 2-32 自动生成荷载组合

4.2 各施工阶段 T 形梁跨中截面上拱值

在"结果〉分析结果表格〉位移"中,查看位移,见表 2-5。

施工各阶段跨中截面上拱值(mm)　　　　　表 2-5

施工阶段	1号边梁跨中截面(12号节点)	2号中梁跨中截面(35号节点)
CS1	36.0	34.5
CS2	43.8	42.1
CS3	41.8	39.9
CS4	34.0	32.8
CS5	36.3	35.3

4.3 支点组合反力

在"结果〉反力〉查看反力"中,查得使用阶段荷载在弹性组合作用下,CLCB36 组合中的边梁支点反力值,见图 2-33。从图中可以看出,由于弯扭耦合作用,边梁钝角处支点反力为 1 204kN,锐角处支点反力为 1 189kN。

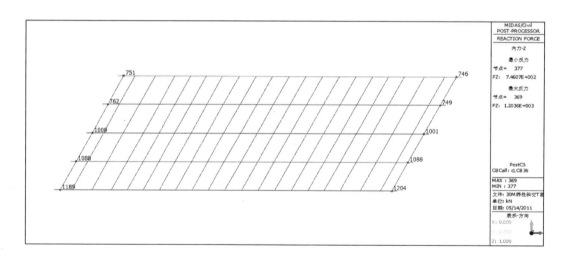

图 2-33　CLCB36 组合中支点反力

4.4 预应力钢束伸长量

在"结果〉分析结果表格〉预应力钢束〉预应力钢束伸长量"中,进行"预应力钢束伸长量"的查看,可查得每根钢束延伸量,见图 2-34。

预应力钢束名称	阶段	步骤	预应力钢束延伸长度		混凝土压缩长度		合计	
			开始 (m)	结束 (m)	开始 (m)	结束 (m)	开始 (m)	结束 (m)
N1_1	CS1	001(first	0.1248	0.0852	0.0009	0.0006	0.1258	0.0858
N1_2	CS1	001(first	0.1242	0.0840	0.0008	0.0006	0.1250	0.0845
N1_3	CS1	001(first	0.1363	0.0712	0.0009	0.0005	0.1372	0.0717
N2_1	CS1	001(first	0.1248	0.0852	0.0008	0.0006	0.1257	0.0857
N2_2	CS1	001(first	0.1242	0.0840	0.0008	0.0006	0.1250	0.0845
N2_3	CS1	001(first	0.1363	0.0712	0.0009	0.0005	0.1372	0.0717
N3_1	CS1	001(first	0.1248	0.0852	0.0008	0.0006	0.1257	0.0857
N3_2	CS1	001(first	0.1242	0.0840	0.0008	0.0006	0.1250	0.0845
N3_3	CS1	001(first	0.1363	0.0712	0.0009	0.0005	0.1372	0.0717
N4_1	CS1	001(first	0.1248	0.0852	0.0008	0.0006	0.1257	0.0857
N4_2	CS1	001(first	0.1242	0.0840	0.0008	0.0006	0.1250	0.0845
N4_3	CS1	001(first	0.1363	0.0712	0.0009	0.0005	0.1372	0.0717
N5_1	CS1	001(first	0.1248	0.0852	0.0009	0.0006	0.1258	0.0858
N5_2	CS1	001(first	0.1242	0.0840	0.0008	0.0006	0.1250	0.0845
N5_3	CS1	001(first	0.1363	0.0712	0.0009	0.0005	0.1372	0.0717

图 2-34 预应力钢束伸长量

4.5 截面验算

(1)"PSC 设计"相关定义

在"设计〉PSC 设计"中,分别进行"PSC 设计参数"、"PSC 设计材料"、"PSC 设计截面位置"、"PSC 设计计算书输出内容"等定义。

(2)"PSC 设计"结果表格

"运行 PSC 设计"完成后,可通过"PSC 设计"结果表格查询各项验算结果,见图 2-35~图 2-39。

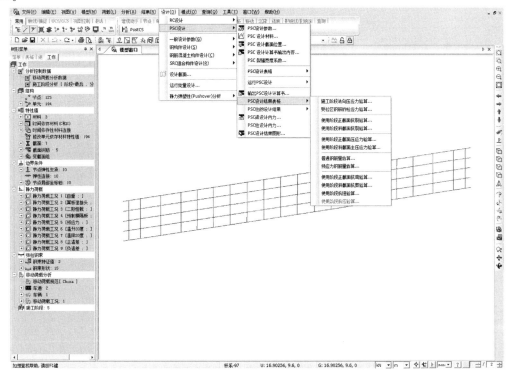

图 2-35 "PSC 设计"结果表格查询

模型窗口 | 施工阶段法向压应力验算

单元	位置	最大/最小	阶段	验算	Sig_T (kN/m^2)	Sig_B (kN/m^2)	Sig_TL (kN/m^2)	Sig_BL (kN/m^2)	Sig_TR (kN/m^2)	Sig_BR (kN/m^2)	Sig_MAX (kN/m^2)	Sig_ALW (kN/m^2)
1	I[1]	最大	CS1	OK	2094.5660	5479.2716	2094.5660	5479.2716	2094.5660	5479.2716	5479.2716	18144.0000
1	I[1]	最小	CS5	OK	1945.2139	5033.7718	1945.2382	5033.7767	1945.1896	5033.7670	1945.1896	-1484.0000
1	J[2]	最大	CS1	OK	1857.3105	6216.2373	1857.3105	6216.2373	1857.3105	6216.2373	6216.2373	18144.0000
1	J[2]	最小	CS5	OK	1720.1019	5702.7439	1719.6114	5702.6458	1720.5923	5702.8420	1719.6114	-1484.0000
2	I[2]	最大	CS1	OK	1879.3471	6181.9347	976.0688	6001.2790	2782.6255	6362.5904	6362.5904	18144.0000
2	I[2]	最小	CS2	OK	1833.7970	6018.5177	869.4251	5825.6433	2798.1690	6211.3921	869.4251	-1484.0000
2	J[3]	最大	CS1	OK	1896.8621	6920.4551	1031.4040	6747.3635	2762.3202	7093.5467	7093.5467	18144.0000
2	J[3]	最小	CS2	OK	1861.3529	6705.8843	938.6417	6521.3421	2784.0640	6890.4265	938.6417	-1484.0000
3	I[3]	最大	CS1	OK	1895.8439	6911.9093	1030.5781	6738.8562	2761.1097	7084.9625	7084.9625	18144.0000
3	I[3]	最小	CS2	OK	1859.1497	6689.6220	936.6177	6505.1156	2781.6818	6874.1284	936.6177	-1484.0000

图 2-36　施工阶段正截面法向应力验算

模型窗口 | 施工阶段法向压应力验算 | 受拉区钢筋的拉应力验算

钢束	验算	Sig_DL (kN/m^2)	Sig_LL (kN/m^2)	Sig_ADL (kN/m^2)	Sig_ALL (kN/m^2)
N1_1	OK	1276187.1868	1152036.5183	1395000.0000	1209000.0000
N1_2	OK	1261137.5379	1162043.3983	1395000.0000	1209000.0000
N1_3	OK	1252209.3262	1153366.5923	1395000.0000	1209000.0000
N2_1	OK	1276187.1219	1151367.4768	1395000.0000	1209000.0000
N2_2	OK	1261137.5754	1156657.6910	1395000.0000	1209000.0000
N2_3	OK	1252209.3235	1149608.8893	1395000.0000	1209000.0000
N3_1	OK	1276187.0898	1151367.4495	1395000.0000	1209000.0000
N3_2	OK	1261137.5260	1147929.4344	1395000.0000	1209000.0000
N3_3	OK	1252209.3787	1139154.6339	1395000.0000	1209000.0000
N4_1	OK	1276187.0672	1151367.4296	1395000.0000	1209000.0000

图 2-37　受拉区钢筋的拉应力验算

模型窗口 | 使用阶段正截面抗裂验算

单元	位置	组合名称	短/长	类型	验算	Sig_T (kN/m^2)	Sig_B (kN/m^2)	Sig_TL (kN/m^2)	Sig_BL (kN/m^2)	Sig_TR (kN/m^2)	Sig_BR (kN/m^2)	Sig_MAX (kN/m^2)	Sig_ALW (kN/m^2)
1	I[1]	cLCB31	长期	FX-MAX	OK	1945.2139	5033.7718	1945.2382	5033.7767	1945.1896	5033.7670	1945.1896	-0.0000
1	I[1]	cLCB30	短期	FX-MAX	OK	875.8984	4632.8477	875.9227	4632.8526	875.8742	4632.8429	875.8742	-1855.0000
1	J[2]	cLCB31	长期	FX-MAX	OK	1720.1019	5702.7439	1719.6114	5702.6458	1720.5923	5702.8420	1719.6114	-0.0000
1	J[2]	cLCB28	短期	FX-MAX	OK	650.7864	5301.8198	650.2960	5301.7218	651.2768	5301.9179	650.2960	-1855.0000
2	I[2]	cLCB31	长期	FZ-MIN	OK	1787.0590	5567.6574	1775.1697	5565.2795	1798.9484	5570.0353	1775.1697	-0.0000
2	I[2]	cLCB28	短期	FZ-MIN	OK	717.4967	5234.1743	700.1988	5230.7147	734.7947	5237.6339	700.1988	-1855.0000
2	J[3]	cLCB28	短期	FX-MAX	OK	1237.9108	4973.5227	1293.9043	4984.7214	1181.9173	4962.3240	1181.9173	-1855.0000
2	J[3]	cLCB31	长期	FX-MAX	OK	2297.9858	5343.4811	2352.4911	5354.3822	2243.4804	5332.5800	2243.4804	-0.0000
3	I[3]	cLCB31	长期	MY-MIN	OK	2299.9812	5322.9775	2323.9499	5327.7713	2276.0125	5318.1838	2276.0125	-0.0000
3	I[3]	cLCB28	短期	MY-MIN	OK	1266.4714	4972.1064	1287.7489	4976.3619	1245.1940	4967.8509	1245.1940	-1855.0000

图 2-38　使用阶段正截面抗裂验算

模型窗口 | 使用阶段斜截面抗剪验算

单元	位置	最大/最小	组合名称	类型	验算	rVd (kN)	Vn (kN)	截面验算	剪力验算
1	I[1]	最大	cLCB11	-	OK	-0.0000	2372.7797	OK	跳过
1	I[1]	最小	cLCB1	-	OK	-0.0000	2372.7797	OK	跳过
1	J[2]	最大	cLCB1	-	OK	35.6110	2490.5872	OK	跳过
1	J[2]	最小	cLCB11	-	OK	29.6759	2490.5872	OK	跳过
2	I[2]	最大	cLCB17	FZ-MAX	OK	-713.5284	2363.1784	OK	验算
2	I[2]	最小	cLCB10	FZ-MIN	OK	-1611.3656	2363.1784	OK	验算
2	J[3]	最大	cLCB17	FZ-MAX	OK	-655.8798	2332.9309	OK	验算
2	J[3]	最小	cLCB10	FZ-MIN	OK	-1542.1872	2332.9309	OK	验算
3	I[3]	最大	cLCB17	FZ-MAX	OK	-621.8055	2335.7522	OK	跳过
3	I[3]	最小	cLCB10	FZ-MIN	OK	-1464.8697	2335.7522	OK	验算

图 2-39　使用阶段斜截面抗剪验算

4.6 结论

（1）建模时需要注意支座的设置方向，支座设置方向的不同会导致支座反力和结构内力的差异。斜梁桥的支座一般是斜置的，因此，应根据斜交角度来定义支座节点的局部坐标系模拟。

(2)实例中按空间梁格建模计算得到的竖向基频为 3.442 4Hz,而按参考文献[1]条文说明第 4.3.2 条公式(4.3.2)计算得到的竖向基频为 4.372 7Hz,后者比前者大 27%。因此,斜交梁桥具有明显的空间受力特征,竖向基频按空间梁格建模计算较精确。

(3)由于弯扭耦合作用,斜交 T 梁桥要比正交 T 梁桥空间受力特性明显,所以不宜按单梁建模分析,而应按空间梁格建模分析。

参 考 文 献

[1] 中华人民共和国行业标准.JTG D60—2004 公路桥涵设计通用规范[S].北京:人民交通出版社,2004.

[2] 中华人民共和国行业标准.JTG D62—2004 公路钢筋混凝土及预应力混凝土桥涵设计规范[S].北京:人民交通出版社,2004.

[3] 范立础.桥梁工程(上册)[M].北京:人民交通出版社,1993.

实例三 新型简支槽形梁桥

1 桥梁概况

1.1 总体布置

本桥为某城市轨道交通由地下转变为地上的过渡区间桥梁。采用槽形梁是为了充分利用其建筑高度低的优点,有效缩短了敞开段坡道长度,同时又可适应本区段高架线路通过噪声敏感区段的减噪需要。

槽形梁具有有效建筑高度低、降噪效果好、断面空间利用率高、能阻止车辆出轨及倾覆下落等优点,同时根据结构特点,槽型梁的有效建筑高度主要与其横向跨度有关,与纵向跨度关系不大,因而在跨度加大条件下更能体现其综合优势,产生更加显著的技术经济效益和社会效益。

目前国内外已建槽形梁构造形式多为纵梁+整板体系,国内则全部为该种结构体系。通过研究分析和综合比较,本结构最终采用纵横梁+整体桥面板体系的槽形梁。

槽形梁由纵梁+横梁+桥面板组成,纵梁全长 29.94m,计算跨度 28.9m,梁高为 2.5m,梁顶全宽 10.4m,梁底全宽 9.044m,上翼缘宽 1.5m,翼缘厚度 0.35～0.45m,腹板厚 0.35～0.65m;中横梁高 0.7m,宽度为 0.6m,中心间距为 3.6;端横梁高 0.7m,宽度为 1.3m;道床板厚 0.24m。其详细构造见图 3-1。

1.2 分析内容

本槽形梁为下承式板—梁组合结构,其受力特点为:抗扭性能差,主梁腹板与桥面板连接处以及横梁连接处受力复杂,桥面板弯矩受主梁的扭转刚度影响较大,主梁腹板下端承受吊拉力等。因此,本槽形梁结构分析主要包括以下内容:

(1)结构强度、应力及变形分析。
(2)纵梁的弯、剪、扭耦合效应分析。

实例三　新型简支槽形梁桥

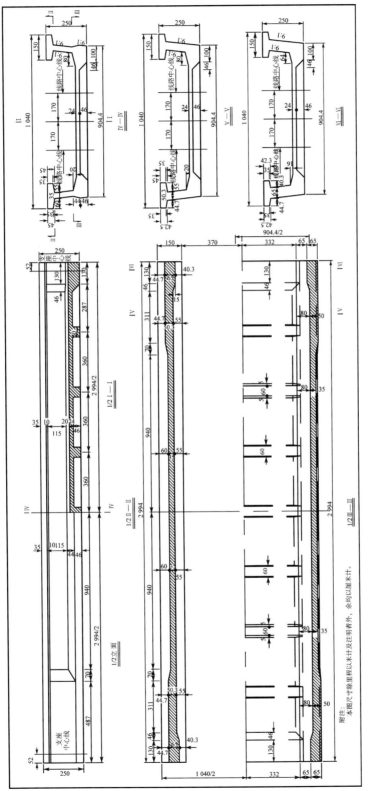

图3-1　槽形梁构造图

附注：本图尺寸除里程采用以米计及注明者外，余均以厘米计。

(3)结构吊拉力效应分析。
(4)轻轨列车活载对纵梁的侧倾影响分析。
(5)脱轨列车对槽形梁上翼缘的撞击分析。
(6)更换支座时的三条腿现象分析。

1.3 计算参数

(1)双线二期恒载集度为 87.41kN/m。复线桥竖向荷载不进行折减。列车荷载冲击系数 $1+\mu=1+12/(38+L)$,其中 L 的单位为 m。列车荷载加载时可分别对 8 辆车进行布载(远期规划),车辆间距为 4.84m,车辆与车辆间距不变。见图 3-2(仅显示 1 辆车)。

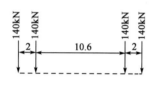

图 3-2 列车荷载(尺寸单位:m)

(2)整体升温 25℃,整体降温 -25℃,上翼缘板日照温度参照《公路桥涵设计通用规范》(JTG D60—2004)第 4.3.10 执行。

(3)列车脱轨对槽形梁两侧的撞击力按 30kN/m 作用在 10m 范围内。

(4)更换支座的影响:按一个支座顶升 10mm 考虑对结构的影响。

(5)混凝土强度等级 C50,混凝土轴心抗压强度 $f_c=36.5$MPa,混凝土轴心抗拉强度 $f_{ct}=3.08$MPa 混凝土弹性模量 $E_c=3.55\times10^5$MPa,梁体混凝土容重 $\gamma=26$kN/m³。

(6)年平均相对湿度为 80%。

(7)施工阶段混凝土压应力容许值 27.375MPa,施工阶段混凝土拉应力容许值 -2.156MPa,施工阶段预应力钢筋应力容许值 1 209MPa。

(8)运营阶段混凝土压应力容许值 18.25MPa,运营阶段混凝土拉应力容许值为不出现拉应力,运营阶段混凝土最大剪应力容许值 5.73MPa,运营阶段预应力钢筋应力容许值 1 116MPa。

(9)正截面强度安全系数容许值 2.0,抗裂安全系数容许值 1.2。

(10)预应力钢束应力幅容许值 140MPa,钢绞线弹性模量 $E_p=1.95\times10^5$MPa,钢绞线抗拉极限强度 $f_{pk}=1 860$MPa,钢绞线抗拉计算强度 $f_p=1 674$MPa,钢绞线抗压计算强度 $f'_p=380$MPa,钢绞线张拉控制应力 $\sigma_{con}\leqslant 0.75f_{pk}$,钢绞线松弛率为 0.030。

(11)孔道摩阻系数 $\mu=0.23$。

(12)管道偏差系数 $k=0.0025$。

(13)锚具变形和钢束回缩值:6mm。

(14)普通钢筋应力幅容许值:150MPa。

(15)普通钢筋弹性模量 $E_s=2.1\times10^5$MPa。

1.4 施工阶段划分

本桥的施工方法为支架现浇,全桥划分为 5 个施工阶段,见表 3-1。

表 3-1　施工阶段划分

施工阶段	工作内容说明
CS1	架设满堂支架,现浇梁部混凝土,施工时间为 1~60d
CS2	张拉预应力钢束,拆除满堂支架,施工时间为 60~65d
CS3	一期恒载结构存梁一年,施工时间为 65~365d
CS4	施工二期恒载,施工时间为 365~425d
CS5	运营阶段,运营时间为 425~3600d

2 建模与分析结果

2.1 梁单元模型

2.1.1 目的和思路

梁单元模型主要是控制结构的纵向应力设计、纵向强度设计以及竖向刚度设计。纵向应力设计确保结构在正常使用极限状态下应力满足规范要求,并且具有一定的安全储备;纵向强度设计确保结构在承载能力极限状态下强度满足规范要求,并且具有一定的安全储备;竖向刚度设计确保行车的平稳性和舒适度。

主梁按平面简支梁计算,全断面参与受力。计算中不考虑横梁参与受力,横梁重量以静荷载方式进行施加。用梁单元模拟结构,将实际结构离散成 38 个单元,39 个节点。满堂支架模拟时不考虑支架的非弹性变形,采用刚性铰支承来模拟。见图 3-3。

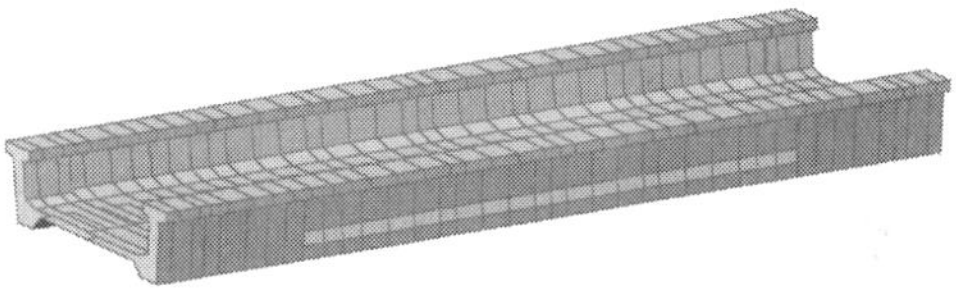

2.1.2 建模过程

(1)在 AutoCAD 中用 LINE 绘制线段,线段的终点选择在截面突变处、支承处、横梁处,单位以 m 计,将各截面按 1:1000 的比例绘制,然后另存为 dxf 格式文件。

图 3-3　梁单元模型

> **要点及提示**:①线段的终点选择在截面突变处、支承处、横梁处,为在 Civil 软件里截面赋值、边界施加、节点荷载施加作铺垫;②将 CAD 单位设置为小数点后七位左右,以免节点周围出现多余节点;③将绘制好的线段的起点移至原点处,为在 Civil 软件里坐标选取作铺垫。④形成截面的线段要闭合。

(2)在 midas Civil 软件的"工具〉截面特性值计算器"中,将单位设置为 m;导入 dxf 文件,选取各线段,点击"APPLY"按钮形成面后,计算其截面特性,导出 sec 格式文件,如图 3-4 所示。最后在"模型〉材料和截面特性〉截面"中,将生成的 sec 文件导入到"设计截面〉设计用数值截面"中,生成主梁截面,如图 3-5 所示。

(3)在"模型〉材料与截面特性〉材料"中,选用 midas Civil 内设数据库的规范 JTG 04 中的 C50 及 Strand1860 作为混凝土及钢绞线的材料属性。

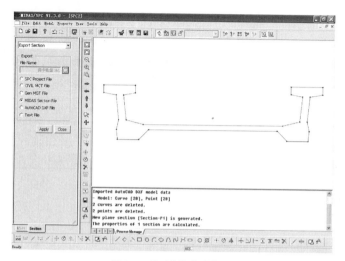

图 3-4 截面特性值计算器

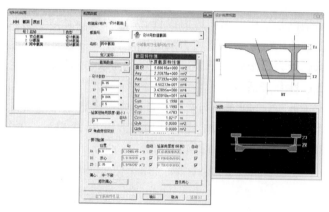

图 3-5 主梁截面特性定义

（4）在"文件〉导入〉AUTOCAD DXF 文件"中，导入桥梁整体纵向线形的 dxf 格式文件，生成主梁模型。选取需要细分的单元，鼠标移动到模型窗口，点击右键选择"单元〉分割"，指定分割数量，单元细分成功。

> 要点及提示：①单元长度一般为 1m 左右；②若单元局部坐标系不一致，可以用"修改单元参数"功能，统一单元局部坐标系；③若单元号不连续，可以用"重新编号"的功能修改。

（5）在"模型〉材料与截面特性〉时间依存性材料（徐变/收缩）"中，选用 JTG D62—2004 规范，输入混凝土强度、相对湿度、理论厚度和混凝土龄期。

> 要点及提示：构件理论厚度可以先在"时间依存性材料"中定义一个非零的数值，然后利用"修改单元依存材料特性"的功能进行自动计算。

（6）在"荷载〉静力荷载工况"中，依次建立自重、二期恒载、预应力荷载、整体升温、整体降温、日照温差、横梁自重工况。

（7）在"荷载〉预应力荷载〉钢束特性值"中，根据设计资料依次输入不同规格的钢束特性，如图 3-6 所示；然后在"荷载〉预应力荷载〉钢束布置形状"中，根据设计资料依次输入各钢束的导线点坐标；最后在"钢束预应力荷载"中定义预应力钢束张拉控制力。

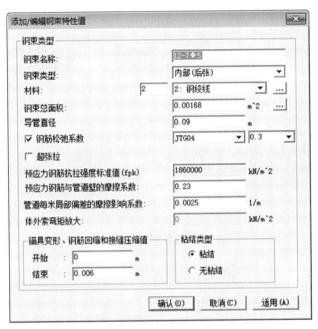

图 3-6　预应力钢束特征值定义

> 要点及提示：①选取桥轴跨中截面上缘为钢束坐标原点，以减少坐标计算工作量；②只需输入一侧钢束形状，然后利用复制功能，定义另一侧钢束形状。见图 3-7。

（8）在"荷载〉施工阶段分析数据〉定义施工阶段"中，依据结构的施工过程，建立各施工阶段；在"分析〉施工阶段分析控制"中，定义施工阶段分析相关控制数据。

（9）在"荷载〉移动荷载分析数据"中定义"移动荷载规范"、"车道"、"车辆"、"移动荷载工况"，完成轻轨列车荷载的输入如图 3-8 所示。

> 要点及提示：①在"移动荷载工况"中，考虑轻轨列车荷载的偏载系数。②在"分析〉移动荷载分析控制"中，根据设计资料输入冲击系数等信息。

2.1.3　分析结果

截面弯矩、剪力、应力以及位移结果如图 3-9～图 3-12 所示，具体数值见表 3-2～表 3-5。

主力作用下跨中截面弯矩值　　　　　表 3-2

截面位置 荷载工况	跨中截面(kN·m)	是否满足规范要求
主力	34 592.99	满足
结构承载能力	103 433.04	

桥梁工程软件midas Civil应用工程实例

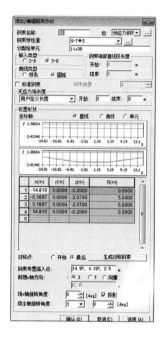 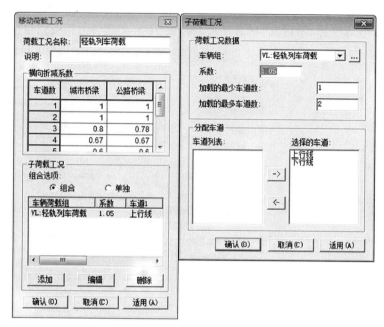

图 3-7　预应力钢束形状定义　　　　　　　图 3-8　轻轨列车荷载的定义

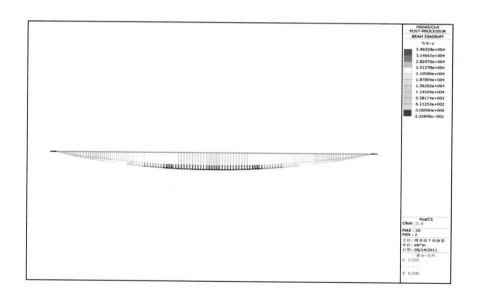

图 3-9　主力作用下顺桥向弯矩图

实例三 新型简支槽形梁桥

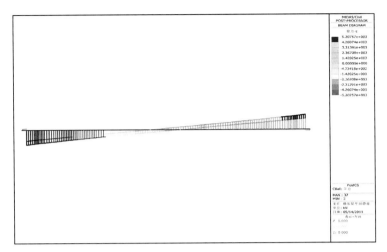

图 3-10 主力作用下剪力图

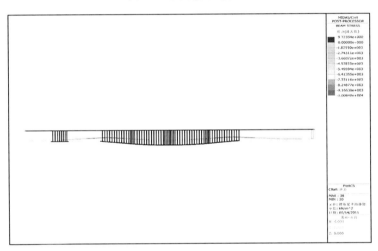

图 3-11 主力作用下正应力图

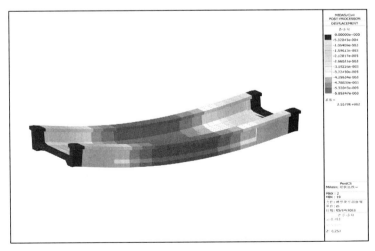

图 3-12 主力作用下竖向位移图

截面抗力安全系数   表 3-3

截面位置	$L_j/2$	是否满足规范要求
正截面强度安全系数	2.99	满足
抗裂安全系数	1.89	满足

截面正应力（受压为正，受拉为负）   表 3-4

位置 荷载工况	跨中截面(MPa)	是否满足规范要求
运营阶段上缘 Max	10.10	满足
运营阶段上缘 Min	6.66	满足
运营阶段下缘 Max	5.68	满足
运营阶段下缘 Min	3.39	满足

竖向位移（向上为正，向下为负）   表 3-5

位置 荷载工况	跨中截面(mm)	是否满足规范要求
轻轨列车荷载	−5.9	满足

由计算结果可见，主力作用下混凝土正应力、截面正截面强度安全系数、截面抗裂安全系数、截面刚度均满足规范要求。

2.2 梁—板单元模型

2.2.1 目的和思路

梁—板单元模型主要是用于分析纵梁的弯剪扭耦合效应、横梁的内力、桥面板的内力状况及分布规律。纵梁的弯剪扭耦合效应分析是为了确保纵梁钢筋的配置能够满足抗弯、抗剪以及抗扭的强度要求；横梁的内力分析是为了确保横梁钢筋的配置能够满足抗弯、抗剪的强度要求；桥面板的内力分析是为了确保桥面板钢筋配置够满足抗弯、抗剪的强度要求。

模型中纵梁、横梁均用梁单元来模拟，桥面板用板单元来模拟。移动荷载采用车道面方式来施加。将实际结构离散成共 592 个单元、646 个节点的结构，如图 3-13 所示。

本模型主要是为了得到纵梁、横梁以及桥面板内力叠加效应的分析结果，因此没有考虑预应力效应和收缩、徐变的影响。

图 3-13 梁—板有限元模型

2.2.2 建模过程

(1)在 CAD 里用 LINE 绘制线段，要点及提示详见第 2.1.2 节，唯一不同的是线段组成的图形不同而已，见图 3-14，在 CAD 里将各截面按 1:1000 的比例绘制，然后另存成 dxf 格式文件。

(2)在"工具〉截面特性值计算器"中，导入各截面 dxf 格式图形文件，通过计算，导出 sec 文件，见图 3-15。

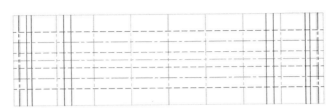

图 3-14　CAD 图形平面示意图

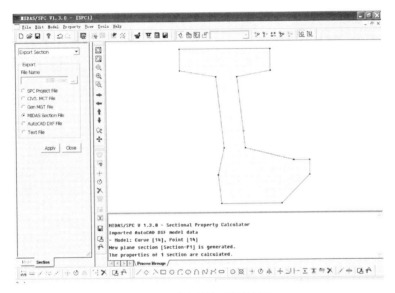

图 3-15　边腹板截面特性计算

(3)在"文件〉导入〉AUTOCAD DXF 文件"中,导入桥梁整体纵向线型的 dxf 格式文件,生成模型,将单元进一步细分;而后复制单元上移 0.58m,下面仅保留纵梁、横梁单元;上面部分的梁单元全部删除,仅保留自由节点,选取桥面板节点(其余均钝化),点击鼠标右键选择"单元〉建立",建立板单元,注意在建立时需要把"交叉分割"项选上,生成的模型见图 3-16。

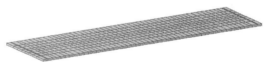

图 3-16　桥面板有限元模型

要点及提示:①为建立桥面板单元,需要上移部分节点;②桥面板中心至截面下缘的距离为 0.58m;③利用纵、横梁细分后的节点通过复制生成桥面板节点是为它们之间刚性连接做准备。

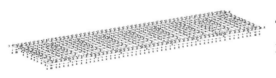

图 3-17　进行刚性连接处理

(4)通过"模型〉边界条件〉弹性连接"的"刚性"选项,将桥面板与纵梁、横梁竖向同位置的节点进行刚性连接处理,见图 3-17。

(5)在"模型〉边界条件〉一般支承"中定义支座,两片腹板一侧设置固定铰支座,另一侧设置活动铰支座。

（6）在"荷载>静力荷载工况"中，依次建立自重、二期恒载荷载工况。为简化分析，将二期恒载换算成面荷载施加在结构上。

（7）在"荷载>移动荷载分析数据>车道面"中建立车道面，见图3-18。然后在"荷载>移动荷载分析数据>车辆"中，输入轻轨列车荷载参数，见图3-19；再定义移动荷载工况，如图3-20所示；最后在"分析>移动荷载分析控制数据"中定义冲击系数。

> **要点及提示**：①对于板单元的移动荷载加载一般选用"车道面"加载，也可以选用虚梁单元进行加载，两者加载结果相对纵横梁来说基本没有差别，但对板单元自身局部内力和应力有一定的影响；②列车荷载与公路荷载不同，其横向作用位置是固定的。

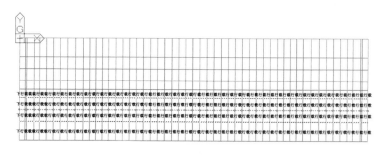

图3-18 车道面定义

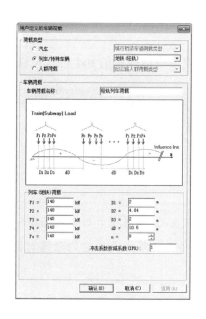

图3-19 轻轨列车定义

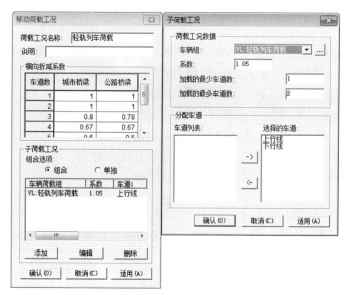

图3-20 移动荷载工况定义

2.2.3 分析结果

面内外弯矩、剪力以及扭矩计算结果见图3-21～图3-31。

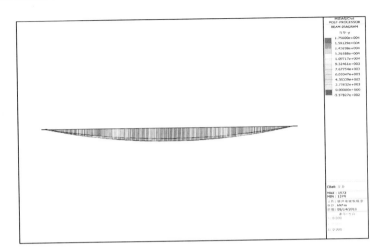

图 3-21 单片纵梁面内弯矩图

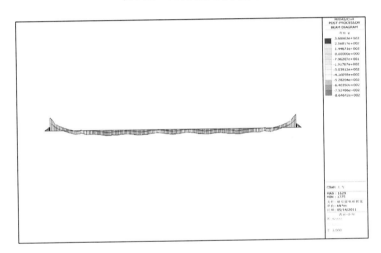

图 3-22 单片纵梁面外弯矩图

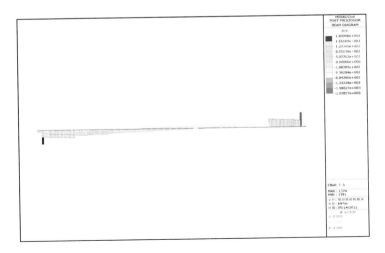

图 3-23 单片纵梁扭矩图

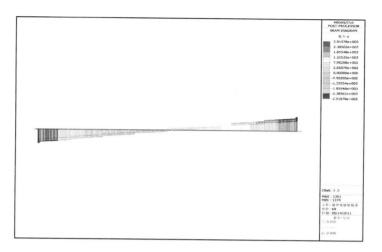

图 3-24　单片纵梁面内剪力图

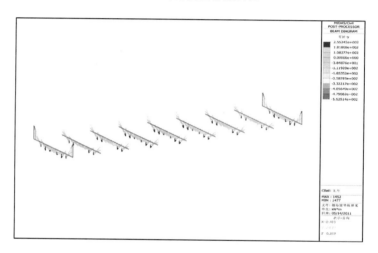

图 3-25　横梁面内弯矩图

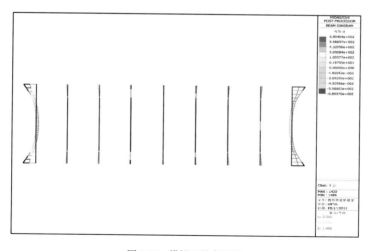

图 3-26　横梁面外弯矩图

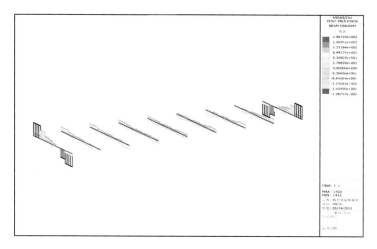

图 3-27　横梁扭矩图

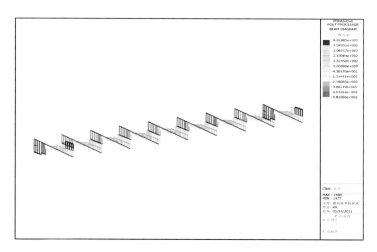

图 3-28　横梁面内剪力图

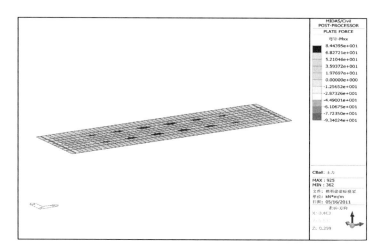

图 3-29　桥面板顺桥向弯矩图

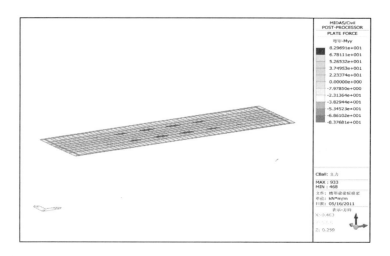

图 3-30　桥面板横桥向弯矩图

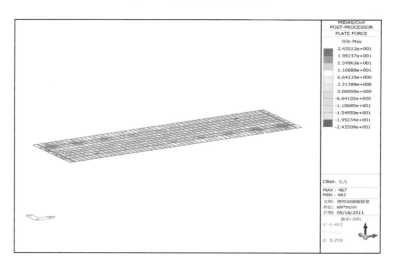

图 3-31　桥面板扭矩图

从内力的角度看,梁—板模型与梁单元模型的分析结果在纵向上基本是一致的,但梁单元模型无法考虑两道纵梁斜弯曲问题,横梁的自重和二期恒载、轻轨列车活载对两道纵梁产生的横向弯矩,纵梁和横梁以及桥面板相互之间的约束效应,轻轨列车荷载在结构上传递与叠加的影响,而梁—板模型则刚好弥补了这些不足。

2.3　实体单元模型

2.3.1　目的和思路

实体单元模型主要是为了控制结构的局部应力设计、刚度设计。局部应力设计是为了确保结构局部构件的强度、应力满足规范要求,如腹板吊拉力的处理、空间主应力的处理以及梗腋角隅处应力的处理;刚度设计是为了确保整体结构纵、横、竖三方向的变形满足规范要求,如结构的竖向、横向变形以及纵梁、横梁、桥面板之间的相对变形;同时还需计算轻轨列车脱轨时的结构应力情况,更换支座时结构的应力情况。

根据梁单元模型分析得到的 N_y、M_y,实体单元模型中将结构预应力效应换算成截面上、下缘的线荷载,然后以初始内力的方式施加在梁端。实际结构离散成共 4 684 个单元、7 167 个节点的结构,如图 3-32 所示。

图 3-32 实体单元模型

本模型主要是为了得到结构应力、位移的叠加效应,不考虑施工过程。

2.3.2 建模过程

(1)在 CAD 里将半个支点截面、半个 $L/8$ 截面、半个跨中截面依次用 LINE 绘制为线段。

> 要点及提示:①为避免后面导入 midas Civil 时出现节点重叠,建议在 CAD 文件另存为 DXF 文件格式前,将截面距离原点的 x 坐标有所区别。可根据设计构造图将支点截面下缘移至(0,0,0),$L/8$ 截面下缘移至(1.76,0,0),跨中截面下缘移至(5.57,0,0)。②由于结构的对称性,只需要建立 1/4 模型,然后利用"镜像"功能形成整体模型。

(2)在"文件〉导入〉AUTOCAD DXF 文件"中,导入支点截面的 dxf 格式文件,生成模型,建立板单元,见图 3-33;点击鼠标右键选择"单元〉扩展",建立实体单元,见图 3-34。

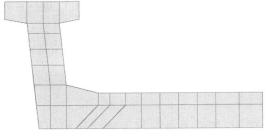

图 3-33 建立板单元

(3)依次建立支点截面段、$L/8$ 截面段、跨中截面段的实体单元,见图 3-35。

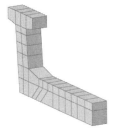

图 3-34 建立实体单元(扩展)

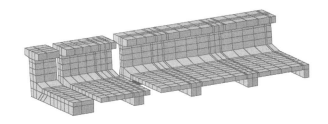

图 3-35 建立等截面段实体模型

> 要点及提示:扩展实体单元的过程中,一定要注意横梁的位置,即横梁前、中、后都有节点,这样可以同时建立横梁模型。

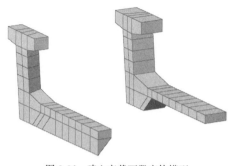

图 3-36 建立变截面段实体模型

(4)建立渐变段的实体单元,把渐变处相邻两截面激活;在"单元〉建立"中,建立实体单元,见图3-36。最后利用"单元〉镜像"功能建立全桥模型。

(5)在"模型〉材料和截面特性〉材料/截面"中,定义主梁、虚梁材料以及虚梁的截面;然后在桥面板顶面轨道位置,利用桥面板的节点建立虚梁单元;在纵梁内侧上翼缘跨中10m段和梁端10m段建立虚梁单元(顺桥向);梁端上下翼缘建立虚梁单元(横桥向)。

> 要点及提示:①可以通过 midas Civil 的"鼠标拖放"功能赋予单元材料和截面特性;②定义桥面板虚梁单元是为了施加移动荷载,虚梁单元没有重量,刚度很小;③建立顺桥向虚梁单元,是为了施加列车脱轨撞击荷载;④建立横桥向虚梁单元,是为了施加等效预应力荷载。

(6)在"模型〉边界条件〉一般支承"中,选择支座位置节点,施加节点约束,同时给虚梁单元的节点施加 R_x、R_y、R_z 约束,考虑到实体单元的节点只有3个自由度 D_x、D_y、D_z,而梁单元节点有六个自由度,若不约束,计算中会报奇异。

(7)在"荷载〉静力荷载工况"中,依次建立自重、二期恒载、列车脱轨跨中撞击荷载、列车脱轨梁端撞击荷载、预应力等效荷载。

(8)在"荷载〉移动荷载分析数据"中,利用桥面板表面轨道位置处的虚梁建立车道,定义轻轨列车荷载参数及荷载工况。

(9)在"荷载〉支座沉降分析数据〉支座沉降组"中,定义一个支座沉降组,沉降值为-0.01m,然后再定义"支座沉降工况"。

2.3.3 预应力效应的模拟

在常用的有限元软件中,预应力对混凝土结构作用的模拟一般分为两类:分离式和整体式。所谓的分离式就是将混凝土和预应力钢筋的作用分别考虑(二者为脱离体),以荷载的形式取代预应力钢筋的作用,典型的方法如等效荷载法;而整体式则是将二者的作用一起考虑,典型的方法如 ANSYS 中的 Link 单元、midas Civil 中的桁架单元模拟预应力钢筋的方法。

分离式方法(等效荷载法)的主要优点是建模简单,不必考虑预应力钢筋的位置而可直接建立模型,当然网格划分也简单,对结构在预应力作用下的效应可以快速得到。当只关注预应力混凝土的基本性能时,可以考虑采用等效荷载法。

整体式方法将混凝土和预应力钢筋划分为不同的单元一起考虑,而钢筋的预应力可以采用降温方法或者初应变方法施加。其建模做法是:先建立体,然后使用面去切割体,把体切割成几个部分,在各个部分之间有共同的边界线,把这些边界线定义为桁架或 Link 单元,这样就在实体单元内建立了桁架或 Link 单元。因为桁架或 Link 单元就在实体单元的边界线上,在网格划分的时候两种单元会产生共同的节点,这样才可以共同工作。

经综合比较后,在本次分析中采用分离式方法(等效荷载法)来模拟预应力钢筋的效应。由于不同施工阶段的预应力钢筋的效应是不同的，所以先采用梁单元模型把每个施工阶段的预应力效应准确地计算出来，然后按照圣维南原理施加到空间模型上。见图 3-37 和图 3-38。

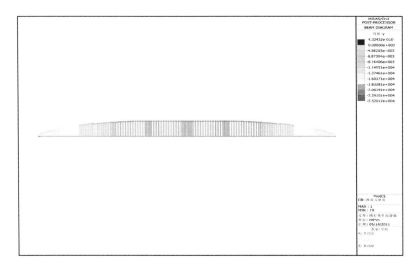

图 3-37　梁单元模型中预应力钢束产生弯矩图

图 3-38　梁单元模型中预应力钢束产生轴力图

运营阶段跨中截面预应力效应的换算过程如下：

(1)截面特性

$A=5.686\,2(m^2)$　　　$I=3.438\,9(m^4)$　　　$Y_s=1.478\,3(m)$　　　$Y_x=1.021\,7(m)$

(2)梁单元模型计算结果

$N_y=35\,408.8kN$　　$M_y=25\,201.2kN\cdot m$　　$e_y(m)=0.711\,72m$

(3)假定截面上缘作用荷载 N_{y1}（由预加力引起的），作用点为 A 点，假定截面下缘作用荷载 N_{y2}（由预加力引起的），作用点为 B 点，现对 A 点取矩，根据静力矩平衡原理，则有：

$$N_{y1} \times (Y_s + e_y) = N_{y2} \times H$$

$$\because \quad H = 2.5\text{m}$$

$$\therefore \quad N_{y2} = 31\,018.41\text{kN}$$

式中：A——截面面积；

I——截面惯性矩；

Y_s——中性轴与截面上缘的距离；

Y_x——中性轴与截面下缘的距离；

e_y——偏心距，$e_y = M_y/N_y$。

同理，可得：

$$N_{y1} = 4\,390.39\text{kN}$$

所以，在梁端上缘施加的荷载集度：

$$q_上 = 1\,463.46\text{kN/m}$$

在梁端下缘施加的荷载集度：

$$q_下 = 3\,429.72\text{kN/m}$$

对于预应力混凝土结构，开裂前的应力分析完全可以将混凝土视为弹性材料，当然预应力钢筋也是弹性材料，这主要是针对使用阶段荷载的应力分析。如果要进行开裂和极限状态分析，则必须考虑二者的非线性特性。由于在本次结构分析中仅分析使用荷载阶段的应力情况，所以只考虑混凝土和预应力钢筋的线性特性。

2.3.4 分析结果

实体模型的应力以及位移计算结果见图 3-39～图 3-48。

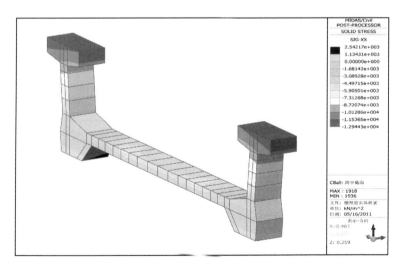

图 3-39 跨中截面主力作用下顺桥向正应力图

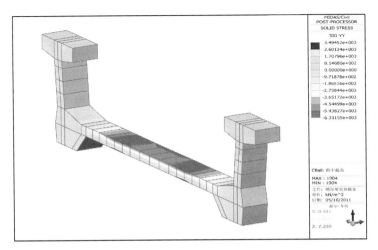

图 3-40　跨中截面主力作用下横桥向正应力图

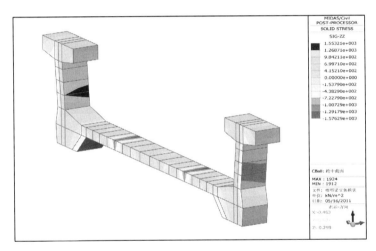

图 3-41　跨中截面主力作用下竖向正应力图

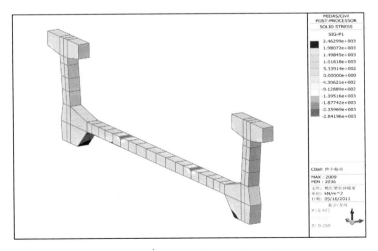

图 3-42　跨中截面主力作用下主拉应力图

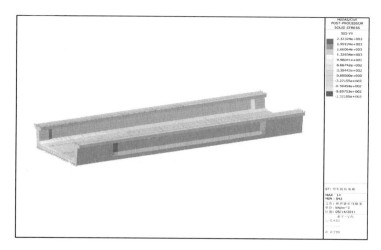

图 3-43　列车脱轨荷载撞击梁端段时横桥向正应力图

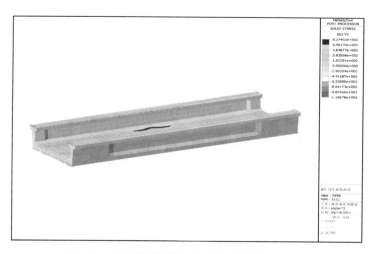

图 3-44　列车脱轨荷载撞击跨中段时横桥向正应力图

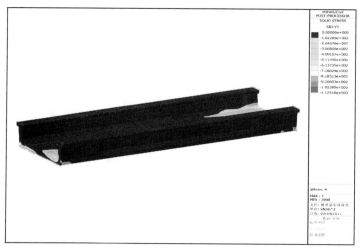

图 3-45　一个支座抬升 1cm 时横桥向正应力图

实例三 新型简支槽形梁桥

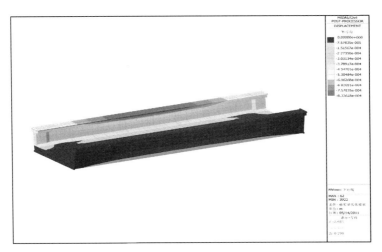

图 3-46　单线列车荷载作用下主梁侧倾位移图

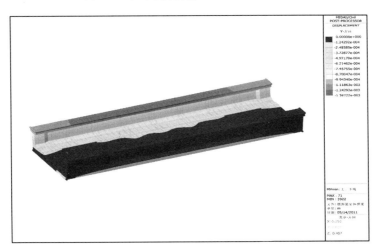

图 3-47　双线列车荷载作用下主梁侧倾位移图

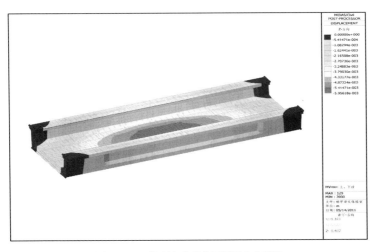

图 3-48　双线列车荷载作用下竖向位移图

由于本结构属于下承式结构，二期恒载和活载均作用在截面中性轴以下，从而使结构的竖向正应力比一般常规结构要大得多。

三维实体模型计算结果中的主应力比梁单元模型计算的要大一些。在弹性平面问题理论中，主应力表达式为：

$$\sigma_1 = \frac{\sigma_x + \sigma_y}{2} + \sqrt{\left(\frac{\sigma_x - \sigma_y}{2}\right)^2 + \tau_{xy}^2}$$

$$\sigma_2 = \frac{\sigma_x + \sigma_y}{2} + \sqrt{\left(\frac{\sigma_x - \sigma_y}{2}\right)^2 + \tau_{xy}^2}$$

而在弹性空间问题理论中，主应力表达式为：

$$L[(\sigma_1 - \sigma_3)L_2 + (\sigma_2 - \sigma_3)m_2 - (\sigma_1 - \sigma_3)/2] = 0$$
$$m[(\sigma_1 - \sigma_3)L_2 + (\sigma_2 - \sigma_3)m_2 - (\sigma_1 - \sigma_3)/2] = 0$$
$$L_2 + m_2 + n_2 = 1$$

式中 L、m、n 分别表示主平面法线的方向余弦，σ_1、σ_2、σ_3 分别表示主平面三个方向的主应力。

根据主应力计算公式可知，主应力的大小跟纵向、横向、竖向的正应力以及纵向、横向、竖向的剪应力有关，而梁单元模型无法全面考虑这些因素，因此梁单元模型的主应力计算结果小于三维实体模型的主应力计算结果。

3 结论

（1）从平面模型和空间模型的分析结果可以看出，结构的正截面强度、应力和刚度均满足规范要求，并且具有一定的安全储备。

（2）本结构两道纵梁的腹板为斜腹板，并且上、下翼缘不对称，其形心主惯性矩轴与整体坐标系轴存在一定的夹角，也就是说两道纵梁存在斜弯曲，从而导致弯扭耦合，再加上二期恒载、活载作用，结构横向正应力比一般常规结构要更加明显。

（3）从应力的角度来看，梁单元分析和空间实体分析的计算结果存在一定的差异，这是必然的结果。梁单元分析对于控制纵向设计是完全可行的，但是也存在一定的局限性，比如无法考虑结构横向影响（截面横向变形等）、荷载作用点的下移（针对二期恒载、轻轨列车活载而言）、两道纵梁的斜弯曲以及纵梁与横梁之间的连接等因素。

①由于梁单元模型无法考虑桥面板和横梁参与受力分析，而实体单元模型是模拟实际结构进行分析的，因而实体单元模型的纵向截面上缘的正应力分析结果比梁单元模型分析结果要大一些，下缘则要小一些。

②结构截面在荷载作用下，上翼缘有内倾趋势，下翼缘有外倾趋势，也就是说截面横向要发生变形，从而导致截面上、下翼缘的内、外侧应力不等。

③由于梁单元模型无法全面考虑结构竖向和横向的影响，而实体单元模型考虑了各方向正应力、剪应力的影响，所以主拉应力要比梁单元模型的大一些。

（4）从变形的角度来看，三维实体模型分析结果更为真实，因为它真实地反应了结构中各构件之间的相对变位（如跨中处的横梁和桥面板的变形），这是梁单元模型和梁－板单元模型无法考虑的。

参 考 文 献

[1] 胡匡璋.槽形梁[M].北京:人民交通出版社,1986.
[2] 项海帆,姚玲森.高等桥梁结构理论[M].北京:人民交通出版社,2001.
[3] 杜国华.桥梁结构分析[M].北京:同济大学出版社,1994.
[4] 王承礼,徐名枢.铁路桥梁[M].北京:中国铁道出版社,1983.
[5] 日本铁路结构设计标准和解释(混凝土结构)(S).铁道第三勘察设计院,译.天津:内部资料,1996.

实例四 三跨连续槽形梁桥

1 桥梁概况

1.1 截面形式

本桥为了跨越铁路,降低线路坡度,需采用建筑高度小的槽形梁,要求轨底至梁底高度不大于 1.25m。梁部设计为 32m+48m+32m 预应力混凝土槽形连续梁,全预应力构件。本桥位于半径 4 000m 的曲线上,采取曲梁直做的办法,线路中心线最大偏向桥梁中心线一侧 15cm。该桥 1/2 结构立面如图 4-1 所示。

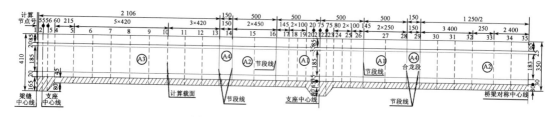

图 4-1 1/2 结构立面图(尺寸单位:cm)

边主梁截面形式采用倒 T 形,即整个截面由三块板组成:道床板、两侧边主梁。除在支座处局部加厚外,全桥采用等截面。梁高 3.55m,槽形梁底板总宽度为 8.8m,顶部最外侧总宽度为 9.35m,内侧净宽 7.4m。主梁上翼缘宽度为 1.25m。腹板厚度 0.45m;顶板翼缘厚度 0.65m;道床板厚度为 0.5m,于支承处设中横梁与边横梁,横梁处底板加厚 60cm,为了增加边主梁抗扭刚度,在边跨和主跨的 1/4、1/2 跨度处各增加 3 道肋板,肋板厚度 0.25m,设倒角过渡。详见图 4-2 和图 4-3。

1.2 预应力钢束

预应力钢束 T1~T3 为顶板束;W1~W5 为腹板束;B1~B3 为底板束。W1~W5 采用 19—

ϕ15.24mm 钢绞线;T1~T3 及 B3 采用 15—ϕ15.24mm 钢绞线;B1、B2 采用 12—ϕ15.24mm 钢绞线;横向预应力钢束采用 5—ϕ15.24mm 钢绞线;竖向预应力采用 ϕ25 精扎螺纹钢。

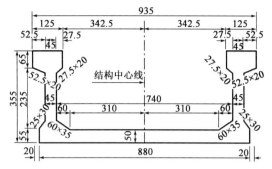

图 4-2 横断面图(尺寸单位:cm)

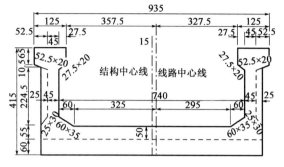

图 4-3 端(中)横梁断面图(尺寸单位:cm)

1.3 施工阶段划分

本桥的施工方法采用分段支架现浇,整座桥分为五个节段,13 个梁段,在模型中划分为 5 个施工阶段。见表 4-1 以及图 4-4。

施 工 阶 段 划 分　　　　　表 4-1

施工阶段	工作内容说明
CS1	安装支架,在墩顶浇筑 A0 节段
CS2	浇筑 A2、A3 节段,在 A0 的基础上安装 A1 节段
CS3	浇筑湿接缝,A4 节段
CS4	拆除支架
CS5	完成桥面铺装

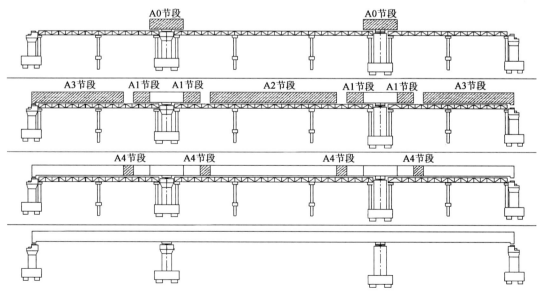

图 4-4 施工步骤示意图

2 槽形梁空间分析的特点

铁路桥的中—活载效应与恒载效应之比要比公路桥的活载效应与恒载效应之比大很多,并且动力系数也更大。目前铁路列车的行驶速度越来越快,因此要求桥梁有更大的净宽,而且本桥还位于曲线上,边主梁倒T形的截面抗扭刚度较小,这些因素使桥梁的空间效应明显,为了保证设计施工的安全性,需要解决以下问题:

(1)边主梁的横弯和扭转会产生多大的附加正应力。

(2)目前尚没有成熟的方法计算槽形梁,特别是槽形连续梁的计算宽度,因此需要运用空间分析的方法计算底板的剪力滞效应。

(3)计算边主梁的横向位移。

显然,用平面杆系软件是不能解决上述问题的,而板单元无法施加预应力,因此本桥采用实体单元模型进行分析。模型中用实体单元模拟混凝土,用桁架单元模拟预应力钢束。建模时,首先采用midas FEA软件建立结构的空间实体模型,然后在midas Civil软件中定义荷载、边界条件,并进行分析计算。由于中—活载加载方式不对称,且需要在曲线上加载,所以无法将模型简化为1/4或者1/2结构进行计算,需要建立整桥空间实体单元模型,并准确模拟施工过程中的体系转换和预应力损失。另外,由于施工中竖向预应力的作用很难保证,所以计算中没有考虑竖向预应力的效应。

3 建模过程

3.1 几何模型的建立与网格划分

3.1.1 导入截面轮廓并生成空间几何体

(1)为了方便建模,可以先将空间几何体的关键轮廓线在CAD里面绘制完成,保存成为dxf格式的文件,便于在FEA软件中直接导入。为此,提前绘制3个关键断面的dxf文件:1.dxf~3.dxf。

(2)在FEA软件中,将长度单位设为cm,在"文件〉导入〉dxf 3D线框"中,分别选择1.dxf~3.dxf导入。导入时,Z坐标按表4-2输入,把导入的截面在"几何〉曲线〉线组"功能中编成线组,然后将线组绕Y轴旋转90°。

导入dxf文件的Z向坐标 表4-2

文 件 名	1.dxf	2.dxf	3.dxf
Z坐标(cm)	190	0	780

(3)在"几何〉生成几何体〉扩展"中,选择类型为"线组",选择1.dxf生成的线组,扩展方向X轴,距离11 310,生成实体1,隐藏实体1。

(4)在"几何〉生成几何体〉扩展"中,选择类型为"线组",选择2.dxf生成的线组,扩展方向X轴,反向,距离190,生成实体2,隐藏实体2。

(5)在"几何〉生成几何体〉扩展"中,选择类型为"线组",选择3.dxf生成的线组,扩展方向

X 轴,距离 150,生成实体 3,隐藏实体 3。

(6)在"几何〉转换〉移动复制"中,选择 1.dxf 生成的线组,方向为 X 轴,等间距复制,距离为 2 810。在"几何〉生成几何体〉扩展"中,选择类型为"线组",选择刚复制生成的线组,扩展方向 X 轴,距离 510,生成实体 4,显示实体 1,2,3。

(7)在"几何〉布尔运算〉差集"中,选择"主形状"为实体 2,"辅助形状"选择实体 1,取消选择"删除辅助形状",点击"适用";然后再将"主形状"选择实体 3,"辅助形状"选择实体 1,点击"适用";最后将"主形状"选择实体 4,"辅助形状"选择实体 1,点击"确定"。生成形状组合 2、3、4。如图 4-5 所示。

3.1.2 支座和肋板的建模

首先处理支座和肋板的倒角过渡,先隐藏所有实体。

(1)在"几何〉分解"中,选择形状组合,把形状组合分解为几个实体。

(2)在"几何〉转换〉移动复制"中,选择 1.dxf 生成的线组,方向 X 轴,等间距复制,距离为 -80,点击"适用"。

(3)显示腹板加厚部位的实体,在"几何〉实体〉分割实体"中,选择需要切割的实体,通过 3 点确定一个平面,在图中选择切割平面点,点击"确定",如图 4-6 所示。

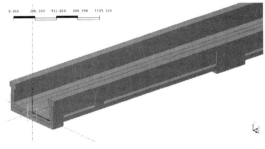

图 4-5 形状组合

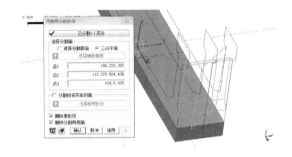

图 4-6 切割加厚部位实体

(4)目前该实体被倒角平面分割为两个实体,选择多余的实体并删除。

(5)用同样的办法分割实体并删除多余实体后,支座部位模型完成见图 4-7。

(6)按同样的方法,可以处理中支座和肋板倒角,通过镜像和复制实体,生成其他的支座、肋板实体,最后把所有生成的实体做并集,如图 4-8 所示,对应的模型文件为 1.feb。

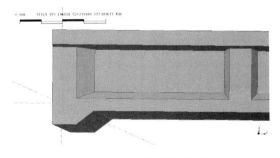

图 4-7 支座部位的几何模型

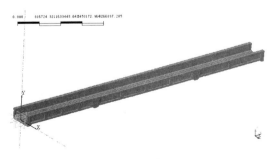

图 4-8 整体几何模型

3.1.3 导入钢束并分割

导入所有钢束的 dxf 文件,并按照钢束截面 Z 方向位置进行移动和复制。接着在"几何〉实体〉分割实体"中以及在"几何〉曲线〉打断线"中分割实体和钢束曲线,因为在 midas Civil 软件中要模拟施工过程,所以需要在湿接缝截面上把实体和钢束都分割开,这样在 midas Civil 软件中才能准确定义结构组。

3.1.4 镜像钢束

在"几何〉转换〉镜像"中,选择所有钢束曲线,镜像平面为 XY 平面,生成全桥模型。

3.1.5 印刻

印刻的目的有两个:一个是印刻出支座约束点,另一个是印刻出道床板表面的车道曲线。车道曲线可以直接用圆曲线来印刻到道床板表面。由于全桥已经被分割为多个实体,所以要多次印刻。在"几何〉曲面〉印刻到曲面"中,先选择要印刻的实体,然后选择要印刻的目标面,再选择需要印刻的辅助曲线,从而完成车道线和支座约束点的印刻,见图 4-9。

3.1.6 网格划分并导出模型

网格划分的结果必须保证混凝土实体单元和钢束桁架单元共节点,所以划分前将预应力钢束的曲线定义为实体的"内部线",采用"自动实体网格"功能进行划分。"网格尺寸"的选择非常重要,太大了会影响计算结果的精度,而且如果比钢束间距大太多,会造成网格划分失败;而太小了则会增加计算规模,增加前后处理的难度。根据本桥的情况,网格尺寸采用 0.5m。

在"网格〉自动网格划分〉实体"中,选择实体,然后在"树形菜单"中的"曲线"列表中选择钢束的曲线,"单元特性"可以只输入"特性号",这个号可以随意输入,如图 4-10 所示。网格划分好后,模型如图 4-11 所示,对应的文件为 2.feb。

图 4-9 印刻车道模型图

图 4-10 网格划分对话框

模型中实体单元 186 508 个,桁架单元 5 890 个。在"文件〉导出〉midas Civil"中,导出 mct 格式的文件。

实例四 三跨连续槽形梁桥

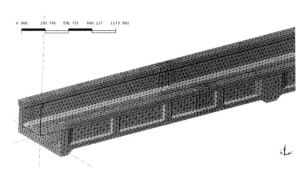

图 4-11 有限元模型

3.2 实体单元分析模型的建立

首先打开 midas Civil 软件,在"文件〉导入〉midas/Civil MCT 文件"中新建文件,然后把单位切换到 kN、m。

3.2.1 建立基本特性

在"模型〉材料和截面〉材料"中,分别定义规范"GB(RC)"中的 C50 混凝土和规范"JTG04"中的 strand1860 钢束;在"模型〉材料和截面〉截面"中,分别定义 12 根 7ϕ5 钢束换算后的圆形截面和 19 根 7ϕ5 钢束换算后的圆形截面。

3.2.2 定义荷载工况和组

(1)荷载工况

在定义荷载工况时,特别注意荷载类型的定义,见图 4-12。

号	名称	类型	说明
1	自重	施工阶段荷载(CS)	
2	二恒	施工阶段荷载(CS)	
3	初始张拉力	施工阶段荷载(CS)	
4	静活载1	用户定义的荷载(USER)	
5	静活载2	用户定义的荷载(USER)	
6	静活载3	用户定义的荷载(USER)	

图 4-12 静力荷载工况的定义

(2)组定义

分别定义结构组、边界组以及荷载组,见表 4-3。

3.2.3 荷载定义

(1)自重:混凝土容重取 26kN/m³,自重系数 $z=-1.04$。

(2)二期恒载:采用压力荷载,分布宽度取道床板表面全宽。

(3)预应力:预应力按初拉力荷载施加在桁架单元上,数值根据杆系分析结果确定。初拉力数值为成桥阶段的各钢束有效预应力乘以钢束面积。由于钢束各位置有效预应力不同,故各根钢束都按边支点、边跨跨中、中支点、中跨跨中的不同位置,选相应的有效预应力,加在相应位置的桁架单元上。

组 定 义　　　　　　　　　　　　　　　　　　　表4-3

类　别	名　称	说　明
结构组	梁段	不包括湿接缝的梁段
	合龙段	湿接缝
	T1～T3、B1～B3、W1～W5	每种钢束定义为一个组
边界组	成桥约束	
	合龙前约束	合龙前的临时约束
荷载组	自重	
	二期恒载	桥面铺装和线路设备总重
	预应力荷载1	合龙前张拉的预应力钢束荷载
	预应力荷载2	合龙后张拉的预应力钢束荷载

(4)活载：活载的施加不可能用定义车道面、加移动荷载的方式，那样运算量太大。所以先在杆系模型中用"移动荷载追踪器"功能追踪出各最不利工况的活载分布方式，再以压力荷载的方式加在已经印刻好的表面上。本桥选取三种活载工况，分别对应中支点最大负弯矩、中支点最大剪力、中跨跨中最大正弯矩。荷载组合的主力组合就是指成桥时的CS：合计与一项活载工况的组合。

3.2.4 施工过程

为简化计算，把表1-3-1中的CS1和CS2合并为阶段1，CS3和CS4合并为阶段2，各阶段的工作内容为：

施工阶段1：安装除合龙段外的其他段，施加成桥约束和合龙前约束，施加自重荷载，张拉钢束B1、B2、W5、T1、T2、T3。

施工阶段2：安装合龙段，钝化临时约束，张拉剩余的全部顶立力钢束。

施工阶段3：加二期恒载。

3.2.5 施工阶段分析控制的定义

本桥的预应力是按最终有效预应力输入的，其中已经包括了收缩徐变效应引起的损失，另外收缩徐变的二次内力效应对本桥的应力影响不大，所以施工过程中没有考虑收缩徐变的影响。在"分析〉施工阶段分析控制"中，取消选择"考虑时间依存效果"。

4 分析结果与结论

4.1 成桥状态分析结果

(1)与平面杆系模型分析结果的比较，见表4-4。

表中空间实体模型的上、下缘应力取的是平均应力。从分析结果来看，两种模型的应力值比较吻合，这说明空间实体模型的整个建模过程是正确的。

(2)各截面正应力分布，如图4-13～图4-17所示。

成桥状态各特征截面正应力比较(MPa)　　　　　　　表 4-4

位　置	上　缘		下　缘	
	平面杆系模型	空间实体模型	平面杆系模型	空间实体模型
边支座处截面	6.44	6.35	6.19	5.36
1/2 边跨处截面	6.92	6.58	6.40	5.78
中支座处截面	9.80	9.82	6.73	6.92
1/4 中跨处截面	4.48	4.70	5.89	5.80
1/2 中跨处截面	6.86	7.85	5.01	4.24

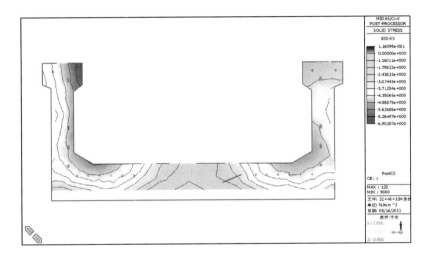

图 4-13　边支座处截面正应力

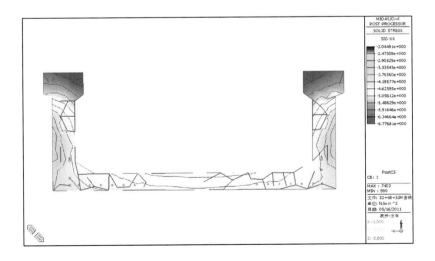

图 4-14　1/2 边跨处截面正应力

图 4-15 中支座处截面正应力

图 4-16 1/4 中跨处截面正应力

图 4-17 1/2 中跨处截面正应力

从图 4-13~图 4-17 中可以发现,支座附近顶板有明显向内横弯的趋势,而底板正应力在预应力作用部位较大,向横向跨中逐渐减小,支座部位减小的程度较大,到 1/4 跨附近最大,而到跨中顶板、底板正应力平均性则都很好。进一步的分析发现,顶板是向内横弯还是向外横弯与跨度、支座位置有很大关系。

4.2 主力组合下的主拉应力

从图 4-18 和图 4-19 中可以发现,由于模型中没有考虑横向预应力的作用,所以底板主拉应力很大。考虑横向预应力作用后,最大主拉应力则集中出现在腹板内,且最大主拉应力未超过 1.12MPa,在未考虑竖向预应力作用的情况下,是能满足规范要求的。

图 4-18 中支座处截面主力组合主拉应力

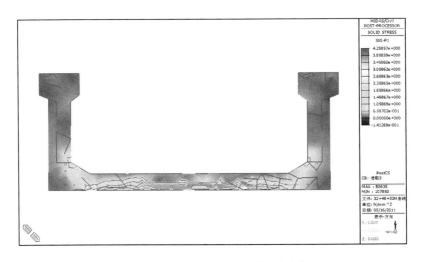

图 4-19 中跨跨中截面主力组合主拉应力

在不与纵向钢束抵触的情况下,横向底板预应力钢束在跨中部分应尽量下弯,同时在支座附近需布置较多的钢束。

4.3 结论

(1)空间实体单元模型的分析结果表明:单线的铁路槽形连续梁,道床板及边主梁的纵向应力分布表现出明显的剪力滞效应。

(2)空间实体单元模型的平均纵向正应力结果与平面杆系模型的结果基本吻合,因此采用平面杆系进行纵向设计是可行的,但在设计时要考虑到顶、底板局部最大、最小应力比杆系计算应力要更不利,因此要考虑一定的安全系数。通过实体分析来总结增大或者折减系数的方法对今后的设计很有意义。

(3)本桥曲线半径为4 000m,活载偏载作用对支座反力影响较小,所以对梁体的扭转作用不明显。

(4)根据空间实体单元模型的分析结果,本桥最大横向位移能满足规范要求。

实例五
体外预应力混凝土连续刚构桥

1 桥梁概况

1.1 项目背景

本工程实例为重庆绕城公路上綦江新滩大桥主桥的右幅桥,它采用体内、体外混合的预应力配束体系,是交通部西部建设科技项目——体外预应力桥梁设计施工技术研究的一个依托工程项目。

现阶段,体外预应力技术由于其自身的优点越来越受到关注,并且广泛地应用在桥梁建设中。相对于国外成熟的技术应用,由于对体外预应力技术认识的差异,现有设计规范与施工工艺及其他技术的不完善,体外预应力混凝土技术在我国并没有得到广泛运用。

相对于体内预应力混凝土结构,在许多条件下体外预应力混凝土结构具有难以比拟的优势。例如体外束状况可检查、易更换;索力可检测、补张拉;同时其减轻了自重,减少了预应力管道摩阻损失。这些优点都给施工带来了便利。当然,体外预应力混凝土结构亦有其自身的缺陷,例如体外束使用年限较短;可能会发生锚固失效,从而导致预应力的丧失等。尽管这样,体外预应力混凝土技术所带来的技术革新依然具有非常广阔的发展前景。

1.2 桥梁构造

大桥为 75m+130m+75m 的三跨预应力混凝土连续刚构桥,主墩为双薄壁柔性墩,主桥全长 280m。总体布置图如图 5-1 所示。

大桥主梁采用单箱单室截面,箱梁根部高 7.8m,跨中及边跨端部高 3.0m,梁高采用 1.8 次抛物线变化。单幅箱梁底板宽 9.25m,顶板宽 16.5m,两侧悬臂长各 3.625m。顶板除 0 号块的两横隔板间为 150cm 厚外,其余均为 25cm。底板除 0 号块的两横隔板间为 100cm 厚外,其余均按 1.8 次抛物线由根部的 82.52cm 厚变化到跨中的 28cm 厚。横截面布置如图 5-2 所示。

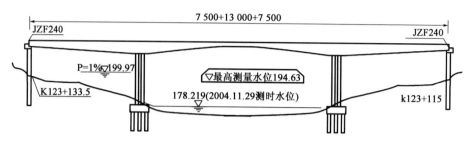

图 5-1 右幅桥总体布置图(尺寸单位:cm)

腹板除 0 号块的两横隔板间为 100cm 厚外,其余腹板厚分 70cm,50cm 两个等级,9 号块为过渡段。主桥箱梁共设置横隔板 7 道,即薄壁墩处 4 道,跨中 1 道,两边跨端部各设 1 道。

主墩均采用由两片薄壁组成的柔性墩,墩高 38.306m,薄壁墩横桥向宽 9.25m,纵桥向厚 1.5m,两壁间净距 4.0m,薄壁下端设有单边 4.0m×1.0m 倒角,上端设有 0.75m×0.75m 倒角。

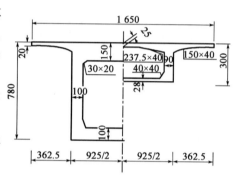

图 5-2 右幅桥横截面布置图(尺寸单位:cm)

1.3 主要参数确定

1.3.1 计算体系确定

重庆交通大学监控组在进行施工过程模拟时,从功能及计算效率考虑,选用空间杆系模型进行分析。由于主梁为箱形截面,各梁段采用空间梁单元模拟。

1.3.2 主要材料及配筋说明

(1)主桥箱梁、桥面铺装混凝土采用 C50,主桥墩身混凝土采用 C40。

(2)预应力体系

本桥为了与左幅体内预应力桥进行对比,在预应力体系上只在纵向和横向布置预应力而取消了竖向预应力。

纵向预应力钢束分为以下几类:I 期悬臂施工束 T1~T32,边跨底板束 B1~B3,边跨合龙束 L3~L5,中跨底板束 D1、D2,中跨合龙束 L1、L2,体外束 W1~W8。

主梁纵向体内预应力束采用 $\phi^s 15.24$ 高强低松弛钢绞线,塑料波纹管,夹片式群锚,两端张拉,真空辅助压浆材料和工艺。钢绞线强度 $f_{pk}=1860 \text{MPa}$,张拉锚下控制应力 $\sigma_{con}=0.75 f_{pk}$。

体外预应力束采用 $\phi^s 15.24$ 高强低松弛喷环氧钢绞线,夹片式群锚,两端张拉。钢绞线强度 $f_{pk}=1860 \text{MPa}$。体外预应力束设有转向块和锚固块构造以满足结构需要。

1.3.3 梁单元模拟

本桥箱梁有 2% 的单向横坡。为了建模方便,在不影响计算精度的情况下,计算模型中箱梁截面没有考虑单向横坡,而是以箱形截面中部梁高作为整个截面的梁高,其余截面参数不变,这样保证了截面面积不变,对强轴的惯性矩不变,对弱轴的惯性矩变化很小。

1.3.4 荷载参数

(1)自重:全桥为钢筋混凝土构件,容重为26kN/m³。转向块部分和跨中横隔板没有在模型结构中进行体现,而是简化为集中荷载。

(2)挂篮荷载:根据施工单位的挂篮设计图,挂篮自重取1000kN。前支点距梁前端0.5m,荷载值取为-1 125kN;后锚点距前支点5m,荷载值取为125kN。

(3)混凝土湿重:通过施加混凝土湿重来模拟挂篮加载,即根据挂篮设计图,计算出前节段混凝土重分配到前支点和后锚点上的力。每个节段混凝土的重量可以通过"查询>单元重量"来查询。

(4)压重:在边跨和中跨合龙时,要进行压重,压重值取为合龙段混凝土重量的一半。

(5)中跨合龙顶推力:为了减小连续刚构桥后期下挠,中跨合龙时需施加水平顶推力。顶推力大小以使主墩顶水平位移大约2cm为准来确定,经计算为1 200kN。

(6)预应力荷载:体内预应力的张拉应力$\sigma_{con}=0.75f_{pk}=1395$MPa;对于体外预应力,由于目前应用于具体的工程实例不是很多,因此采用较小的张拉控制应力$\sigma_{con}=0.65f_{pk}=1 209$MPa。

(7)二期恒载:二期恒载为桥面铺装加上桥面栏杆等附属设施的重量,大小为85kN/m。

1.3.5 边界条件

悬臂施工阶段,主墩墩底约束全部自由度,墩梁刚性连接;边跨现浇时,边跨满堂支架现浇段进行纵向和竖向约束;张拉边跨合龙束时,释放边跨满堂支架现浇段水平约束,只对边支点进行竖向约束;成桥时,主墩墩底约束全部自由度,墩梁固结,两边支点只约束竖向位移。

边跨合龙束是分批张拉的,当张拉前两根钢束时,可能边跨满堂支架现浇段还未完全脱架,按道理可以采用"弹性连接"中的"只受压"连接来模拟,但实际上用这种方法模拟效果不理想,会导致两个T构的位移结果不对称。实际计算中,可以认为张拉第一批边跨合龙束时,边跨支架现浇段已经脱架,因而只约束边支点竖向位移。这样模拟误差很小,完全可以满足计算精度要求。

1.4 施工阶段说明

根据设计图纸所提供的施工步骤,结合实际建模的方便,通过在施工阶段中添加步骤的方式模拟一个节段中的施工步骤(挂篮就位、浇筑混凝土、混凝土成形、张拉预应力钢筋)。主墩和零号块按一次施工完成考虑。通过添加施工子步骤实现边、中跨合龙束和体外束的分批张拉。具体施工阶段的划分见表5-1。

施 工 阶 段　　　　　　　　　　　　　　　表5-1

施工阶段	说　　明
CS1	桥墩和0#块形成,张拉0#块预应力,挂篮就位,浇筑1#块
CS2	1#块形成,张拉1#块预应力,挂篮前移,浇筑2#块

续上表

施工阶段	说　　明
CSn	(n-1)#块形成,张拉(n-1)#块预应力,挂篮前移,浇筑n#块
CS16	15#块形成,张拉15#块预应力
CS17	在支架上浇筑边跨现浇段,悬臂端进行相应配重,准备合龙边跨
CS18	边跨合龙,张拉边跨底板预应力束和合龙束,跨中顶推,准备合龙中跨
CS19	中跨合龙,张拉中跨合龙束和体外预应力束
CS20	施加二期恒载,考虑10000d收缩徐变影响

1.5 分析内容

本模型主要是为该桥施工控制提供分析结果,分析内容包括：
(1)分析全桥在各个施工阶段的变形情况。
(2)分析全桥在各个施工阶段的应力情况。
(3)绘出施工阶段的应力包络图,以便在几个应力值较大的截面安装应变计监测应力,保证全桥施工安全。
(4)提供各梁段的预拱度,保证成桥线形的平顺。
(5)分析体外预应力对主拉应力的影响,考察取消竖向预应力是否可行。

2　建模过程

2.1　设定建模环境

在"文件〉新项目"中,打开一个新项目。
在"文件〉保存"中,以"新滩体外预应力连续梁桥"名字保存文件。
在"工具〉单位体系"中,将单位体系设置为"kN"和"m",如图5-3所示。

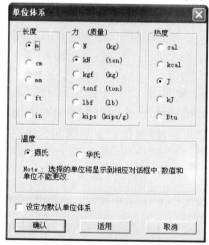

图5-3　单位体系设置

2.2 定义材料与截面

在"模型>材料与截面特性>材料"中,选择程序内设数据库的规范"JTG04"中的"C50"和"C40"分别作为主梁和主墩的混凝土材料属性,选用程序内设数据库的规范"JTG04"中的"Strand1860"作为钢绞线的材料属性。

在"模型>材料与截面特性>截面"中,选择"设计截面"定义全桥各梁段左右截面并设置偏心为"中-上部",选择"数据库/用户"定义主墩截面($H=1.25m$, $B=9.25m$)并设置偏心为"中心",跨中截面参数设置见图5-4。

主梁梁高是按1.8次抛物线变化的,在"模型>材料与截面特性>截面"中,选择"变截面"中的"单箱单室"定义各梁段截面,见图5-5。

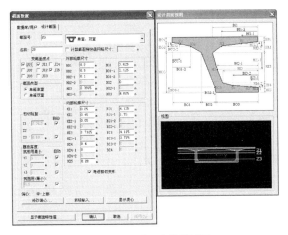

图5-4 跨中截面参数设置图

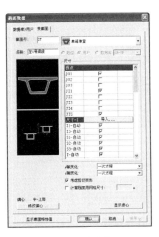

图5-5 生成变截面

> **要点及提示**:按照一般的简化建模思路,可以只建立跨中和主梁根部截面,然后建立跨中到根部、根部到跨中的变截面,在"模型>材料与截面特性>变截面组"中设定Z轴变化次数1.8次来实现主梁各截面的变化。但是,上述方法建立的模型,不仅主梁梁高是按1.8次抛物线变化的,底板厚度和腹板宽度也是按1.8次抛物线变化的。实际的情况并非如此,底板厚度和腹板宽度是按其他形式变化的。鉴于这种情况,用户可以使用"模型>建模助手>PSC桥梁建模助手"功能,定义截面的各个部位以不同的次数来变化,建立更精确的模型。在实际施工过程中,底模很难做成抛物线形状,节段内梁高一般是按线性变化的,所以,按照设计资料建立各个梁单元的变截面来模拟主梁截面的变化其实更精确。

2.3 初始模型

参照图5-6,建立预应力箱形梁的分析模型。主梁和主墩都用梁单元来进行模拟。将每个桥梁段看作一个梁单元,以零号块和桥墩的交点、桥墩和桥墩的中心距离为基准分割单元。满堂支架法区段应考虑下部钢束的锚固位置分割单元。

在"模型>单元>扩展"中,选择"扩展单元"的方法建立左半跨主梁;由于左右半跨桥关于跨中对称,在"模型>单元>镜像"中,选择"镜像单元"中的"复制"功能建立右半跨主梁;选择与墩顶位置对应的箱梁节点,将该节点沿 Z 方向向下复制 7.8925m(箱梁根部截面总高度)生成墩顶节点后,在"模型>单元>扩展"中,选择"扩展单元"的方法建立桥墩。

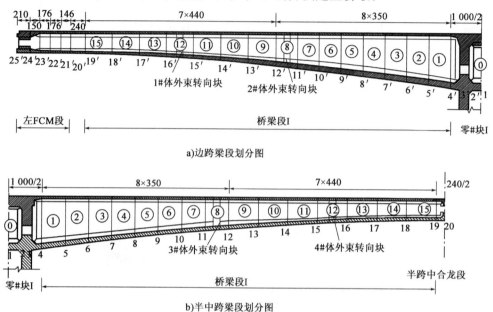

图 5-6　边跨和半中跨桥梁段的划分图(尺寸单位:cm)

根据设计图纸,将生成的截面采用"鼠标拖放"的方式赋给相应的梁单元,完成初始模型的建立。

2.4　预应力钢束布置

箱梁中有体内束($22\phi^s15.24$)、体内束($17\phi^s15.24$)、体外束($27\phi^s15.24$)三种规格的预应力束,在"荷载>预应力荷载>钢束特性值"中,添加三种不同的钢束特性值,对于体外束在"钢束类型"中选择"外部",对于体内束在"钢束类型"中选择"内部(后张)"。体外束只在转向块处与管道接触,其预应力钢筋与管道壁的摩擦系数远小于体内束的情况,体外束摩擦系数根据经验定为 0.08,体外束的特性值参数设置见图 5-7。

图 5-7　设置体外束钢束特性值

根据设计资料的实际预应力布置采用"2D—圆弧—直线"模式定义钢束形状。以体外束 W1L 为例,参照图 5-8 中体外预应力束的布置定义钢束形状,体外束 W1L 的形状编辑见图 5-9。

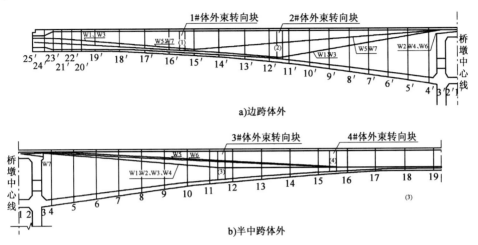

图 5-8 边跨和半中跨体外束布置图

国内大多数设计图纸的钢束坐标图都是用 2D—圆弧的方式表示的,所以为了方便宜选用"2D—圆弧"方式来输入钢束形状。钢束形状的输入是一个比较烦琐的过程,一般直线桥梁中钢束的平弯除对预应力的损失有一定影响外,对整体分析结果影响不大,所以为了简化建模可以不考虑钢束平弯形状的影响。

2.5 定义施工阶段

定义施工阶段前,应对桥梁在各个施工步骤中的结构状态有清楚的把握。在"荷载>施工阶段分析数据>定义施工阶段"中,选择各施工阶段中"激活"或者"钝化"的结构组、荷载组及边界组。本实例共定义施工阶段 20 个,建立结构组 39 个、荷载组 131 个、边界组 3 个。

2.6 定义边界条件和荷载

对于具有大量施工阶段及加载条件的模型,在已经建立施工阶段的前提下,可通过编辑 EXCEL 表格或编辑 MCT 文件的方式施加荷载和边界条件,提高建模效率。

图 5-9 编辑钢束形状

(1)定义边界条件

选定第 1 施工阶段,在"模型>边界条件>一般支承"中,程序自动选定"主墩边界及墩梁固结"边界组,选择 116~119 号节点约束所有自由度。

选定第1施工阶段,在"模型〉边界条件〉弹性连接"中,程序自动选定"主墩边界及墩梁固结"边界组,在(24—92、28—93、74—95、70—94)号节点间添加"刚性连接",模拟墩梁固接。

选定第17施工阶段,在"模型〉边界条件〉一般支承"中,程序自动选定"现浇段边界"边界组,选择2~6、47~51号节点约束D_y、D_z方向,选择1、52号节点约束D_x、D_y、D_z方向。

选定第18施工阶段,在"模型〉边界条件〉一般支承"中,程序自动选定"两边墩边界"边界组,选择1、52号节点约束D_z方向。

(2)定义静力荷载工况

要输入荷载,首先要定义荷载工况。在施工阶段中"激活"和"钝化"的荷载建议定义为"施工阶段荷载(CS)"类型。规范定义荷载类型的目的是为了能够让程序根据规范自动生成荷载组合,对于采用手动方式生成荷载组合时可以不考虑荷载类型。

在"荷载〉静力荷载工况"中,定义自重、挂篮荷载、混凝土湿重、预应力荷载、顶推和压重、二期恒载六种静力荷载工况,类型均选为"施工阶段荷载(CS)"。

在"荷载〉自重"中,定义Z值为-1.04的自重。

在"荷载〉梁单元荷载"中,定义挂篮荷载、混凝土湿重、转向块重和桥面系二期恒载。

在"荷载〉节点荷载"中,定义水平顶推力、压重、跨中横隔板重。

在"荷载〉预应力荷载钢束〉预应力荷载"中,定义施工阶段预应力的施加,并按实际施工状况定义其两端张拉,在当前施工阶段灌浆。对于体外预应力束,由于其特性值中导管直径为零,程序不会考虑灌浆。

在定义施工阶段时,挂篮荷载组、混凝土湿重荷载组、预应力荷载组是非常多的,按照窗口来输入这些荷载是一件非常烦琐的事情,且这些荷载都带有一定的规律和重复性,通过编辑EXCEL表格或编辑MCT文件的方式来施加这些荷载,可以大大提高建模效率。

(3)定义移动荷载

在"荷载〉移动荷载分析数据〉移动荷载规范"中,"移动荷载规范"选择"china";在"荷载〉移动荷载分析数据〉车道"中,按车道单元方式定义单向三车道;在"荷载〉移动荷载分析数据〉车辆"中,用"添加标准车辆"的方式定义新桥规中的"车道荷载",汽车荷载等级在"分析〉移动荷载分析控制"中定义为公路—Ⅰ级;在"荷载〉移动荷载分析数据〉移动荷载工况"中,定义移动荷载工况。

(4)定义基础沉降

在"荷载〉支座沉降分析数据"中,定义"支座沉降组"(按桥梁当地地基状况,考虑边支座和主墩2cm的沉降效应)。

(5)定义温度荷载

在"荷载〉温度〉荷载系统荷载"中,按地区特性定义其体系整体升温降温20℃;在"荷载〉温度荷载〉梁截面温度"中,选定一般截面定义桥面升温15℃和降温10℃。

2.7 结构分析控制

在"分析〉主控数据"中,选择相关项见图5-10;在"分析〉移动荷载分析控制数据"中,选择相关项见图5-11;在"分析〉施工阶段分析控制数据"中,选择相关项见图5-12。

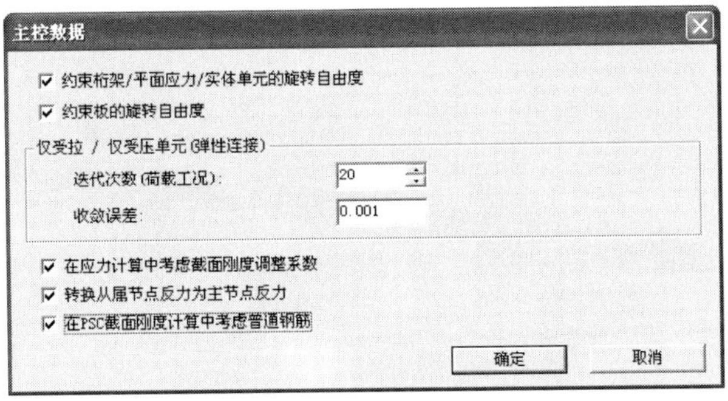

图 5-10　主控数据定义

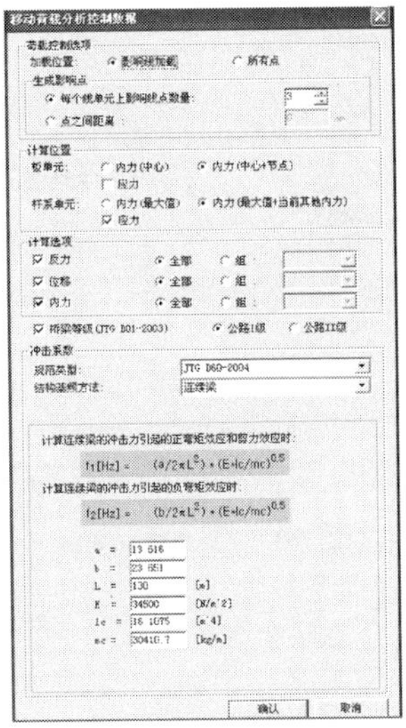

图 5-11　移动荷载分析控制数据定义

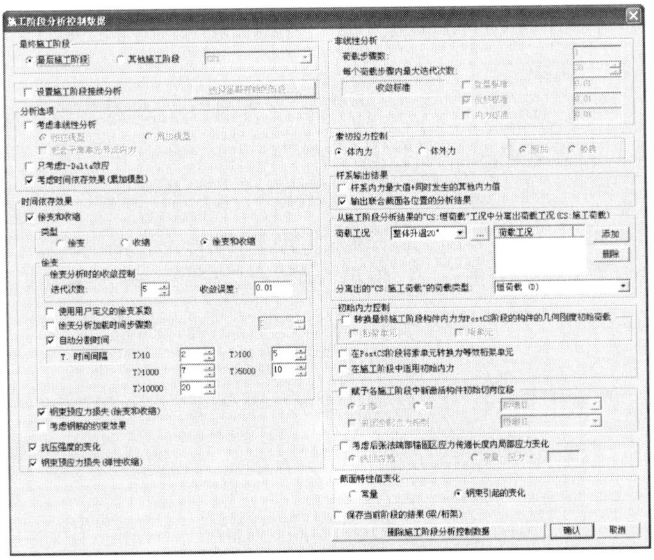

图 5-12　施工阶段分析控制数据定义

通过以上步骤,完成后的模型共计 119 个节点,114 个梁单元。分析模型见图 5-13,节点单元划分见图 5-14。

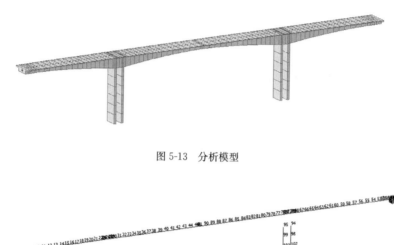

图 5-13　分析模型

图 5-14　节点单元划分

3　分析结果

3.1　施工阶段应力、变形

由于要对本桥进行施工控制,需掌握主梁在各施工阶段的理论应力值和变形值,便于与实测值进行比较,保证施工质量。

选定相应的施工阶段,在"结果〉应力〉梁单元应力图"中,查看该施工阶段应力结果;在"结果〉位移"中,查看施工中各梁单元的变形情况;在"结果〉分析结果表格"中,以表格的方式精确输出施工阶段中的应力和变形结果值。施工阶段的各应力值均满足有关要求。

施工控制中,需确定几个应力最不利监测截面,绘出施工阶段的应力包络图,以便在几个应力值较大截面安装应变计来监测应力,保证全桥施工安全。选定"MIN/MAX"施工阶段,在"结果〉应力〉梁单元应力图"中,"荷载工况/组合"选"CSMAX:合计",应力勾选"组合",组合(轴向加弯矩)勾选"最大",全桥施工阶段拉应力包络图如图 5-15 所示。

选定"MIN/MAX"施工阶段,在"结果〉应力〉梁单元应力图"中,"荷载工况/组合"选"CSMIN:合计",应力勾选"组合",组合(轴向加弯矩)勾选"最大",全桥施工阶段压应力包络图如图 5-16 所示。

根据施工阶段拉压应力包络图,主梁根部截面、边跨 1/2 截面、中跨 1/4 及 3/4 截面和中跨跨中处应力均较大,应在上述位置安装应变计来监测应力,保证全桥安全施工。

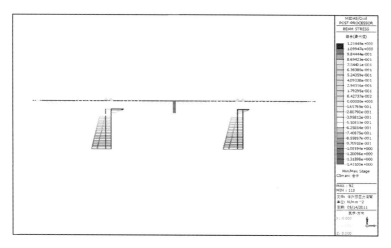

图 5-15　施工阶段拉应力包络图

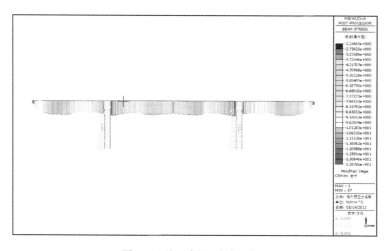

图 5-16　施工阶段压应力包络图

3.2　预拱度的设置

连续刚构的预拱度设置值＝－(恒载挠度＋10000d 收缩徐变挠度＋1/2 活载挠度)。先定义"预拱度"荷载组合,从该荷载组合下的位移等值线图中可以看出,如果不设置预拱度,全桥在荷载作用下线形无法达到设计线形,在施工中应根据该位移的反号值来设置预拱度就能在成桥后得到较好的线形,保证行车平稳,见图 5-17。

在"结果〉分析结果表格〉位移"中,选择"预拱度(CB:最小)"施工荷载组合,竖向位移 DZ 的反号值即为预拱度值,如图 5-18 所示。

3.3　成桥应力

通过对成桥应力计算结果的把握,可以确保分析结论的正确性及进一步了解工程项目效应的分布特性。软件自动生成荷载组合后,就可以查看成桥应力结果。全桥标准值组合下的应力分布及结果评定如下。标准值应力分布情况见图 5-19 和图 5-20。

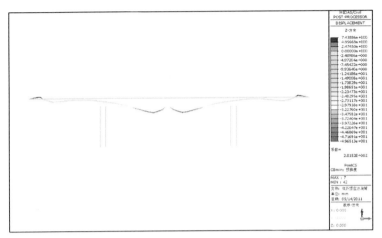

图 5-17 "预拱度"荷载组合下的位移等值线图

节点	荷载	DX (mm)	DY (mm)	DZ (mm)	RX ([rad])	RY ([rad])	RZ ([rad])
1	预拱度(最小)	40.090858	-1.339849	-0.000000	-0.000060	-0.001054	-0.000005
2	预拱度(最小)	39.610124	-1.331387	1.464728	-0.000059	-0.001075	-0.000005
3	预拱度(最小)	39.027723	-1.324538	2.557209	-0.000058	-0.001059	-0.000005
4	预拱度(最小)	38.054955	-1.315434	3.773342	-0.000056	-0.001011	-0.000005
5	预拱度(最小)	37.084750	-1.306158	4.887312	-0.000054	-0.000955	-0.000005
6	预拱度(最小)	36.276263	-1.298369	5.759597	-0.000053	-0.000908	-0.000005
7	预拱度(最小)	37.138254	-1.285290	7.438860	-0.000050	-0.000703	-0.000005
8	预拱度(最小)	35.024598	-1.260581	-2.306622	-0.000045	-0.000935	-0.000005
9	预拱度(最小)	33.032486	-1.234186	-7.261333	-0.000040	-0.000988	-0.000005
10	预拱度(最小)	31.303054	-1.205143	-10.78493	-0.000037	-0.000991	-0.000005
11	预拱度(最小)	29.412681	-1.176045	-10.56902	-0.000034	-0.000858	-0.000006
12	预拱度(最小)	27.489987	-1.147205	-9.304915	-0.000031	-0.000667	-0.000005
13	预拱度(最小)	25.803679	-1.116005	-7.590885	-0.000029	-0.000401	-0.000005
14	预拱度(最小)	24.294981	-1.083441	-6.293151	-0.000027	-0.000197	-0.000006
15	预拱度(最小)	23.049931	-1.058465	-5.161609	-0.000026	-0.000050	-0.000006
16	预拱度(最小)	21.607394	-1.034367	-4.549253	-0.000024	0.000049	-0.000006
17	预拱度(最小)	20.112542	-1.010490	-4.334752	-0.000022	0.000139	-0.000006
18	预拱度(最小)	18.552136	-0.986529	-4.548013	-0.000020	0.000216	-0.000006
19	预拱度(最小)	16.945729	-0.962670	-4.902694	-0.000019	0.000265	-0.000006
20	预拱度(最小)	15.078760	-0.939129	-5.794685	-0.000017	0.000318	-0.000006
21	预拱度(最小)	13.083255	-0.916260	-6.807251	-0.000016	0.000335	-0.000006
22	预拱度(最小)	10.803242	-0.901738	-8.834694	-0.000015	0.000330	-0.000006

图 5-18 "预拱度"荷载组合下的位移值

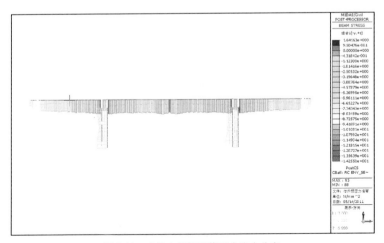

图 5-19 主梁上缘标准值组合应力分布

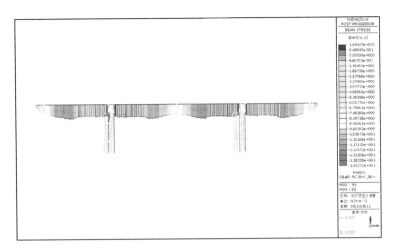

图 5-20　主梁下缘标准值组合应力分布

根据以上的应力云图，可以明确看出在标准值组合情况下，主梁上缘未出现拉应力，其上缘最大压应力位于主梁根部附近，大小为 14.25MPa。主梁下缘在跨中位置产生了最大为 0.2MPa的拉应力，在两边跨跨中产生的最大下缘压应力为 14.53MPa。可见，在标准值组合下，基本保证主梁全截面受压，主梁压应力满足 C50 混凝土抗压容许强度。

3.4 体外预应力损失

由于本桥是座科研桥，根据相关要求，还需对体外束进行应力监测，以便进行实测值与理论值的比较。在“结果〉分析结果表格〉预应力钢束〉预应力钢束损失”中，以表格和图形方式查看钢束在各个施工阶段的预应力损失情况。图 5-21 和图 5-22 为体外束 W8L 的预应力损失情况。

单元	位置	内力（考虑瞬间损失）：A (kN)	弹性边形损失：B (kN)	比值 (A+B)/A	徐变/收缩损失 (kN)	松弛损失 (kN)	内力(考虑所有损失)/内力(考虑瞬间损失)	端部有效钢束数
钢束组[W8L]的应力损失，在施工阶段[CS20]								
钢束组		W8L	阶段	CS20	适用			
46	I	4383.4303	-6.1316	0.9986	-122.7516	-84.4246	0.9513	1.0000
46	J	4356.6718	-6.7696	0.9984	-125.1845	-81.3226	0.9510	1.0000
47	I	4383.4303	-16.0652	0.9963	-280.6159	-84.4246	0.9131	1.0000
47	J	4383.4303	-9.5097	0.9978	-198.8718	-84.4246	0.9332	1.0000
48	I	4383.4303	-14.3924	0.9967	-338.9832	-84.4246	0.9001	1.0000
48	J	4383.4303	-15.2692	0.9965	-332.9312	-84.4246	0.9013	1.0000
49	I	4383.4303	-13.7805	0.9969	-341.1705	-84.4246	0.8998	1.0000
49	J	4383.4303	-14.3928	0.9967	-338.9622	-84.4246	0.9001	1.0000
50	I	4383.4303	-13.3997	0.9969	-342.2091	-84.4246	0.8996	1.0000
50	J	4383.4303	-13.7806	0.9969	-341.1703	-84.4246	0.8998	1.0000
51	I	4383.4303	-12.7265	0.9971	-375.5475	-84.4246	0.8922	1.0000
51	J	4383.4303	-13.3355	0.9970	-369.5849	-84.4246	0.8934	1.0000
52	I	4383.4303	-11.3380	0.9974	-362.1121	-84.4246	0.8955	1.0000
52	J	4383.4303	-11.6614	0.9973	-355.7965	-84.4246	0.8969	1.0000
53	I	4383.4303	-11.4890	0.9974	-370.3271	-84.4246	0.8936	1.0000
53	J	4383.4303	-10.7566	0.9975	-362.4791	-84.4246	0.8956	1.0000
54	I	4383.4303	-13.4253	0.9969	-365.8670	-84.4246	0.8942	1.0000
54	J	4383.4303	-10.9638	0.9975	-368.7506	-84.4246	0.8941	1.0000
55	I	4441.7166	-14.1889	0.9968	-355.8344	-91.2915	0.8961	1.0000
55	J	4383.4303	-12.8617	0.9971	-364.9725	-84.4246	0.8945	1.0000
56	I	4441.7166	-13.1986	0.9970	-343.7125	-91.2915	0.8991	1.0000
56	J	4441.7166	-13.4461	0.9970	-358.4278	-91.2915	0.8957	1.0000

图 5-21　体外束 W8L 预应力损失表格

根据图 5-21、图 5-22 可知，体外束的初始张拉力为 4 570kN，到最后阶段的预应力为 3 900kN，预应力的理论损失值约为初始张拉力的 15％，可见体外束的理论损失值不是很大。

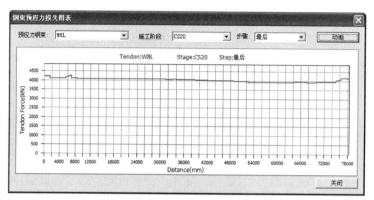

图 5-22　体外束 W8L 预应力损失图

3.5　主拉应力

本桥为体内和体外混合配束体系,取消了竖向预应力。这种混合配束体系可以减少体内束的数量,腹板内通过的预应力管道数量也相应减少,从而可以把边跨底板束和中跨底板束进行上弯并锚固于顶板及腹板加腋处,依靠这部分体内上弯束的竖向分力来提供边跨和中跨部分梁段的预剪力。在墩顶及桥梁负弯矩区段由于有下弯的一期体内束以及体外束的覆盖,可以提供可靠的预剪力。这样,墩顶及负弯矩区段由下弯的一期钢束与体外束共同提供预剪力,正弯矩区段由二期体内上弯束提供预剪力。因此,全桥预剪力全由可靠的纵向预应力提供,并能将主拉应力控制在 1MPa 以内。

选定"PostCS"阶段,在"结果 > 应力 > 梁单元应力(PSC)"中,荷载组合选定"CBmax：RC ENV_SER1",截面位置选"绝对值最大",应力选"Sig-Ps1",主梁主拉应力云图如图 5-23 所示。

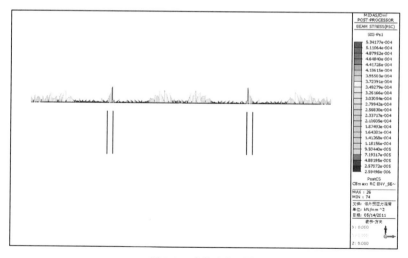

图 5-23　主拉应力云图

可以看出,主梁绝大部分的主拉应力都控制在 1MPa 以内。取消竖向预应力,采用体内和体外的配束体系是可行的。从效益上看,尽管体外束的单价比体内束贵,但体外束具有施工方便、易维护、可更换、索力可检测和补张拉等优点,故混合配束可以获得更好的长期效益。同时混合配束方式取消了竖向预应力,竖向剪力由可靠的纵向预应力提供,有效避免了竖向预应力效应不可靠带来的病害。

体外束和体内束的混合配束方式可以有效抵抗主拉应力,避免由于竖向预应力失效造成的主拉应力过大而导致的腹板开裂,从而为连续刚构桥的配束设计提供了另一种新颖的配束方法,具有广阔的应用前景。

4 总结

本文以某高速公路上的体内、体外混合预应力混凝土刚构桥为工程背景,阐述了刚构桥体系的确定方法,并进行了施工过程的详细模拟与分析,得到了相关施工阶段的控制应力、控制位移和成桥应力,并通过提取体外预应力损失和主拉应力说明了体外预应力的优越性。

参 考 文 献

[1] 中华人民共和国行业标准. JTG D60—2004 公路桥涵设计通用规范[S]. 北京:人民交通出版社,2004.

[2] 中华人民共和国行业标准. JTG D62—2004 公路钢筋混凝土及预应力混凝土桥涵设计规范[S]. 北京:人民交通出版社,2004.

[3] 徐栋,吴振荣,敬世红. 第十七届全国桥梁学术会议论文集[C]. 北京:人民交通出版社,2006.

[4] 郭晓东. 体外预应力连续刚构桥设计技术研究[D]. 西南交通大学硕士论文,2005.

实例六
钢—混凝土组合连续梁桥

1 桥梁概况

1.1 项目背景

钢—混凝土组合梁桥是钢梁通过连接件与钢筋混凝土桥面板组合而成的梁式桥。钢—混凝土组合简支梁桥是采用较多的结构形式,因为简支梁的上缘受压、下缘受拉,最符合材料分布合理原则,即梁的上翼缘是适宜受压的混凝土板,下缘是适宜受拉的钢梁。

钢—混凝土组合梁桥充分利用了钢材和混凝土材料各自的材料性能,具有承载力高、刚度大、抗震性能强、动力性能强、构件截面尺寸小、施工快速等优点。

近年来,随着组合梁技术的不断发展,其使用范围已扩展到连续梁、拱桥、斜拉桥等桥型。

1.2 桥梁构造

某桥为跨径71m+110m+71m的三跨变截面钢—混凝土组合连续梁桥,断面布置如图6-1所示,左右分幅,主桥桥梁宽度33.5m,主桥箱梁由预应力混凝土桥面板与钢梁组合而成,箱梁跨中高度为2.6m,墩顶高5.2m,梁高按二次抛物线变化,钢梁为变高度U形断面,每幅采用双箱单室,单个钢箱梁宽4.25m,箱间距4.22m,箱间采用10~14m间距的横梁连接,主桥共分A~H共8种梁段(其中梁段C、G相同,梁段D、F相同),全桥共16个梁段。

钢梁上翼板宽600mm,厚度为25mm;钢梁底板宽4350mm,厚度根据受力区域,分为30mm和40mm,底板加劲肋也根据受力区域采用不同形式,在墩顶左右各23.5m范围内采用闭口Ⅱ形加劲,其他区域为扁钢开口加劲。钢梁腹板厚20mm,主墩顶E段加厚到24mm。钢箱梁内沿桥纵向每隔3~4m设一实板式横隔板,主墩处横隔板厚为24mm,边墩处横隔板厚为20mm,其余位置厚为16mm。

桥面混凝土板与钢梁连接采用剪力钉群方案,把几个剪力钉以较小的距离集中设置以形成群体,再以较大的距离把剪力钉群设置在翼缘长度方向上,浇筑混凝土板时,剪力钉群处预留孔洞,待全桥预应力施加后再用无收缩砂浆填充剪力钉群处预留孔洞,使钢梁和桥面板共同作用,如图6-2和图6-3所示。

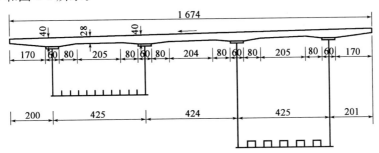

图6-1 断面布置(尺寸单位:cm)

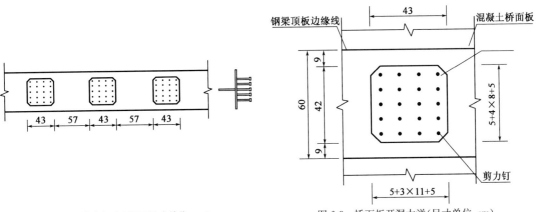

图6-2 剪力钉布置图(尺寸单位:cm)　　　图6-3 桥面板开洞大样(尺寸单位:cm)

1.3 施工过程说明

施 工 阶 段　　　　　　　　　　　　　　　　　表6-1

施工阶段	施工阶段描述
CS1	搭设满堂支架,钢梁拼装完成
CS2	钢梁落架
CS3	搭设桥面板满堂支架1,现浇第1段混凝土
CS4	张拉预应力束N1、N1b
CS5	搭设桥面板满堂支架2、3,现浇桥面板混凝土第2、3段
CS6	张拉预应力束N2、N2b
CS7	搭设桥面板满堂支架4、5,现浇桥面板混凝土第4、5段
CS8	张拉预应力束N3、N3b
CS9	搭设桥面板满堂支架6,现浇桥面板混凝土第6段
CS10	张拉预应力束N4
CS11	浇筑剪力钉处桥面板预留孔内混凝土,使桥面板与钢梁共同受力
CS12	拆除桥面板施工支架
CS13	拆除钢梁施工支架
CS14	桥面系及附属工程施工
CS15	成桥,收缩徐变1 000d

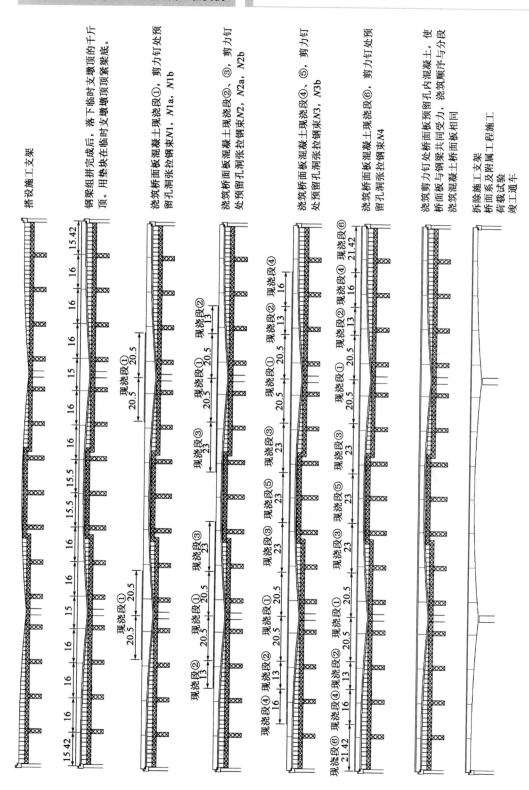

图6-4 全桥施工流程图 (尺寸单位: m)

本桥采用满堂支架施工,待钢梁架设完成后,先进行第一次落架,然后再对钢梁进行顶紧,继而进行后续阶段的施工。

为避免桥面板预应力会施加到钢梁上,本桥采用了上文所述的剪力钉群的处理方法,等桥面预应力施加完毕后浇筑预留孔内的混凝土,使钢梁与混凝土板结合后承受后续荷载。全桥施工流程见图6-4。

全桥划分为15个施工阶段来模拟整个施工过程,见表6-1。

> **要点及提示**:施工过程中,钢梁一次落架,钢梁自身的重量全部由钢梁承受,桥面板施工时仍是在钢梁满堂支架上进行的,可以认为桥面板施工时的重量是由支架承受的。在模拟时,采用了独立的桥面板满堂支架,直到施工阶段12、13后,即经过二次落架,后期的荷载(混凝土板自重、二期恒载)则由钢—混凝土组合截面共同承受,第一次落架的作用是尽量减小组合截面形成后所承担的内力,也减小了混凝土板中所受的内力,这对于负弯矩区的混凝土板的受力作用重大,但钢梁的位移则要包括两次落架产生的位移,在设置钢梁预拱度时要注意。

2 要点分析

2.1 负弯矩区的处理

与简支梁桥不同,连续梁桥的中间支点处会出现较大的负弯矩区,而在此区域内,正好会出现钢梁受压而混凝土受拉的不利情况。对于钢筋混凝土连续梁桥来说,负弯矩区混凝土会出现开裂,从而出现该处断面的刚度削弱,影响到桥梁的内力分配。

对负弯矩区计算的处理,《钢结构设计规范》(GB 50017—2003)中规定:对于连续组合梁,在距中间支座两侧各 $0.15l$(l 为梁的跨度)范围内,不计受拉区混凝土对刚度的影响,但应计入翼板有效宽度 b_e 范围内配置的纵向钢筋的作用;欧洲规范4规定:对于给定的荷载,首先根据等刚度计算负弯矩区混凝土中产生的最大拉应力,如果此应力超过了 $0.15f_{ck}$(f_{ck} 为混凝土的轴心抗压强度标准值,$0.15f_{ck}$ 即为混凝土的抗拉强度标准值,在此应用我国规范中规定的混凝土抗拉标准值代替),则在该支座两侧各15%跨度范围内采用开裂截面刚度,然后用改变后的刚度再次按照弹性方法计算内力。

实际上,负弯矩区混凝土桥面板开裂后,由于始终处于受拉区,该处裂纹不能自动闭合,有害性气体、污水或其他腐蚀性液体会渗入这些裂缝,腐蚀混凝土翼板内的钢筋、栓钉以及钢梁,大大降低了桥梁的使用耐久性,因而,在桥梁设计中,一般通过施加预应力的手段使桥面板处于受压状态,避免裂缝的出现。

笔者认为,《钢结构设计规范》(GB 50017—2003)中规定的处理方法对于未施加预应力的组合结构是合适的,但大多数情况下,连续组合梁桥在负弯矩区都施加了较为强大的预应力,在正常使用过程中,截面不产生开裂,故可以参照欧洲规范4的处理方法,在设计时先按等刚度进行计算,看负弯矩区是否出现较大的拉应力($0.15f_{ck}$),如果拉应力超限,则调整预应力大小,避免出现开裂的情况。对于极限承载能力状态来说,如采用塑性设计方法计算,则可以按照《钢结构设计规范》(GB 50017—2003)规定的方法进行内力调整。

2.2 剪力钉的滑移效应

钢—混凝土组合结构通过剪力件的联结作用而共同受力,在结构中应用广泛的剪力钉为柔性抗剪连接件,在结合面水平剪力的作用下,剪力钉会产生滑移,使截面曲率变大,从而结构挠度也变大。

在《钢结构设计规范》(GB 50017—2003)中通过刚度折减考虑了剪力件的滑移效应,其规定折减刚度为:

$$B = \frac{EI_q}{1+\zeta} \tag{6-1}$$

式中:E——弹性模量;

I_q——组合梁的换算截面惯性矩;

ζ——刚度折减系数。

在有限元模型模拟过程中,如想模拟剪力钉的抗剪刚度,取剪力钉连接件刚度系数:

$$K = 0.66 n_s V_u$$

式中:n_s——同一截面栓钉的个数;

V_u——单个栓钉的极限承载力,可以按照《钢结构设计规范》(GB 50017—2003)进行选取。

实际上经计算分析表明,滑移效应对连续组合梁弹性阶段内力重分布的影响较小,在分析内力时可以忽略。有兴趣的读者可以自己动手建立模型检验一下。

在有限元分析过程中,可以通过刚性连接模拟钢梁与混凝土板的连接,但对位移应进行修正,因为刚性连接得出的位移是偏不安全的。

2.3 预应力的施加方法

在钢—混凝土连续梁中,为避免负弯矩区钢筋混凝土板的开裂,一般要在此区域施加预应力,预应力施加的先后顺序会影响到预应力在钢梁和混凝土板之间的分配。

一种方法是先架设钢梁、混凝土板,等两者结合后施加预应力,这种施工方法使得部分预应力施加在了钢梁上,而使预应力不能有效的施加到混凝土板上。

另一种方法是把几个焊钉以较小的间距集中设置成群体,再以较大的间距把这个焊钉群设置在翼缘长度方向上,施加预应力后再用无收缩砂浆填充焊钉群的预留孔,这样预应力就可较为充分的利用,并可避免钢梁因承受较大的压力而出现屈曲的情况,下面介绍的实例便是采应用了这种方法。

2.4 施工方案

根据组合梁的不同承载情况,一般可分为活载组合梁、恒载组合梁等形式。

活载组合梁即是施工时不搭设支架,钢梁、混凝土板的自重仅由钢梁承担,待混凝土板达到设计强度后,钢筋混凝土板才作为承重结构的一部分参与承受二期恒载、活载等作用。

在施工过程中搭设满堂支架，待钢梁与混凝土板完全结合后再拆除支架，这样钢梁自重、混凝土板的自重、二期恒载、二期活载等作用都是由钢—混凝土组合结构来承受的，这种结构称为恒载组合梁。

从上面的划分可看出，结构计算的最终结果与施工过程密切相关，不同的施工过程得出的最终结果可能大相径庭，故而在结构分析时，一定要精确的模拟施工的整个过程，才能得出结构真实的受力结果。

本桥采用两次落架的施工方法，使钢梁自重由钢梁自身承担，而桥面板重量、二期恒载、二期活载由组合梁承担，是介于活载组合梁和恒载组合梁之间的施工方法，目的是减小组合梁在中墩处的负弯矩效应。

3 建模分析

3.1 建模方法

在 midas Civil 软件中，可以通过两种方法实现钢—混凝土连续梁桥的建模。

一种方法是利用软件提供的"荷载〉施工阶段分析数据〉施工阶段联合截面"的组合截面建模功能，如图 6-5 所示。

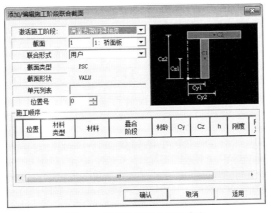

图 6-5 施工阶段联合截面定义

另一种方法是全手动操作进行建模，即分别建立桥面板、钢梁，然后将两者通过软件中"弹性连接"的"刚性"进行连接，这里弹性连接模拟的是剪力钉的作用。

对于较为简单的钢—混凝土叠合梁来说，使用软件提供的组合截面的建模功能进行建模无疑是较为方便和快捷的，但对于较为复杂的桥梁（变截面、施工过程复杂等），建议还是选择操作较为灵活的手动建模。本桥便采用全手动的方法进行建模。

3.2 定义材料

在"模型〉材料与截面特性〉材料"中，选用软件内设数据库的规范 JTG04 中的 C50 及 Strand1860 作为混凝土板及预应力钢绞线的材料属性，选用 JGJ(S) 中的 Q345 作为钢梁的材料属性。

3.3 输入截面

由于本桥截面较为复杂，尤其是根据受力的要求，钢梁的断面变化较多，因此采用"工具〉截面特性值计算器"进行截面输入。

(1) 钢梁截面输入

在 AutoCAD 中画出钢梁各控制点截面，保存成 dxf 格式，打开"工具〉截面特性值计算器"，通过"file〉import"，选择"AutoCAD DXF"后，出现图 6-6 的对话框，导入刚才的钢梁截面，如图 6-7 所示。

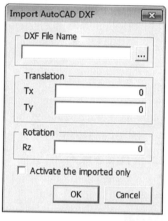

图 6-6 导入 AutoCAD 图形进行截面定义

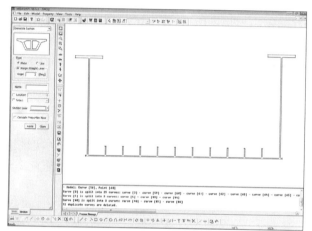

图 6-7 生成数值型截面

通过"Model〉Section〉Generate"生成待计算截面，接着通过"Property〉Calculate"计算该截面的截面特性，再通过"Model〉Section〉Export"，选择"MIDAS Section File"选项输出截面，如图 6-8 所示。

在 midas Civil 软件中，点击"模型〉材料和截面特性〉截面"，选择"数值"，然后点击"从 SPC 导入"按钮。如图 6-9 所示。

图 6-8 导出数值型截面

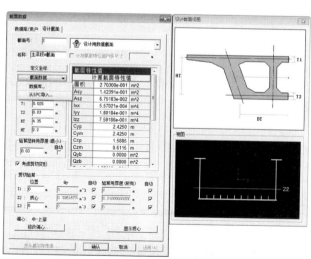

图 6-9 从 SPC 中导入数值型截面

按照上面步骤,逐个输入钢梁各截面的数据。

(2)桥面板截面输入

桥面板截面定义方法与上述钢梁截面定义方法相同。

3.4 单元建立

单元的建立大致可采用三种方法:

(1)使用"模型>结构建模助手"进行建模。

(2)手动建模。

(3)导入"AutoCAD DXF"文件进行建模。

以上三种方法的选择可根据个人喜好确定,对于结构较为复杂、杆件繁多的结构,还是建议采用导入"AutoCAD DXF"文件的方法进行建模,如图6-10所示。

对于本桥来说,由于钢梁截面形式变化较多,并且考虑到施工阶段划分以及预应力施加的需要,整个桥梁在 AutoCAD 中进行单元划分时要通盘考虑上述因素,划分后再导入到 midas Civil 软件中。采用这种方式还是较为方便的,并且也比较利于以后对计算结果的查看。

图 6-10 导入 AutoCAD 图形进行建模

> 要点及提示:①在 AutoCAD 中进行单元划分时,不要划分过细,将必要的单元划分出来即可;②可在 midas Civil 软件中预先定义好结构组,在 AutoCAD 中把这些结构组通过分层体现出来,当将图形导入到 midas Civil 中后,就可把导入的单元赋到相应的结构组中,然后再根据计算的需要对导入的单元通过"模型>单元>分割"进行细分,这样可减少单元归组的错误概率。

3.5 定义边界条件

在有限元建模过程中,边界条件的定义需要注意以下两点:

(1)支座的空间位置

支座的位置一般都是在梁的底面,但是为了建模的方便,常常采用梁截面的其他位置作为建模时的参照点,例如对于变截面梁而言,采用截面的中—上点作为参照点较为方便,因此为了保证支座空间位置的准确,一般采用刚性连接将梁截面的参照点和支座的实际位置连接起来。

(2)支座的方向

在连续梁桥设计中,一般情况下一联桥只设一个固定支座,该支座尽量设置在靠近跨中的位置,其他支座的设置需保证梁体在纵、横向的自由收缩,或采用单向支座,或采用双向支座。本桥的支座布置见图 6-11 所示。

图 6-11 支座布置

> **要点及提示**：①在 midas Civil 软件中，如果定义了"节点局部坐标轴"，则施加的约束方向与局部坐标轴方向一致，否则为整体坐标轴的方向；②斜桥或者弯桥一般采用切向布置支座，支座的方向通常与整体坐标系方向是不一致的，因此需要定义"节点局部坐标轴"来正确模拟支座约束方向。

3.6 定义荷载

根据《公路桥涵设计通用规范》(JTG D60—2004)的规定，本桥分析中永久作用和可变作用如下：

(1) 永久作用

①结构重力(包括结构附加重力)，二期恒载按照相应位置梁单元荷载的方式加到桥面上；

②预应力作用：预应力作用仅存在于桥面板中；

③混凝土的收缩、徐变作用；

④基础变位作用：按瞬时边墩处 1cm 沉降、主墩处 3cm 沉降考虑，沉降位置按最不利情况组合。

(2) 可变作用

①汽车荷载：公路—Ⅰ级；

②汽车冲击力：软件自动计入汽车冲击作用；

③人群荷载 $3.5kN/m^2$，非机动车道荷载 $1.8kN/m^2$；

④温度作用：安装时整体温度为 15℃，最高温度 40℃，最低温度 0℃。箱梁梯度温差按《公路桥涵设计通用规范》(JTG D60—2004)规定执行，其中 $T_1=14℃$，$T_2=5.5℃$。

4 分析结果与结论

我国现行的桥涵设计规范中，《公路桥涵设计通用规范》(JTG D60—2004)和《公路钢筋混凝土及预应力混凝土设计规范》(JTG D62—2004)采用了全概率水准的极限强度设计方法，而目前我国通用的《公路桥涵钢结构及木结构设计规范》(JTJ 025—86)采用的是容许应力设计方法，其他相关行业规范中的《钢结构设计规范》(GB 50017—2003)采用了全概率水准的极限强度设计方法，《铁路桥梁钢结构设计规范》(TB 10002.2—99)采用的是容许应力设计方法。考虑到《钢结构设计规范》(GB 50017—2003)中考虑的荷载与桥梁荷载有较大的差异，其材料参数的取值并不能完全套用到桥梁结构的设计之中，故建议进行钢桥分析时，尽量使用容许应力法，必要时可参考相关规范。

从施加预应力起，预应力混凝土构件中的混凝土就处于高应力状态，经受着严峻的考验，为了保证这些构件在各个阶段的工作安全可靠，必须对使用阶段及施工阶段进行应力验算并加以控制，从这个意义上说，应力验算也是保证结构安全的一个重要手段。

4.1 钢筋混凝土桥面板应力

如图 6-12～图 6-14 所示，钢筋混凝土板上缘最大压应力为 13.6MPa，下缘最大压应力为 10.4MPa，由于模拟剪力键(刚性连接)的影响，局部应力呈锯齿形分布，实际的应力分布

实例六 钢—混凝土组合连续梁桥

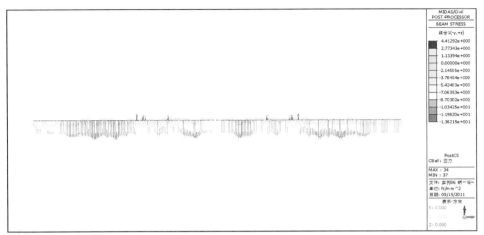

图 6-12 桥面板上缘应力

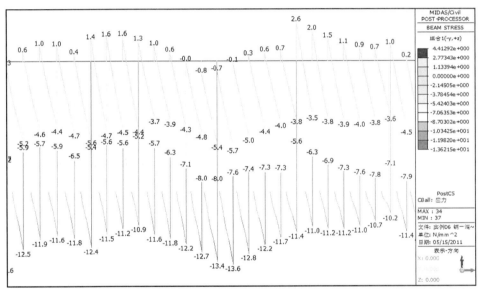

图 6-13 桥面板上缘最大应力处应力分布图

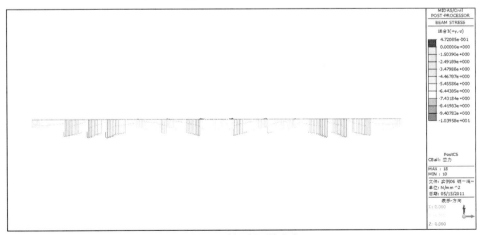

图 6-14 桥面板下缘应力

应该为较为平滑的曲线。考虑到桥面板最大压应力出现在跨中附近,其压应力由以下几部分产生:

①桥面板预应力;

②桥面板自重、二期恒载、二期活载。

其中第二部分是桥面板必须承受的荷载,不可改变。本桥设计中采用的 9 束 $Ny3(9\phi^j15.24)$、2 束 $Ny3b(5\phi^j15.24)$ 和 18 束 $Ny4(9\phi^j15.24)$ 为通过跨中的钢束,跨中部位为桥面板受压、钢梁受拉,在跨中布置如此多的钢束显然有所不妥,应减小该部分预应力束的数量。

4.2 钢梁正应力

钢梁上下缘应力见图 6-15 和图 6-16 所示。本桥使用的是 Q345qD 钢材,与《公路桥涵钢结构及木结构设计规范》(JTJ 025—1986)中的 16Mn 钢材基本相对应,本算例就取用 16Mn 钢的容许应力系数。16Mn 钢的容许应力见表 6-2,Q345qD 的容许应力见表 6-3,表中 16Mn 钢的容许应力与屈服点 340MPa 相对应,其轴向应力对应的容许应力系数为 1.7。

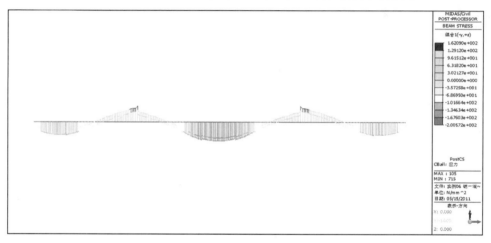

图 6-15 钢梁上缘应力

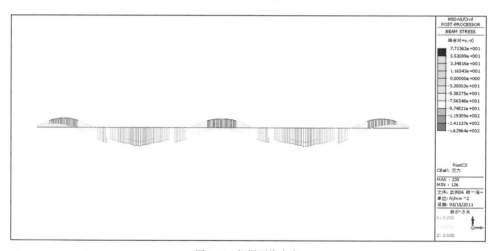

图 6-16 钢梁下缘应力

16Mn 钢的容许应力(MPa)　　　　　　　　　　　　　　　　　表 6-2

应力种类	轴向应力[σ]	弯曲应力[σ_w]	剪应力[τ]	端部承压应力
16Mn 钢	200	210	120	300

Q345qD 的容许应力(MPa)　　　　　　　　　　　　　　　　表 6-3

钢材牌号	厚度(mm)	屈服点	容许应力	组合 I 容许应力	组合 II～IV 容许应力
Q345qD	≤16	345	202.9	243.5	284.1
	>16～35	325	191.2	229.4	267.6
	>35～50	315	185.3	222.4	259.4
	>50～100	305	179.4	215.3	251.2

综上所述，可知钢梁的应力是满足规范要求的。

4.3 正常使用极限状态

(1) 位移结果分析

在施工过程中，钢梁先一次落架，自身重量全部由钢梁承担，桥面板的位移是两者形成组合截面后后期荷载所产生的位移，从图 6-17～图 6-19 可以看出，钢梁的最终位移便是两者相叠加的结果(18.2cm+28.3cm=46.5cm)，其中组合截面位移应该要考虑结合面滑移效应而进行折减。

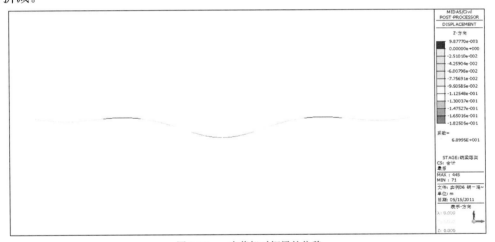

图 6-17　一次落架时钢梁的位移

按照《钢结构设计规范》(GB 50017—2003)，组合梁考虑滑移效应的折减刚度为：

$$B = \frac{EI_{eq}}{1+\zeta} \tag{6-2}$$

根据结构力学，连续梁的位移与刚度 EI_{eq} 的一次方成反比，钢—混凝土组合梁的最终位移 $\Delta_{终} = \Delta_{计算} \times (1+\zeta)$，经计算，$\zeta$ 约为 7×10^{-3}，由此可看出，本桥的剪力钉刚度较大，滑移效应并不明显。

(2) 桥面板抗裂验算

在《公路钢筋混凝土及预应力混凝土设计规范》(JTG D62—2004)中，对于 A 类预应力混凝土构件，分别给出了作用短期效应组合和作用长期效应组合下的应力限值。

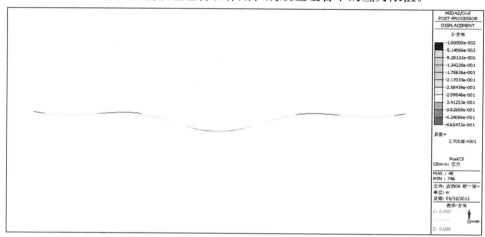

图 6-18 钢梁最终累加位移

图 6-19 桥面板位移

在荷载短期效应组合下：

$$\sigma_{st} - \sigma_{pc} \leqslant 0.7 f_{tk} \tag{6-3}$$

式中：σ_{st}——作用短期效应组合下构件抗裂验算边缘混凝土的法向拉应力；

σ_{pc}——扣除全部预应力损失后的预加力在构件抗裂验算边缘产生的混凝土预压应力；

f_{tk}——混凝土轴心抗拉强度标准值。

在荷载长期效应组合下：

$$\sigma_{lt} - \sigma_{pc} \leqslant 0 \tag{6-4}$$

式中：σ_{lt}——作用长期效应组合下构件抗裂验算边缘混凝土的法向拉应力。

本桥采用的是 C50 混凝土，图 6-20～图 6-23 分别给出了作用长期效应组合和作用短期效应组合下桥面板的应力值。对于作用短期效应组合来说：

$$\sigma_{st} - \sigma_{pc} \leqslant 0.7 f_{tk} = 0.7 \times 2.65 = 1.855 \text{MPa} \tag{6-5}$$

从计算结果来看，作用长期效应组合下，混凝土桥面板处于全截面受压状态，可以满足设计要求；作用短期效应组合下，中墩处桥面板上缘产生了 3.7MPa 拉应力，该处局部应力如图

6-24 所示,但经修正后截面不会出现拉应力,满足规范设计要求。

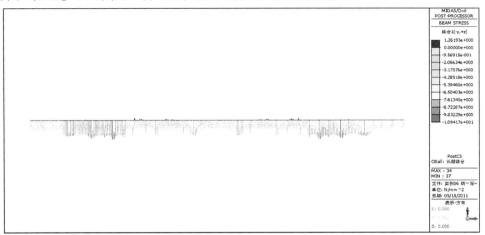

图 6-20　长期效应组合下桥面板上缘正应力

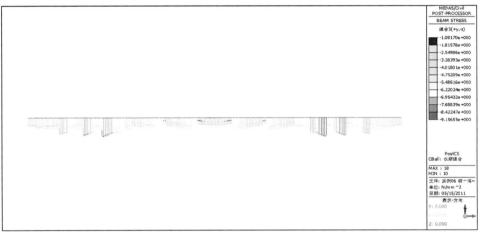

图 6-21　长期效应组合下桥面板下缘正应力

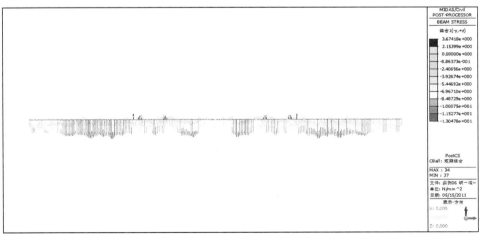

图 6-22　短期效应组合下桥面板上缘正应力

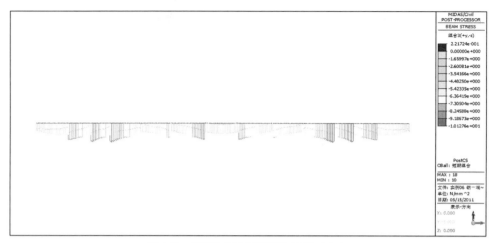

图 6-23　短期效应组合下桥面板上缘正应力

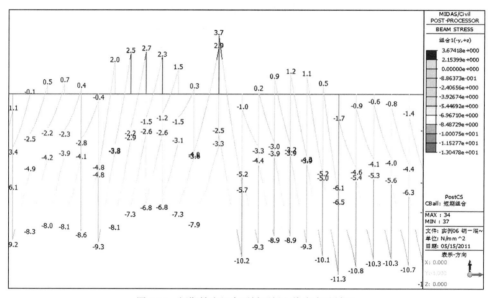

图 6-24　短期效应组合下桥面板上缘应力(局部)

综上所述可知,在正常使用阶段,桥面板不会出现开裂情况。

在负弯矩区的混凝土桥面板的拉应力不超过混凝土抗拉强度标准值的情况下,钢—混凝土组合梁可直接按全截面刚度进行计算,不必进行刚度折减。本桥在正常使用极限状态下,混凝土板处于全截面受压状态,因而,采用全截面刚度进行内力计算是合理的。

4.4　结论

我国新近颁布的《公路桥涵设计通用规范》(JTG D60—2004)和《公路钢筋混凝土及预应力混凝土设计规范》(JTG D62—2004)采用了全概率水准的极限强度设计方法。近年来,国内已修建了相当数量的公路钢梁,积累了较为丰富的关于公路钢桥的实践经验。我国现行的《公路桥涵钢结构及木结构设计规范》(JTJ 025—1986)采用的还是容许应力设计方法,明显落后于目前公路交通事业的发展,采用全概率水准的极限强度设计方法已势在必行。

参 考 文 献

[1] 聂建国. 钢—混凝土组合梁结构—试验、理论与应用[M]. 北京:科学出版社,2005.
[2] 吴冲,强士中. 现代钢桥(上册)[M]. 北京:人民交通出版社,2006.
[3] 中华人民共和国行业标准. GB 50017—2003 钢结构设计规范[S]. 北京:中国计划出版社,2003.
[4] 中华人民共和国行业标准. JTG D60—2004 公路桥涵设计通用规范[S]. 北京:人民交通出版社,2004.
[5] 中华人民共和国行业标准. JTG D62—2004 公路钢筋混凝土及预应力混凝土桥涵设计规范[S]. 北京:人民交通出版社,2004.
[6] 中华人民共和国行业标准. JTJ 025—1986 公路桥涵钢结构及木结构设计规范[S]. 北京:人民交通出版社,1989.
[7] 袁国干. 配筋混凝土结构设计原理[M]. 上海:同济大学出版社,1990.
[8] 朱聘儒. 钢—混凝土组合梁设计原理[M]. 北京:中国建筑工业出版社,2006.

实例七 V形墩连续刚构桥

1 桥梁概况

1.1 总体说明

本桥为跨度70m+100m+70m的变高度预应力混凝土V形墩连续刚构桥,中间两个V形墩与梁体固结,主梁采用挂篮悬臂法施工。主梁为单箱单室箱梁结构,箱梁顶板宽11.0m,横桥向设置1.5%的双向坡,两侧翼缘板悬臂长2.2m,顶板厚0.36m,底板厚度由根部的0.5m变化至跨中的0.25m。顺桥向梁高采用圆弧变化,根部梁高5.0m,跨中梁高2.4m,箱梁采用直腹板,腹板厚40~60cm,箱梁底宽6.6m。箱梁横断面如图7-1所示。

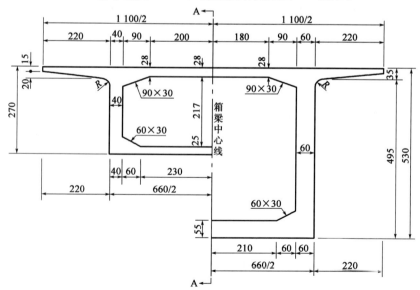

图7-1 箱梁横断面图(尺寸单位:cm)

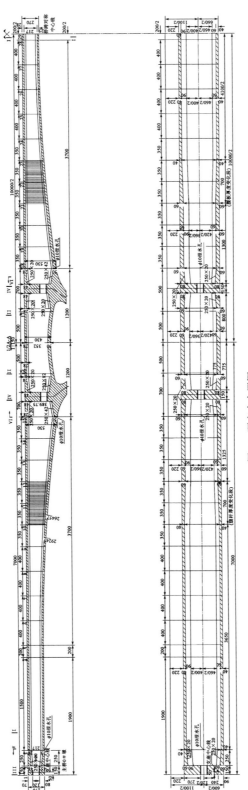

图7-2 预应力布置图

主梁采用三向预应力体系,纵向预应力钢束采用 $\phi^s15.24$ 钢绞线,标准强度 $f_{pk}=1860\text{MPa}$。竖向预应力钢筋采用 $\phi32$ 高强度精轧螺纹钢筋,顺桥向每隔 0.5m 在箱梁两侧腹板内各布置一根。如图 7-2 所示。

如图 7-3 所示,V 形墩的斜腿中心线与水平线交角 55°,两斜腿夹角 70°,斜腿高 10m,厚度 1.5m,宽 6.6m,与箱梁底宽相等。斜腿与梁体以圆弧过渡,以避免应力集中。V 形墩的墩座厚 4.0m,高 3.74m,墩座在常水位时露出水面。承台为 6.5m×10.5m 矩形,高 2.5m。桩基础两排共 6 根,直径 1.5m,桩长 20m,入土深度 16m。

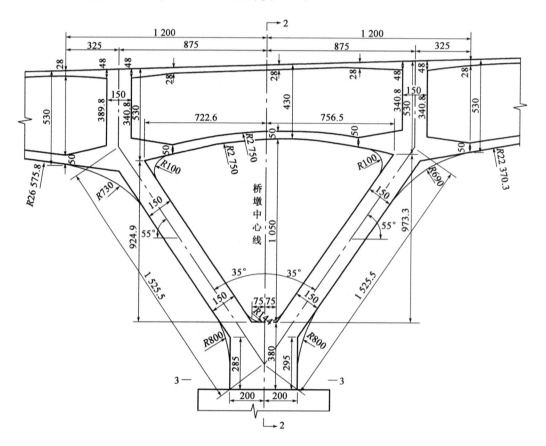

图 7-3 V 形墩示意图(尺寸单位:cm)

1.2 设计标准与主要材料

(1)设计标准

设计活载:公路—Ⅰ级,双向二车道。

地震设防烈度:6 度。

主桥桥面基本路幅宽度:0.25m(栏杆)+1.5m(人行道)+7.5m(行车道)+1.5m(人行道)+0.25m(栏杆)=11.0m。

(2)主要材料

主梁、V形墩采用C50混凝土，V形墩墩座采用C40混凝土，承台采用C25混凝土，桩基采用水下C25混凝土。

2 建模要点

2.1 模型简化

本桥分析的目的是检算施工过程和运营状态下结构的应力和强度，重点是检验主梁在各种状态下的抗裂性，并以此指导截面尺寸的拟定和预应力配束。因此，对内力、应力分析结果影响很小的因素可以被忽略。在0号段安装前，下部结构会因为收缩徐变产生较大位移，但对后续施工阶段的内力没有影响，所以只计入混凝土龄期，而不进行施工阶段细分。各施工阶段，可根据节段安装、张拉钢束、移动挂篮、绑扎钢筋、开始浇筑混凝土等施工步骤进行细分，这样可以得到更多施工时间点的分析结果，位移结果也会比较精确；但对于设计阶段而言，每个施工阶段只需考虑两个步骤，即阶段开始和浇筑混凝土，把前4个施工步骤放在同一时间考虑。

主梁建模时不考虑纵坡，截面顶板保持水平，横坡三角形计入桥面铺装。主梁梁底按圆弧曲线变高度，建模时如果按抛物线模拟会产生较大的误差，因此每隔3~4m建立一个PSC截面，梁段采用线性变化的变截面来模拟。主梁建模时不考虑预应力钢束的平弯和横向位置，把相同竖向形状的钢束定义为一种类型的钢束。

斜腿和梁、墩连接部位将另外使用实体单元进行细部分析，因此在本模型中也可以尽量简化，斜腿与梁、墩的相应节点用刚臂即"弹性连接"中的"刚性"进行连接。边支座模拟时应在梁底支座位置处建立节点，将支座节点与主梁节点用刚臂连接，不必考虑支座刚度。

对于连续刚构桥，基础变形对结构的影响较大，因此应该考虑桩基础刚度，一般可用其他桩基计算软件计算出其刚度矩阵，然后在模型里利用"一般弹性支承"来定义。

2.2 挂篮荷载

在设计阶段，一般还不能确定挂篮的具体参数，挂篮荷载可以按经验估算。挂篮荷载在模型中可以按节点荷载的方式施加。本模型中的挂篮荷载取值如下：

梁端等效挂篮集中力 $P_0 = 750 \text{kN}$。

梁端等效挂篮弯矩 $M_0 = 375 \text{kN} \cdot \text{m}$。

等效距离 $e = M_0/P_0 = 0.5 \text{m}$。

2.3 施工阶段划分

在每个悬臂施工阶段的开始，同时安装节段、张拉钢束、移动挂篮。注意这里的安装节段表示新安装的单元参与整体受力，并开始计入结构自重。混凝土浇筑和养护指在施工阶段开始的5d后，开始计入下一段混凝土湿重，并在下一施工阶段开始的时候钝化该湿重。湿重系数应在施工前根据材料实验选取，设计时可按经验选取，如可取1.02。对于湿重，应首先计算每一梁段重，乘以湿重系数后，以节点荷载的方式施加。

安装完最后一个悬臂节段后，支架现浇边跨直线段和合龙段、张拉钢束，拆除挂篮并安装中跨合龙段挂篮、湿重,最后完成全桥合龙、张拉钢束,进行桥面铺装。

各施工阶段的单元、边界、荷载变化见表7-1。

施 工 阶 段 定 义　　　　　　　　　表7-1

名　　　称		施 工 阶 段 开 始	开 始 后 5d
CS1	结构组	激活组0-1,1-1,桥墩1,桥墩2	
	边界组	激活支承、弹性连接	
	荷载组	激活自重、挂篮1、张拉钢束0	激活湿重1
CS2	结构组	激活桥梁段1-1、2-1	
	边界组		
	荷载组	激活挂篮2、张拉钢束1、钝化挂篮1、湿重1	激活湿重2
CS3	结构组	激活桥梁段1-2、2-2	
	边界组		
	荷载组	激活挂篮3、张拉钢束2、钝化挂篮2、湿重2	激活湿重3
CS4～CS10		略	
CS11	结构组	激活桥梁段1-10、2-10	
	边界组		
	荷载组	张拉钢束10、湿重10	
CS12	结构组	激活边跨现浇段、边跨合龙段	
	边界组	激活边支座约束、弹性连接	
	荷载组	激活边跨合龙段预应力	
CS13	结构组		
	边界组		
	荷载组	激活中跨合龙段挂篮、湿重、钝化挂篮10	
CS14	结构组	激活合龙段单元	
	边界组		
	荷载组	激活中跨合龙段预应力、钝化合龙段挂篮、湿重	
桥面铺装	—	加桥面铺装荷载	
收缩徐变		收缩徐变7 000d	

2.4 桩基础模拟的刚度矩阵法

在静力计算时,桩基础模拟没有必要把每根桩都建立进去,那样做既烦琐,又容易出错。对梁墩的刚度影响来说,用刚度矩阵来模拟桩基础是准确的。一般可以用专门的桩基础软件计算桩的刚度矩阵,然后在midas Civil软件中建立"一般弹性支承",如图7-4所示,输入桩基础的刚度矩阵,再将一般弹性支承赋予相应的节点。

本桥中墩桩基础的刚度矩阵计算结果见表7-2。

桩基础刚度矩阵（kN、m）　　　　　　　　　　　表7-2

刚度	SD_x	SD_y	SD_z	SR_x	SR_y	SR_z
SD_x	396 162.4	0	0	0	−1 937 759	0
SD_y	0	387 543.8	0	1 908 296	0	−0.02
SD_z	0	0	8 375 099	0	0	0
SR_x	0	1 908 296	0	1.03E+08	0	0
SR_y	−1 937 759	0	0	0	46 832 930	0
SR_z	0	−0.02	0	0	0	8 134 655

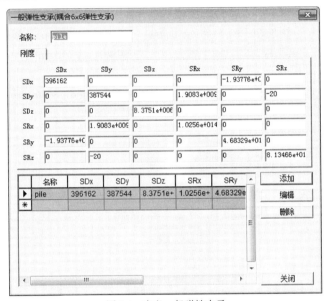

图7-4　定义一般弹性支承

3　建模过程

3.1　利用建模助手生成初始模型

（1）建模过程中要用到的资料

V形刚构.wzd文件：建模助手定义文件；

V形刚构_钢束.txt文件：天荡的钢束定义文件，输出结果为V形刚构_钢束.mct；

V形刚构_截面1~3.txt文件：天荡的截面定义文件，输出结果为V形刚构_截面.dxf；

V形刚构_桩基计算.xls文件：建立模型过程中要用到的桩基计算表格。

（2）建立材料和截面

主梁和斜腿材料采用规范"JTG04"中的"C50"，桥墩采用规范"JTG04"中的"C40"，承台和桩采用规范"JTG04"中的"C25"，钢束采用规范"JTG04"中的"Strand1860"。先不考虑主梁截面，其他截面尺寸见表7-3。

截面尺寸 表7-3

名称	类型	尺寸
桥墩	实心长方形截面	4m×6.6m
斜腿	实心长方形截面	1.5m×6.6m
承台	实心长方形截面	6.5m×10.5m
桩基础	实心圆形截面	$D=1.5m$

(3) 利用建模助手建立初始模型

在"模型>结构建模助手>悬臂法桥梁"中,点击"打开",选择文件"V形刚构.wzd"。

如图7-5所示,0号段长22m,边跨现浇段长19m,边跨端部距离支座0.5m。悬臂施工分10个节段,长度分别为4个3.5m和6个4m,合龙段长2m。每个节段悬臂施工时间10d,悬臂节段初期龄期5d,0号段和边跨现浇段都为30d,下部施工持续时间120d,两个V形墩同步施工。关于桥墩的其他数据可在允许范围内任意填写。

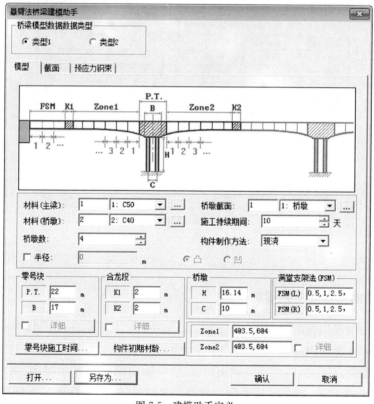

图7-5 建模助手定义

"截面"中的数据,填入挂篮荷载,截面尺寸数据和湿重可采用默认数据,无需修改。"预应力"中的数据不填,需要手工建立,故取消勾选项。

建模助手可完成以下工作:

①自动建立所有节点和单元,建立悬臂施工过程的结构组,并把各单元赋予相应的结构

组中;

②自动建立自重、挂篮和混凝土湿重荷载工况,生成相应荷载。其中挂篮和混凝土湿重以节点荷载方式建立,并定义各个施工阶段的挂篮和混凝土湿重荷载组;

③建立边界组和连续刚构桥的边界条件;

④按悬臂施工的流程建立施工阶段,并设置好各阶段"激活"和"钝化"的单元组、边界组和荷载组;

⑤按默认数据生成各梁段的截面特性并按抛物线方式建立变截面和变截面组。

自动生成的两个桥墩及相应的边界条件等需要根据实际情况进行修改。首先删除主梁变截面和变截面组,自动生成的桥墩也全部删除,边跨支座节点的坐标要移动到距离梁端 0.5m、$z=20.74$m 的位置处,并且该节点应该与距梁端 0.5m 的梁上节点用"弹性连接"中的"刚性"进行连接。0 号段的 3 个单元要进一步细分为 8 个单元。在"荷载>自重"中,将自重系数修改为 -1.04。

"悬臂法桥梁"建模助手功能可以根据施工特点自动生成施工阶段模型,只需要对其进行简单的修改和补充就能完成全桥模型的建立。该模型需要修改主梁截面、补充主梁钢束、建立下部桥墩、桩基础及相应的施工阶段荷载和运营阶段荷载。

3.2 建立主梁截面和钢束

(1)建立主梁截面

本桥需要建立 12 种主梁截面,包括边跨梁端截面、10 个悬臂施工节段的梁端截面、0 号段截面。

在"工具>截面特性值计算器"中,导入"V 形刚构_截面.dxf"文件,生成数值型截面;在"模型>材料和截面>截面"中,选择"设计截面"中的"设计用数值截面",从"SPC 中导入截面",见图 7-6,生成相应的数值截面;再选择"变截面"中的"设计用数值截面",通过变截面的功能生成相应主梁截面。最后把生成的截面用鼠标拖放的办法,赋予相应的主梁单元。

(2)建立主梁钢束

钢束特性见表 7-4。本桥模型最早使用 midas Civil 6.7.1 版本建立,当时还没有直接输入钢束根数的功能。

钢 束 特 性 表 7-4

钢束特性名	多少根一束	束数	单束直径(m)	换算直径(m)	换算根数
1	9	2	0.08	0.113 137 085	18
2	12	2	0.09	0.127 279 221	24
3	12	4	0.09	0.18	48

在"工具>MCT 命令窗口"中,打开"V 形刚构_钢束.mct"文件,并运行。模型中所有钢束一次性生成。

在"荷载>预应力荷载>钢束预应力荷载"中,"荷载工况名称"选择"预应力",然后对所有预应力钢束进行两端张拉,张拉控制应力为 1 395MPa;最后在"表格>静力荷载>钢束预应力荷载"中,将预应力荷载进行预应力 0~10、边跨合龙段预应力、中跨合龙段预应力的相应归组的集中修改,这样不容易出错。

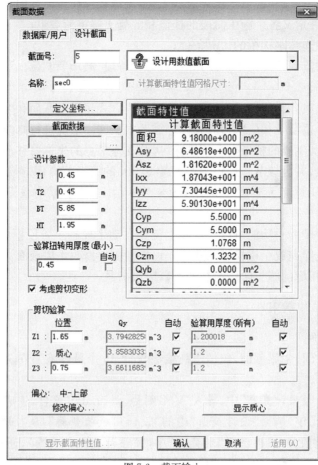

图 7-6 截面输入

3.3 建立墩和桩基础

先建立下部结构的斜腿、墩座和承台,并赋予构件相应的材料和截面。然后按照第 2.4 节说明的方法建立主墩桩基础的一般弹性支承。至此,全桥主模型建立完毕,见图 7-7。

图 7-7 全桥主模型图

3.4 完成模型的其他部分

(1)收缩徐变定义

在"模型>材料和截面特性>时间依存材料(徐变/收缩)"中,定义混凝土的"收缩/徐变"特性,见图7-8。在"模型>材料和截面特性>修改单元的材料时间依存特性"中,根据全桥截面,进行相应单元理论厚度的修改。在"模型>材料和截面特性>时间依存材料连接"中,进行"时间依存材料连接"。

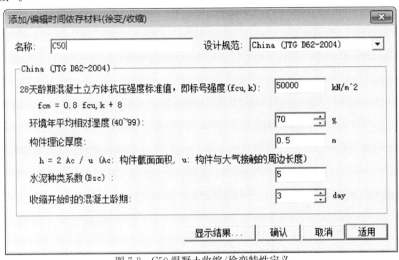

图7-8　C50混凝土收缩/徐变特性定义

(2)活载定义

在"荷载>移动荷载分析数据"中,选择"移动荷载规范"中的"china"进行活载的定义;在"荷载>移动荷载分析数据>车道"中定义跨度$L=100$m、偏心为0的车道;在"荷载>移动荷载分析数据>车辆"中,"规范名称"选择"公路工程技术标准(JTG B01—2003)"建立公路Ⅰ级标准车道荷载;在"荷载>移动荷载分析数据>车辆"中,"荷载类型"选择"人群荷载"中的"旧公路人群荷载类型",输入人群荷载dw=10.5kN/m。最后按双车道、偏载系数$2\times1.1=2.2$建立汽车荷载工况,系数1建立人群荷载工况。具体见图7-9～图7-12。

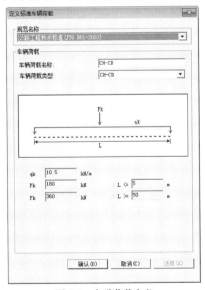

图7-9　车道荷载定义

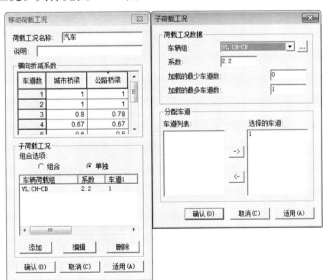

图7-10　汽车荷载工况定义

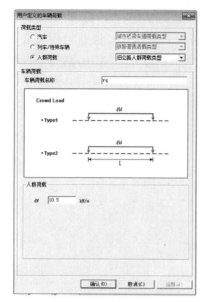 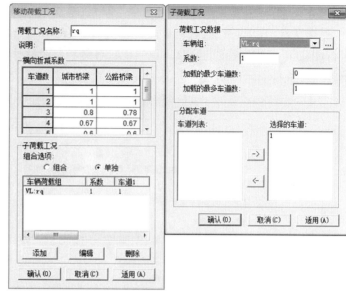

图 7-11 人群荷载定义　　　　　　　图 7-12 人群荷载工况定义

在"分析〉移动荷载分析控制"中,设置好输出选项和冲击系数计算方法,见图 7-13。

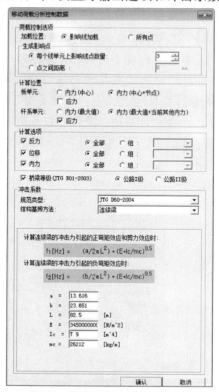

图 7-13 移动荷载分析控制数据定义

(3)支座沉降和温度荷载

在"荷载〉支座沉降分析数据〉支座沉降组"中,根据墩、台的数量建立 4 个支座沉降组,沉降值取—0.01m,见图7-14。

在"荷载〉支座沉降分析数据〉支座沉降荷载工况"中定义荷载工况,见图7-15。

图7-14 支座沉降组定义

图7-15 支座沉降荷载工况定义

温度荷载包括整体升温15°,整体降温15°,顶板升温5°。在"荷载〉温度荷载〉系统温度"中,定义整体升温、降温荷载工况;在"荷载〉温度荷载〉梁截面温度"中,定义"顶板升温5°"的荷载工况。

最后,设置其他分析选项。在"分析〉主控数据"中,勾选"在应力中考虑截面刚度调整系数"和"刚度和抗力计算中考虑普通钢筋的作用"这两个选项;在"分析〉施工阶段分析控制"中定义相关参数。至此,全桥分析模型建立完成。

4 分析结果与结论

4.1 分析结果

设计计算中截面和钢束等可能需要多次修改,模型需要反复计算。短期组合的应力一般是控制设计的,为了节省时间,查看结果时可以首先查看短期荷载组合的应力包络图,如图7-16～图7-17所示。

4.2 结论

从计算结果来看,施工阶段、运营阶段混凝土应力及强度等各项检算都能通过,因此本桥的截面选择和预应力配束都是合理的。但是要进一步完成全部检算,还应该考虑钢束的平弯效应,充分考虑预应力损失,这部分效应对预应力钢筋的检算有一定影响。此外,还需定义 PSC 截面钢筋,进行抗剪强度和抗扭强度等内容的检算。

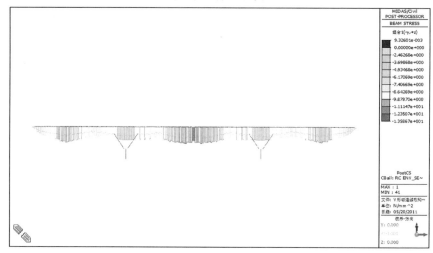

图 7-16　短期荷载组合作用下主梁上缘应力包络图

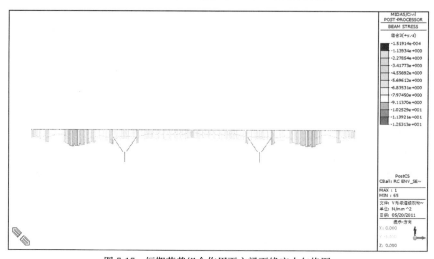

图 7-17　短期荷载组合作用下主梁下缘应力包络图

实例八
三跨预应力混凝土连续梁弯桥

1 桥梁概况

1.1 总体布置

某桥为一座匝道桥的第二联,位于 $R=300m$ 的圆曲线上,桥跨布置为 32.5m+42m+32.5m,桥墩、桥台均按径向布置。桥型为预应力混凝土变高连续箱梁,梁高由 2.0m 渐变至 1.5m,横截面为单箱双室。箱梁顶板宽 12.5m,底板宽 6.5m,翼板宽 3m。桥梁设计荷载为公路一级,采用三个施工段逐段满堂支架现浇施工。

本桥匝道第二联支座平面布置如图 8-1 所示,其原设计的预应力钢束布置图及支座布置图见光盘中的"原设计文件.pdf"。

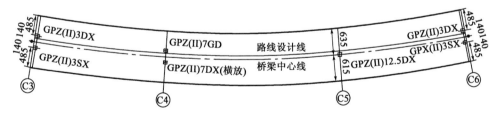

图 8-1 某匝道第二联支座平面布置图

1.2 分析内容

在原设计文件中,桥梁的各预应力钢束参数并未考虑平曲线的影响,仅采用 midas Civil 软件进行了平面杆系模型分析。在施工过程中,普遍出现了预应力钢束引伸量不满足参数的现象,其中部分短束引伸量与设计文件最大偏差达 30%。施工单位通过多次补拉,直至钢束张拉断裂仍无法满足设计文件的引伸量要求。因此,受业主委托分析以下内容:

(1)预应力钢束实际施工引伸量该为何值;

(2)导致施工中实际引伸量不满足设计文件参数的原因；
(3)按照施工中实际引伸量情况，桥梁能否满足运营要求；
我们针对上述问题，建立相应的有限元模型对本桥进行了全面分析。

1.3 计算参数

1.3.1 计算体系确定

根据经验，以下原因可能导致实际引伸量与设计文件参数不符：
(1)原设计文件预应力引伸量参数错误。
(2)预应力管道实际摩阻系数及偏差系数与设计理论值不符。
(3)桥梁设计分析时，未考虑平弯曲线对预应力钢束效应的影响。
(4)桥梁横截面受力不满足平截面假定效应。

本桥为匝道桥，桥面宽度不大，上述第(4)点原因导致产生较大偏差的可能性较小，而第(2)、(3)点原因均为桥梁的纵桥向沿程受力问题。同时，本桥正处于桥梁第二梁段的施工中，工期较紧，业主要求 1~2d 内提交分析结论。因此，从功能及计算效率角度考虑，本次分析采用空间杆系模型。

1.3.2 施工阶段划分

根据业主反映，项目的进展情况如下：
(1)第一、第二施工段的混凝土已经全部浇筑完成，预应力钢束均已张拉，其实际伸长量见光盘中的"现场张拉实测记录.pdf"。
(2)第二施工段端部截面钢束均按设计变更采用连接器。
(3)施工顺序为 3#→4#→5#→6# 墩(设计文件图中序号与实际相反，为原设计文件图面错误)。
(4)第二施工段支架待第三施工段完成张拉后再拆除。

按上述情况，分析模型中拟定 5 个施工阶段，见表 8-1。

施工阶段说明　　　　　　　　　　　表 8-1

序　号	说　明
CS1	支架现浇第一施工段，张拉预应力钢束
CS2	拆除第一段支架，支架现浇第二施工段，张拉预应力钢束
CS3	支架现浇第三段施工段，张拉预应力钢束
CS4	拆除第二、第三施工段支架，安装桥面系，施加二期恒载
CS5	3 650d 混凝土收缩徐变影响

1.3.3 支座抗压刚度设定

连续梁的计算，由于竖向支撑条件决定了体系的竖向变形适应性，对于杆系模型，尤其是空间杆系体系，竖向支撑条件的设定对分析结果至关重要。对于平面杆系体系，分析结果差异性主要表现在温度、活载等竖向变形效应所产生的弯距分布情况;而对于空间杆系体系,除了弯矩影响外,竖向支撑条件的抗压刚度及其横向布置同时决定了连续梁约束扭转的约束力,对偏载效应产生的扭矩大小及其分布起决定性作用。

边界条件采用实际刚度参数的模型与采用刚性支撑的模型,其分析结果的温度效应及扭矩效应的差别往往会达到数量级,同时弯矩及扭矩效应正负分布也可能完全不同。对于刚度较小的板式橡胶支座,两种模型的结果差异会更加明显。因此桥梁采用板式橡胶支座时,应考虑支座的剪切刚度,同时对空心板、T梁、组合箱梁等横向分配荷载类桥梁进行分析时,还应进一步考虑支座的抗扭刚度。

综上所述,桥梁分析时应充分考虑支座抗压刚度的影响。其中,墩梁固结构造的竖向边界条件可通过加入下部构造模型进行考虑,而模型的竖向边界条件应设置与实际情况一致的支座刚度及横向布置间距。

根据国标及支座厂家资料,本桥所采用的三种GPZ(II)型支座抗压刚度见表8-2。其他GPZ(II)型支座的刚度及参数可参考光盘中的"GPZ(II)3-13.pdf"。

三种GPZ(II)型支座的抗压刚度　　　　　　　　　　　表8-2

规　格	抗压刚度(t/m)
GPZ(II)3GD、DX、SX	1 744 647
GPZ(II)7GD、DX、SX	2 748 824
GPZ(II)12.5GD、DX、SX	3 754 006

> **要点及提示**:板式橡胶支座由于处于单向受力工作状态,其抗压弹性模量仅为GPZ(II)型支座三向受力橡胶板的1/20,一般为250MPa。读者可根据桥梁具体情况计算支座的抗压弹性模量及各方向刚度。

1.3.4　满堂支架刚度设定

施工中的临时约束对分段施工或节段施工的连续梁桥永久内力及变形有重要影响。本桥为在满堂支架上进行逐段施工,需要考虑施工中满堂支架的临时约束条件。

小跨径桥梁的满堂落地支架一般采用门式主桁架结构或万能杆件结构。根据经验,其抗压刚度一般在30 000~90 000(B/H)t/m之间,本桥模型中取60 000(B/H)t/m(相当于间距0.4~0.6m的D45万能杆件支架刚度,其中H为支架高度),又因箱梁底板宽B为6.5m,梁底离地面H约8m,因此最终取满堂支架刚度为50 000t/m。

> **要点及提示**:影响施工临时支架刚度的因素较多,如基础情况、支点情况、预压情况等,因此很难保证理论计算的抗压刚度与实际情况相一致。对大量实际工程计算的比对后发现,只要满堂支架刚度与永久支撑刚度的比值不超过数量级,分析结果的偏差通常能控制在5%范围之内,且不影响应力的分布情况,该偏差一般可以满足工程计算精度的要求。

2 建模过程

2.1 定义初始材料特性及初始截面特性

在"模型>材料与截面特性>材料"中,选用规范JTG04中的C50及Strand1860作为混凝土及钢绞线的材料属性;在"模型>材料与截面特性>截面"中,分别采用"设计截面"定义跨中1.5m梁高截面和墩顶2.0m梁高截面,设置偏心为"中-上部",如图8-2所示,并随意定义一个墩柱截面。完成的模型文件见光盘中的"S1-1.mcb"。

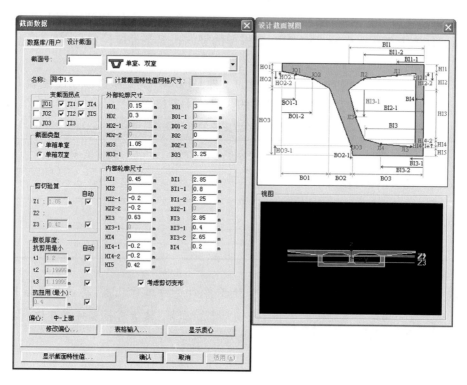

图 8-2 主梁截面定义

2.2 采用悬臂法建模助手初始化模型

为了便于后期模型的细化,在"模型>结构建模助手>悬臂法(FCM)桥梁"中定义初始单元划分和平曲线数据,如图8-3所示,相应文件见光盘中的"S1悬臂法.wzd"。

☞ 要点及提示:①本步骤仅为了下一步的PSC桥梁建模助手的使用提供初始单元划分及标定墩柱位置,因此桥墩的数据可随意输入。同时预应力钢束线形将在后面手动输入,所以可以不填预应力钢束相关数据。②本步骤也可采用导入DXF单元划分文件或采用拱建模助手的方式进行,但对于单元数量较多的情况,没有标定墩柱位置及变高数据,不便于下一步骤的PSC桥梁跨度信息的选取及变高数据的初步检验。

实例八 三跨预应力混凝土连续梁弯桥

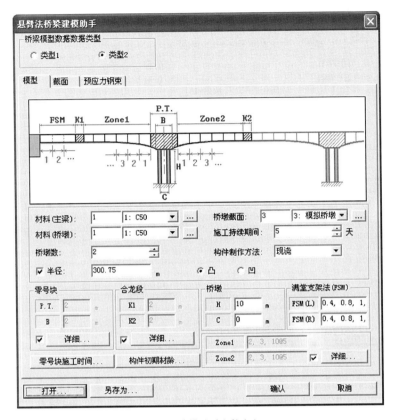

图 8-3 建模助手文件定义

2.3 采用 PSC 桥梁建模助手细化初始化模型

删除所有上一步骤由建模助手自动添加的静力荷载工况及施工阶段相关数据,在"模型〉结构建模助手〉PSC 桥梁〉跨度信息"中定义各跨的跨度信息(采用三跨信息输入)。

在"模型〉结构建模助手〉PSC 桥梁〉截面及钢筋"中定义各跨的详细截面变化信息及钢筋信息,对应文件见光盘中的"S1PSC 桥梁.wzd"。存储建模助手信息文件后,退出建模助手界面,删除变截面组数据后再次进入 PSC 桥梁的截面及钢筋定义界面,通过建模助手完成截面及钢筋定义,补充定义或复制等高梁段(如边跨端部及墩顶梁段)的截面钢筋数据。形成的初步模型文件见光盘中"S1-2.mcb"。

> 👉 **要点及提示**:①本步骤存储建模助手信息文件后,退出建模助手界面,删除变截面组数据后再次进入 PSC 桥梁的截面及钢筋定义界面,定义截面及钢筋的目的是为了便于检查或采用"回到上一步"来修正错误的截面变化或钢筋信息。②可以在"视图〉显示选项〉绘图〉消隐选项(模型)"中将缺省的"外轮廓线+填充"变为"轮廓线",以方便观察模型的内部变高变厚状况,如图 8-4 所示。③对于非线性变宽或变高而言,曲线的方向至关重要,可通过模型轮廓线观察变宽或变高曲线端部(如跨中及墩顶段),并调节对称面距离以确保模型的正确性,如图 8-5 所示。④可将各步骤的建模助手数据信息备份,供以后相似桥梁建模时使用。

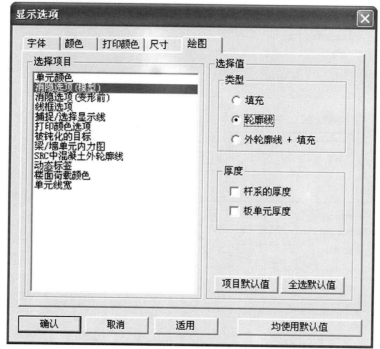

图 8-4　显示选项设置

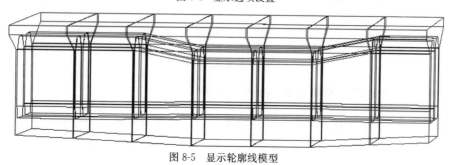

图 8-5　显示轮廓线模型

2.4　预应力钢束布置

根据设计文件的预应力钢束布置，采用"2D＋圆弧＋曲线"的模式定义钢束形状。由于本桥为弯桥，图纸中同编号的预应力钢束存在区别，所以需要给各钢束定义单独的钢束组，以便进行后处理。如图 8-6 所示。

以腹板钢束为例，模型中钢束的命名规则为：$wi\text{-}jk$，其中 i 为腹板钢束的设计编号，j 表示第 j 满堂支架施工梁段，k 表示该 $wi\text{-}j$ 钢束从内到外的第 k 根钢束。

> **要点及提示**：①midas Civil 软件中的杆系单元，为经典杆系单元，与其他大多数以杆系为主的分析软件类似，仅提供了两节点直线单元，不能定义切向关键点，其单元端部两个节点截面是平行的。因此，采用 2D＋直线、2D＋单元、3D＋单元的模式输入钢束形状时，虽然钢束形状"显示"出平弯的特性，但软件未将相连单元的实际折角数据记入节段单元总转

角,无法考虑钢束的平曲线长度变化及摩阻的平曲线影响。而本桥钢束平曲线对伸长偏差量的影响已达 20% 以上。因此,对于小半径的曲线桥梁,当桥梁位于圆曲线范围内,应采用 2D+曲线的模式定义钢束形状;而当桥梁位于缓和曲线范围内时,应采用 3D+直线的模式定义钢束形状。这样才能使钢束的平弯定义符合实际情况,保证分析计算结果的准确。此外,本桥的路线半径和结构形心有 0.75m 的偏移量,因此钢束平弯半径应按 300.75m 输入。②预应力钢束的形状要素(控制点坐标钢束半径)可通过 AutoCAD 的 Pline 线 List 或捕捉到 UltraEdit 或 EXCEL 中,再导入 midas Civil 软件表格中处理预应力钢束形状。需要注意的是,钢束圆曲线段起止点位置由于软件的精度保留位数的差别,圆弧段有可能超出关键点定义范围,导致出现钢束线形定义错误的问题。该问题可采用不输入圆曲线段起止点位置或将线形圆弧半径数据缩小少许的方式解决。③采用 3D+圆弧方式编辑预应力钢束形状时,要注意输入的线形圆弧数据为钢束平弯和竖弯共同的半径,一般需要自行计算等效拟合半径。

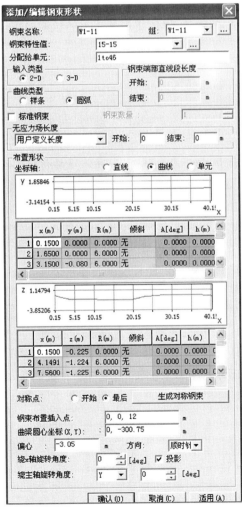

图 8-6　钢束形状定义

2.5 定义荷载、边界条件及施工阶段

midas Civil 软件定义荷载、边界条件及施工阶段的界面直观明了,因此这里不再进行详细叙述,仅叙述关键的步骤。

2.5.1 定义荷载

(1)定义结构自重、二期恒载、预应力及正负体系温度

在"荷载〉自重"中定义 z 值为 -1 的自重。

在"荷载〉梁单元荷载"中定义桥面系二期恒载。

在"荷载〉预应力荷载〉钢束预应力荷载"中定义施工阶段预应力的施加,按实际施工状况定义其张拉端。

在"荷载〉温度荷载〉系统温度"中按 $\pm 25 ℃$ 定义桥梁的体系温差。

(2)定义桥面温差

在"荷载〉温度荷载〉梁截面温度"中按规范规定定义桥面温差。

(3)定义基础沉降

在"荷载〉支座沉降分析数据"中定义基础沉降,按桥梁当地地基基础状况考虑 5mm 的基础沉降效应(一般按 1/6 000 的跨径考虑)。

(4)定义移动荷载

在"荷载〉移动荷载分析数据"中定义车道、车辆、移动荷载工况等数据。

> **要点及提示**:①在 midas Civil 软件中,定义移动荷载的车道有三种方式,即车道单元、横向联系梁及车道面。三种车道定义方式特点不同,适用范围也不同。车道单元法仅适用于单纵梁空间杆系或鱼骨梁体系,只能考虑横向线性效应对纵向的影响。这种方式加载方便,规范适应性强,为常用的纵向总体分析的经典加载模式。但是对于桥面较宽或横向刚度变化较大的主梁情况,应补充横向分析以考虑桥梁横向应力分布及应力叠加;横向联系梁法适用于多横梁梁格模型。这种方式可以分析纵梁的横向分配问题,同时动力分析时可以自动考虑大部分扭转质量特性和变形;车道面法适用于板单元模型或者实体单元模型,是三种加载方式中最能正确考虑模型活载横向分布的方法,但车道面的车道加载采用的是单元内偏移设置,因此在车道面定义路径上的任意横向宽度范围内,必须包含至少一个板单元边界,这就决定了桥面单元划分不能过大,否则计算模型耗费的计算机资源较大。②定义冲击系数时,需要自振频率的数据。可以通过增加质量数据,进行特征值分析求出桥梁的自振频率。

2.5.2 定义边界

(1)定义永久支撑边界条件

将利用建模助手标记墩柱位置的节点按横向支撑布置位置复制,然后采用刚性连接进行连接,如图 8-7 中的节点 34 与节点 132、节点 34 与节点 133 间的刚性连接。将支座位置节点向下复制节点后采用一般支撑进行全自由度约束,复制距离为支座高度。在对应节点间建立弹性连接,弹性连接的刚度取支座的刚度。

实例八 三跨预应力混凝土连续梁弯桥

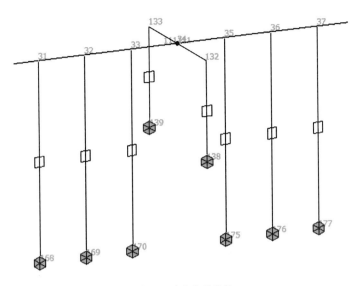

图 8-7 定义边界条件

> **要点及提示**:①将标记墩柱位置的节点按其横向支撑布置位置复制时,如果横向支撑位置与杆系方向为正交,可利用"复制"中的"任意间距〉任意方向〉方向向量"选项,选定杆系方向(图 8-7 中节点 34 与节点 35 的连线方向),将所得的矢量方向(a,b,0)更改为(-b,a,0)就可以得到节点复制方向,避免了计算定位的麻烦。②同样道理,定义"弹性连接"的方向时,可将利用单元查询功能得到的单元的平面转角作为弹性连接的转角方向。③定义支座弹性刚度时,主受力方向(如抗压方向或限位方向)需要按计算刚度值输入,无限制自由度方向应按相对极小值输入(如本算例中按 1 输入)。因为如果将弹性连接某些自由度方向的刚度设为 0,有时会出现因自由度约束不足,无法计算收敛的现象。④定义边界条件时,应根据情况选择只压弹性连接或者一般弹性连接。一方面,由于工程中并不存在预应力或活载单项受力的状况,总是和恒载共同作用,一般板式橡胶支座、盆式橡胶支座等永久性支座不会承受负反力,而工程计算中出现负反力时,就需要更改支座类型或桥梁结构了,因此对于非静力计算模型或模型中的实际永久支座,应采用一般弹性连接模拟。另一方面,midas Civil 软件中的运营阶段计算与施工阶段计算是相互独立并承接的计算,所以施工阶段中的只受压临时支撑(如施工支架)等应采用只受压弹性连接模拟。⑤对于一般性桥梁分析时,永久支座应采用一般弹性连接而不采用只受压弹性连接处理的原因,可以通过以下简单例子考虑:对于一个两跨连续梁,只配置通长底板钢束。如采用只受压弹性连接约束,考察预应力的单工况单项效应,将出现中支座脱空、中支座不产生预应力二次效应的情况,而实际结构中,是否也出现预应力二次效应为 0 的情况?答案显然是否定的。有些软件在查看组合效应中的预应力效应时将出现上述不合理的分析结果,这里提醒读者注意。

(2)定义临时支架边界条件

与定义永久支撑边界条件类似,将支架位置的节点向下适当距离复制节点,然后采用一般支撑进行全自由度约束,按初始参数预定义阶段所设定的参数设置只受压弹性连接。

2.5.3 定义施工阶段

在"荷载>施工阶段分析数据>定义施工阶段"中定义各施工阶段。

> 👉 **要点及提示**：具有大量施工阶段的模型可以通过编辑EXCEL表格或编辑MCT文件的方式定义，提高建模效率。

2.6 模型完成

删除利用建模助手标记用墩柱单元及约束条件，生成自动荷载组合，模型建立完成。全桥模型共计246个节点，118个杆单元，如图8-8和图8-9所示。最终的模型文件见光盘中的"S1-3.mcb"。

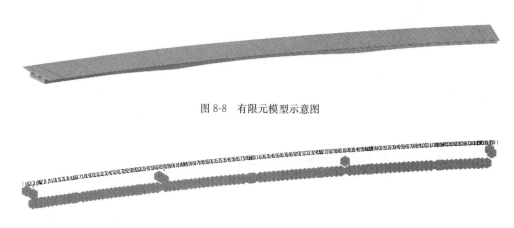

图8-8 有限元模型示意图

图8-9 整体边界条件示意图

3 分析结果与讨论

3.1 标准值计算结果及其经验判断

在工程分析计算完成后，工程师首先要根据经验对标准值计算结果及各效应比例进行评判，了解工程项目的受力效应分布特性，从而确保分析结论的正确性。下文的分析结果如无特殊说明，均以 t、m 为单位。

(1) 标准值应力分布

标准值应力分布情况，如图8-10～图8-13所示。

在标准值组合下，主梁上缘在支点位置产生了最大为2.47MPa的拉应力，上缘最大压应力位于中跨跨中，大小为-15MPa左右；由第一施工段跨中至第三施工段跨中，主梁下缘依次出现了3.7MPa、2.2MPa和1.7MPa的极值接应力，已经超出容许应力法中的C50混凝土的拉应力容许值，因此应进一步考察其无桥面温差效应组合下的应力分布。无桥面温差效应组合的模型文件见光盘中的"S1-4.mcb"。

实例八 三跨预应力混凝土连续梁弯桥

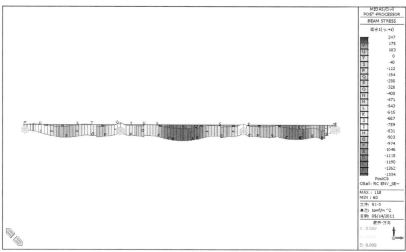

图 8-10 主梁上缘外侧标准值组合应力分布

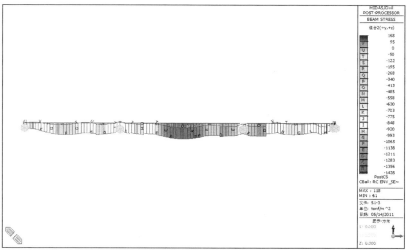

图 8-11 主梁上缘内侧标准值组合应力分布

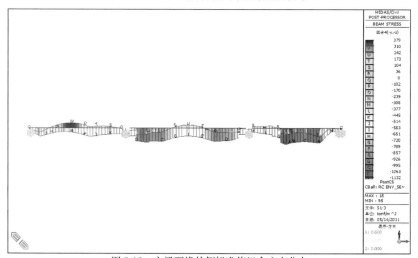

图 8-12 主梁下缘外侧标准值组合应力分布

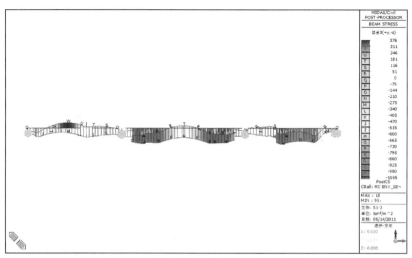

图 8-13　主梁下缘内侧标准值组合应力分布

> **要点及提示**：首先，在《公路桥涵设计通用规范》(JTG D60—2004)中的桥面温差效应的截面温度梯度线形及参数，是"借鉴"了美国规范中四个温度区中的第二区的线形及参数。其相关条文规定与参数基本与美国规范第 3.12.3 条一致，但是却没有借鉴该条关于截面温度梯度的适用范围的相关说明，即"如果经验已经表明，在设计一座已知形式的结构时，不考虑温度梯度并不会导致结构的损坏，就可以选择不考虑温度梯度。如多梁桥，对这种结构应考虑按以往经验判断"。其次，对于工程标准值结果的经验判断，一般采用经过多年使用的容许应力法经验，而其普遍是不考虑纵向桥面温差的。因此，本节内容增加无桥面温差效应组合的分析，是为了更好的与经验判断相符，并不是不再考虑规范的温差效应。

(2) 无桥面温差效应组合下的主梁下缘标准值组合应力分布

本桥无桥面温差效应组合下的主梁下缘标准值组合应力分布结果如图 8-14 和图 8-15 所示。

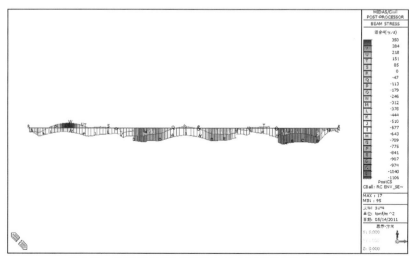

图 8-14　主梁下缘外侧标准值组合应力分布(无桥面温差效应)

实例八 三跨预应力混凝土连续梁弯桥

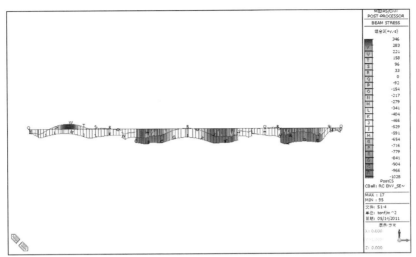

图 8-15 主梁下缘内侧标准值组合应力分布(无桥面温差效应)

显然,第一施工段,即连续梁的第一跨的主梁下缘应力极值仍有 3.5MPa,再结合成桥阶段状况,该值远超出混凝土疲劳抗拉容许经验值 1.7MPa。因此根据经验可以判定,本桥在短期内或交通量不大的情况下,或许不会出现由肉眼观测到的裂缝,但随着运营时间的推移或承担较繁重的交通荷载后,极有可能出现由于疲劳产生的影响桥梁耐久性或安全度的裂缝。同时由于各跨间应力分布差别较大,因此本桥的预应力分布不尽合理,有优化的必要性。

(3)支座情况

一般曲线桥的支座反力分布不均匀性较突出,因此应着重查看模型的支反力分析结果。对于常规设计,普通支座的标准值最大反力不能大于支座承载力的容许值,最小反力不能小于容许值的 1/10。本桥支反力的最大值、最小值结果如图 8-16 和图 8-17 所示。由表 8-3 可知,本桥有部分支座规格不满足要求。

(4)挠度情况

根据分析结果,本桥挠度满足要求。

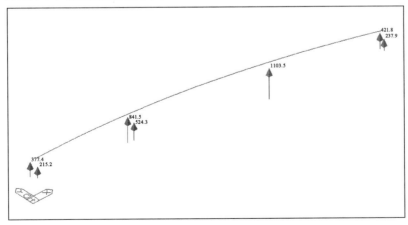

图 8-16 标准值最大支反力

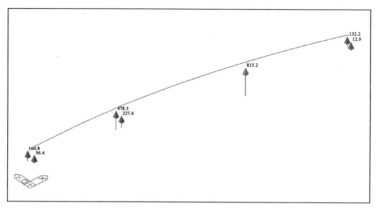

图 8-17 标准值最小支反力

桥梁标准值计算支反力　　　　　　　　　　　　　　　　表 8-3

节 点 号	最大反力(t)	最小反力(t)	规 格
136	215	56	GPZ(II)3
137	377	161	GPZ(II)3
138	524	228	GPZ(II)7
139	841	478	GPZ(II)7
185	1104	815	GPZ(II)12.5
231	238	13	GPZ(II)3
232	422	132	GPZ(II)3

3.2 设计结果及其经验判断

在 midas Civil 软件中进行 PSC 设计，设计结果表明本桥不能满足全预应力结构的要求，实际为按 A 类构件设计的桥梁。本桥按照 A 类构件设计的结果见表 8-4，桥梁抗裂性不满足规范要求。

PSC 设 计 结 果　　　　　　　　　　　　　　　　　　　表 8-4

项 目		计 算 结 果	计 算 结 论
极限承载能力	正截面抗弯	除第三施工段近 5 号墩 1/4 跨处超 5.9%外，其余断面通过验算	基本满足规范要求
	斜截面抗剪	所有支撑区域近 1/4 跨断面验算略超规范	满足规范要求
	抗扭	所有支撑区域到近 1/4 跨区域略超规范	满足规范要求
使用阶段长短期作用	正截面抗裂	第一施工段跨中区域下缘未通过验算	应进行局部预应力布置的补充
	斜截面抗裂	第一跨跨中区域及第二跨区域端断面未通过验算	应进行局部预应力布置的补充
使用阶段应力	正截面压应力	全断面验算通过	满足规范要求
	斜截面主压应力	全断面验算通过	满足规范要求

👉 **要点及提示**：①在工程实际中,极限承载能力指标是一个假定钢束约束变形及适筋范围的虚拟假定值,其限值对于桥梁破坏状态没有绝对衡量标准,任何工程结构破坏均是应力的表现方式。因此,在工程设计运用中,加上其他因素考虑(如约束弯曲、钢筋模拟、锚后局部影响等),一般认为仅有个别断面抗弯计算值超出限值在5%范围内(5%为弯曲应力提高系数,具体参考79规范相关论述)是可以接受的。②对于A类预应力混凝土箱梁结构,一般计算出的扭剪效应结果较小,但是midas Civil软件的PSC设计有时会显示截面不满足《公路桥涵设计通用规范》(JTG D60—2004)第5.5.3条截面验算的结论,其与箱梁断面结构抗扭刚度大的特性矛盾。这是因为该条规定原本是在85规范中对中小截面普通钢筋混凝土构件(如T梁、槽梁、空心板梁等)未限制其扭剪截面特性而进行的补充,但在JTG D60—2004规范中,由于不可知原因未将该条的使用范围进行说明。显然,该条文不适用于预应力箱梁等结构。③在桥面温差作用下,梁端应力会产生极大值峰值并显示出抗裂性不满足要求的情况,这在实际中是不存在的。因为平面杆系或空间杆系体系采用的是平截面假定,梁端截面只能沿梁端支撑约束的正交方向统一变形,而桥面温差效应为层间变形的适应性剪效应的表现,在类似梁端顶部的直角自由边界条件下,其效应为0。因此,对于出现梁端顶板不满足规范规定的抗裂检验的情况,应具体分析,查看模型在无桥面温差影响下的梁端应力分布情况,判断在相邻端部梁段内是否已有一定的应力储备。如是,则可考虑将梁端桥面温差效应力进行0值拟合或是不予理会;反之,应调整钢束梁端弯起锚固线形,而不能一概视为锚后应力影响结果。

3.3 预应力钢束引伸量结果及实际工程状况

在"结果>分析结果表格>预应力钢束"中提取模型的预应力钢束引伸量数据,与前期现场实测数据进行对比,相应对比表格见光盘中的"伸长量.pdf"文件。

根据对比表格,按本模型计算出的预应力钢束引伸量与施工单位现场依据原设计补张拉前的实测数据基本一致。而施工单位依据原设计参数补张拉后,绝大多数钢束引伸量超出了理论计算值,最大超出幅度达14%。

伸长量计算结果表格提交业主后,业主为了了解实际张拉伸长量,特别是W4在3#、4#墩间的伸长量,在距3#墩20m(其中含钢束P锚锚固长度)处设置了一处观察孔,得到的数据见光盘中的"W4检验张拉记录.pdf"文件。

在"结果>分析结果表格>钢束预应力损失"中提取相应的分析数据,经积分求出观测检验点的伸长量,发现分析结果与现场实测数据基本一致,两者的偏差不超过3mm。

3.4 解决方法

根据midas Civil软件杆系模型的分析结果及现场实测数据的检验可以发现,引伸量不满足设计参数原因是设计参数的偏差过大。同时,由于部分单端张拉钢束竖弯总转角过大、长度较长,加上平弯因素影响,预应力损失难以满足要求。如图8-18所示,跨第一、第二施工段的15-15规格的W4钢束,在第一施工段内的有效应力仅为张拉应力的1/3。这就是本桥不满足规范要求的主要原因。

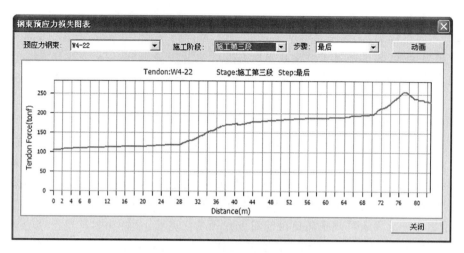

图 8-18 钢束预应力损失

由于本桥已接近成桥阶段,同时考虑经济性等因素,只能成桥后采用预应力加固的方式控制其标准值拉应力在 1.7MPa 范围内。经分析,加固钢束布置如图 8-19 所示。第一施工段采用 4 束 15-15 加固底板束,第二施工段采用 4 束 15-9 加固底板束,计算模型见光盘中的"S1-5.mcb"文件。

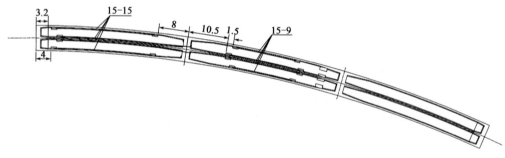

图 8-19 预应力加固方法

4 总结

连续梁弯桥分析时要考虑的因素很多,除本文阐述的一些因素外,有些情况还需要考虑桥面横坡影响、不等高腹板的建模影响、离心力效应及支座偏心影响、斜桥的杆系模拟、应力消峰、正交体系叠加效应、车道及车辆荷载的统一等。

总之,模型计算的要点不外乎结构体系的设置和边界条件的设置。任何软件都不可能十全十美的模拟实际工程情况。作者认为工程中没有"绝对",模型分析时应优先考虑哪一种模拟方式更接近实际,和模型假定与实际的偏差是否能满足需要这两点。

实例九
双薄壁墩曲线连续刚构桥

1 桥梁概况

1.1 总体布置

某桥是一座 61m+104m+61m 的预应力混凝土连续刚构桥,处于 $R=348$m 的圆曲线上,桥面横坡为 5%。桥梁左、右幅宽均为 11m,其中车行道宽 10m。箱梁顶板、底板横坡与路线横坡一致。单幅箱梁顶板宽 11m,底板宽 6m,外翼缘板悬臂长 2.5m。箱梁跨中及边跨现浇段梁高 2.3m,底板厚 0.25m,0 号墩顶梁高为 6.0m,底板厚为 0.8m,箱梁底板厚从箱梁根部截面的 0.8m 渐变至跨中及边跨支点截面的 0.25m,箱梁高度按二次抛物线变化。箱梁腹板在墩顶范围内厚 0.7m,其余范围内厚度均为 0.5m。

主墩采用双柱式矩形薄壁墩,顺桥向沿道路设计线墩宽 2.0m,横桥向墩宽 6.0m,双薄壁截面的中心距为 5.0m。0 号桥台左幅采用薄壁轻型桥台,右幅采用桩柱式桥台,3 号桥台采用重力式桥台。主墩桩基础均采用直径为 2.0m 的钻孔灌注桩,桥台桩基础均采用直径为 1.5m 的钻孔灌注桩。总体布置见图 9-1,其设计荷载为汽车—超 20 级,检验荷载为挂车—120。

1.2 分析内容

该桥原设计文件完成于 2004 年前,设计时采用旧规范标准,现桥梁全线更改为新规范标准。对现尚未施工的桥梁,业主委托分析内容如下:

(1)该桥的设计能否满足新规范的要求;
(2)该桥的设计是否需要进一步完善。

1.3 计算参数

1.3.1 计算体系确定

该桥为单箱单室预应力混凝土连续刚构,采用分幅设计,桥宽 11m,纵向支撑体系明确,以纵向受力效应为主。内幅桥梁平曲线半径仅为340.85m,虽然规范中关于平曲线影响调整系数未有明确的规定,但平弯影响效应不能忽视。因此从计算分析需求及计算效率考虑,采用空间杆系模型进行分析。

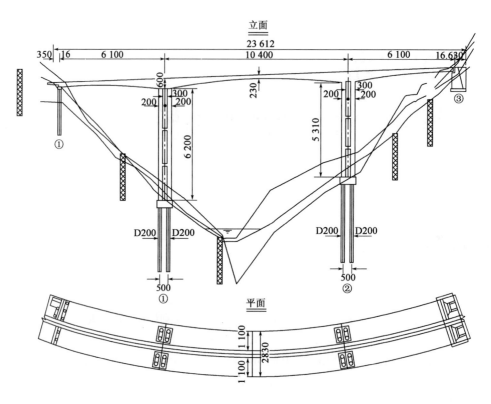

图9-1 桥型布置图(尺寸单位:cm)

1.3.2 支座抗压刚度设定

由于该桥为连续刚构桥型,采用空间杆系模型分析,所以应充分考虑支座抗压刚度的影响*,见表9-1。

支座抗压刚度　　　　　　表9-1

规　　格	抗压刚度(t/m)
GPZ(Ⅱ)3GD、DX、SX	1744647

☞ **要点及提示**:本实例中标注"＊"处,请读者自行参考本书实例八(三跨预应力混凝土连续梁弯桥)中的相关内容。

1.3.3 墩柱约束设定

该桥1号桥墩高62m,2号桥墩高53m,桥墩较柔。承台以下基础位于基岩中,为了简化计算,忽略承台以下基础的水平变形,桥墩底部按固结处理。

2 建模过程

2.1 定义初始材料特性及初始截面特性

在"模型〉材料与截面特性〉材料"中，选用规范JTG04中的C50及Strand1860作为混凝土及钢绞线的材料属性。

在"模型〉材料与截面特性〉截面"中，选择"设计截面"，定义跨中及墩顶截面，并设置偏心为"中—上部"，如图9-2所示，最后定义墩柱截面。

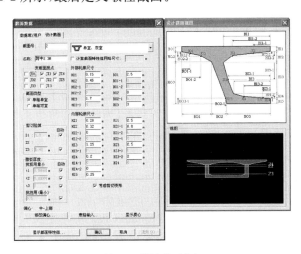

图9-2 设计截面定义

2.2 采用悬臂法建模助手初始化模型

在"模型〉结构建模助手〉悬臂法（FCM）桥梁"中，定义模型的初始化数据，如图9-3所示。

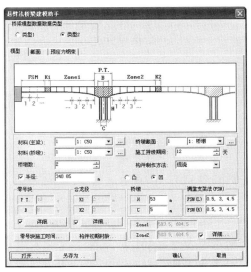

图9-3 悬臂法桥梁建模助手

👉 **要点及提示**：①在定义墩顶横隔板截面时需注意：截面一般采用倒角根部断面，而不应采用全横隔板截面。实际情况中，纵向效应的传递不可能脱离应力扩散角的范围传递到全截面。如采用全截面的设定，将得到远小于实际情况的预应力度和配筋率，计算结果不可信。当重点考察应力度衰减状况时，可以考虑按照37°～45°的扩散角，墩顶横隔板截面可进一步采用倒角根部断面内扩1/2横隔板厚度处理。②利用建模助手完成初始模型时，软件会提示 CSTG1－K01－09～CSTG1－K01－12 钢束形状有误，这是由于建模助手中将钢束的平弯与竖弯半径处理成同一半径，可手动调整 CSTG1－K01－09～CSTG1－K01－12 钢束平弯半径为0来更正这一警告。

2.3 定义钢束及钢筋

通过建模助手生成预应力钢束，再进行调整*。由建模助手生成的腹板预应力钢束可以给本步骤的钢束调整提供参数模板和相对位置参考，为模型调整带来便利。

截面钢筋先按实际情况进行等效处理，然后在"模型>材料和截面特性>截面钢筋"中进行定义。

2.4 定义荷载、边界条件及施工阶段

midas Civil 软件定义荷载、边界条件及施工阶段的界面直观明了，因此本节对于一般化的操作步骤不再进行详细叙述。

在主菜单"荷载"中，依次定义自重、二期恒载、预应力荷载、温度荷载及移动荷载，移动荷载车道选用"车道单元"的方式进行定义，最后再进行施工阶段的定义。

建好的模型如图 9-4 所示，共计 93 个节点，84 个梁单元。

图 9-4 模型示意图

3 分析结果与结论

3.1 纵向总体结果

3.1.1 标准值计算结果

计算完成后，得到标准值组合计算结果。标准值应力分布情况如图 9-5～图 9-8 所示。

根据计算结果可以看出：在标准值组合下，主梁上缘最大组合应力出现在边跨端部支架现浇段附近，为 1.85MPa。中跨跨中为－3.4MPa；主梁下缘最大组合应力出现在中跨跨中，为－3.03MPa。边跨合拢段为－4.96MPa。结合无温差结果可以看出，桥梁应力各区域变化很大，应力分布不够合理，且压应力过大，应进行预应力布置形状的调整。

实例九　双薄壁墩曲线连续刚构桥

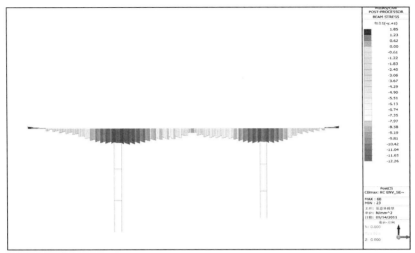

图 9-5　主梁上缘最大组合应力图（最大：1.85MPa；最小：-12.26MPa）

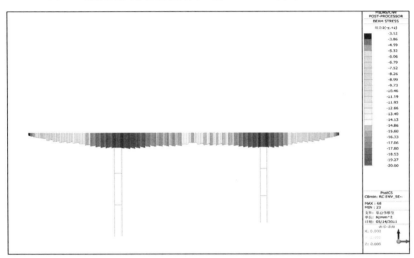

图 9-6　主梁上缘最小组合应力图（最大：-3.12MPa；最小：-20.00MPa）

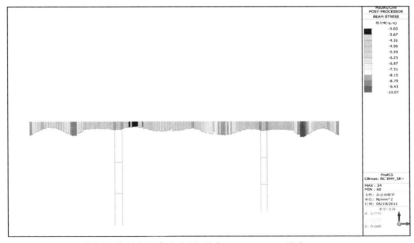

图 9-7　主梁下缘最大组合应力图（最大：-3.02MPa；最小：-10.07MPa）

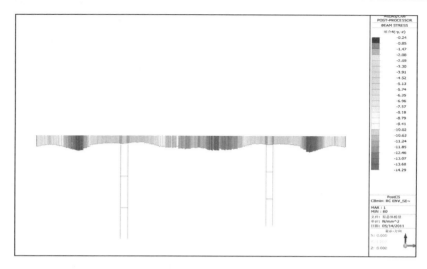

图 9-8　主梁下缘最小组合应力图(最大：-5.57MPa；最小：-14.29MPa)

> **要点及提示**：查看模型在无温差影响下的标准值组合应力，可以知道梁端最大应力为 0.2MPa。这说明在实际情况下，主梁上缘最大组合应力基本不会出现拉应力。但是，边跨支架现浇段的有效压应力对比其他梁段明显减小。合理的预应力布置一般应控制有-2MPa 的压应力储备。因此该桥的预应力布置有优化的可能。

3.1.2 支座反力

曲线桥的横向支座反力分布不均匀性较大，因此应着重查看模型支座反力分析结果。对于常规设计，支座最大反力不能大于支座承载力的允许值，最小反力不能小于允许值的 1/10。该桥支反力的计算结果如图 9-9～图 9-11 所示。

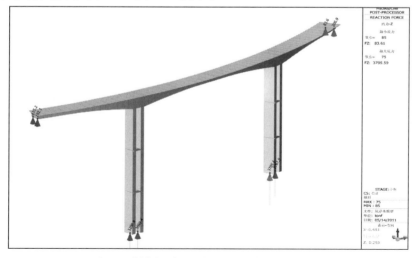

图 9-9　成桥阶段支座反力图(最大：207t；最小：84t)

实例九 双薄壁墩曲线连续刚构桥

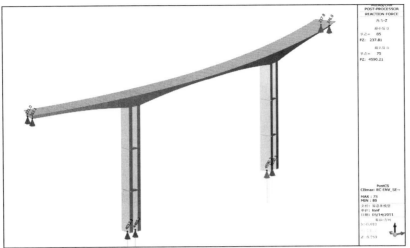

图 9-10 运营阶段支座最大反力图(最大:377t)

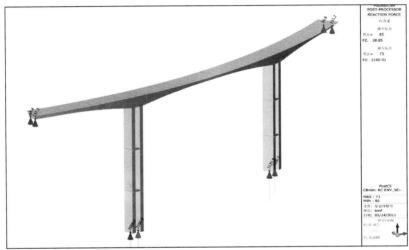

图 9-11 运营阶段支座最小反力图(最小:40t)

由上述结果可知,该桥有部分支座不满足要求,需做适当修改。

3.1.3 设计验算结果

利用 midas Civil 软件的"PSC 设计"功能,可得到主梁的设计验算结果,整理后见表 9-2。

PSC 设 计 结 果　　　　　　　　表 9-2

项 目		计 算 结 果	计 算 结 论
作用标准值计算	主梁组合应力	主梁上缘最大组合应力出现在边跨端部支架现浇段附近,为 1.85MPa。中跨跨中为 -3.4MPa;主梁下缘最大组合应力出现在中跨跨中,为 -3.03MPa。边跨合拢段为 -4.96MPa	该桥的应力储备分布不尽合理,基本满足要求。建议增加边跨合拢束规格或布置
	支座反力	0 号台内支座最大 271t,最小 68t;外支座最大 363t,最小 137t 3 号台内支座最大 238t,最小 40t;外支座最大 377t,最小 153t	支座反力超出了设计规格,建议更改支座规格

续上表

项　　目		计算结果	计算结论
作用标准值计算	水平位移	两端最大纵向水平位移均为44mm；最大横向水平位移为7mm	横向水平位移不满足支座规格要求，建议更改支座类型
	中跨最大挠度	成桥阶段48mm；运营阶段最小－1mm，最大74mm	满足规范要求
极限承载能力	正截面抗弯	全断面验算通过	满足规范要求
	斜截面抗剪	部分1#～7#梁段截面构造验算未满足要求	建议增加腹板厚度
	抗扭	边跨1#～7#块，中跨1#～8#块未通过抗扭剪截面的构造要求检验	该处不在规范规定范围内*
使用阶段长短期作用	正截面抗裂	边跨15#～12#块未通过验算	应进行局部预应力布置的调整
	斜截面抗裂	全断面验算通过	满足规范要求
使用阶段应力	正截面压应力	除墩顶附近截面顶板压应力达20MPa外，其余断面验算通过	应进行局部预应力布置的调整
	斜截面主压应力	全断面验算通过	满足规范要求
施工阶段	正截面法向应力	全断面验算通过	满足规范要求

3.1.4　规范适应性变更

根据纵向计算结果，为了使桥梁适应新规范要求，提出以下优化建议：

①提高混凝土强度等级

墩顶截面正应力较大，超出规范允许值较多（也未满足 $50 \times 0.4/1.05 = 19$ MPa 的容许值）。在新规范的短期效应组合中的预应力折减和现行控制恒载挠度设计思路的约束下，通过降低预应力度来减小墩顶压应力的效果十分有限，因此建议提高该桥主结构混凝土强度等级。

②增加边跨合拢段钢束的数量并提高规格

在短期荷载组合作用下，特别是在温度效应作用和预应力折减的影响下，原设计的边跨端部顶板未能通过正截面抗裂验算，因此建议边跨合拢钢束BT由15-19提高到15-27，同时在主桥两端BT钢束附近各增加一对15#～11#块的边跨合拢补充钢束，钢束规格为15-22。

③提高边跨底板钢束及边跨腹板钢束的规格

由于增加了腹板厚度及边跨合拢顶板钢束，通过新规范的计算检验发现，边跨端1/2跨的抗弯承载能力未能通过规范检验，因此，建议同时提高边跨底板钢束及边跨腹板钢束的规格。边跨底板钢束B1由15-16提高到15-22；边跨底板钢束B2由15-16提高到15-22；边跨腹板钢束F1～F2由15-19提高到15-22。

④提高端部支座规格

根据计算结果，建议该桥采用抗震钢支座，该桥内侧采用WKJ-QZ4000DX，外侧采用WKJ-QZ4000SX。

3.1.5 规范适应性变更后计算结果

按优化后的设计,重新建立计算模型,分析结果见表9-3。

优化后的PSC设计结果　　　　　表9-3

项　目		计　算　结　果	计　算　结　论
作用标准值计算	主梁组合应力	主梁上缘最大组合应力出现在边跨端部支座附近,为−0.58MPa。中跨跨中为−3.17MPa;主梁下缘最大组合应力出现在中跨跨中,为−2.05MPa。边跨为−7.02MPa	满足要求
	支座反力	0号台内支座最大278t,最小80t;外支座最大375t,最小157t 3号台内支座最大245t,最小48t;外支座最大392t,最小173t	满足要求
	水平位移	两端最大纵向水平位移均为45mm;最大横向水平位移均为2mm	满足要求
	中跨最大挠度	成桥阶段−43mm;运营阶段最小−4.5mm,最大68mm	满足规范要求
极限承载能力	正截面抗弯	全断面验算通过	满足规范要求
	斜截面抗剪	全断面验算通过	满足规范要求
	抗扭	全断面验算通过	满足规范要求
使用阶段长短期作用	正截面抗裂	全断面验算通过	满足规范要求
	斜截面抗裂	全断面验算通过	满足规范要求
使用阶段应力	正截面压应力	除单个墩顶截面外,断面验算通过	基本满足规范要求
	斜截面主压应力	全断面验算通过	满足规范要求
施工阶段	正截面法向应力	全断面验算通过	满足规范要求

3.2 横截面分析

3.2.1 计算目的

横截面竖向叠加效应分析的目的是考察桥梁横截面上自重、预应力、活载、温度等效应产生的横截面应力及其产生的竖向预应力折减效应对腹板主拉应力的影响。

3.2.2 计算参数

(1)结构体系

模型采用跨中梁段横截面,纵向长40m,使计算截面脱离端部约束影响。模型两端采用固结,底板预应力法向力按照面荷载考虑。

(2)荷载

作用一(腹板外缘拉应力):自重+箱内升温5°+横截面中部两列标准车。

作用二(腹板内缘拉应力):自重+箱内降温5°+外侧单列标准车偏载+底板预应力法向力。

自重产生应力效应于腹板左右相反。跨中转角按0.7°计,底板预应力共288根15钢束,底板预应力法向力为34.5t/m。

图 9-12　横截面分析模型

(3)计算模型

作用一下的模型共计 25 412 个节点，76069 个实体单元；作用二下的模型共计 25 237 个节点，75 479 个实体单元模拟；有限元模型如图 9-12 所示。

3.2.3　计算结果

作用一下的计算结果如图 9-13 所示，作用二下的计算结果如图 9-14 所示。

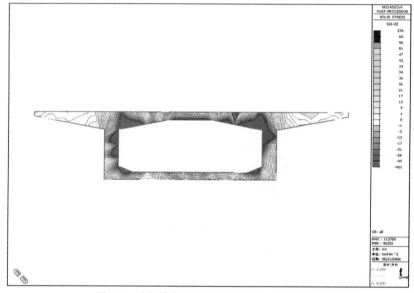

图 9-13　腹板外缘竖向应力分布(最大：0.39MPa)

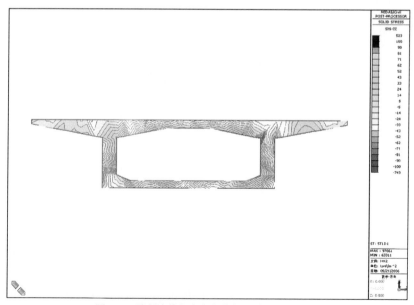

图 9-14　腹板内缘竖向应力分布(最大：0.81MPa)

3.2.4 计算结论

从计算结果可以看出,横向应力分布使腹板产生最大 0.81MPa 的竖向拉应力。即在刚构主梁跨中产生 81t/m 的腹板拉力(跨中腹板单侧厚 0.5m,两侧共 1m)。在腹板主拉应力及抗裂检验中,应考虑该效应的影响。

在 midas Civil 软件中,十个应力点分布如图 9-15 所示。现将考虑横向效应前后,5~10 点在长短期效应作用下的主拉应力进行对比,如图 9-16 和图 9-17 所示。

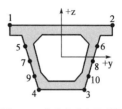

图 9-15 应力点分布示意图

通过对比可以发现,考虑了横向效应后,腹板的主拉应力检验计算值由 -0.2 MPa 的压应力变为 0.6MPa 的拉应力,说明横向效应显著。但对于该桥,由于箱室较窄,考虑横向效应后仍能满足规范要求。

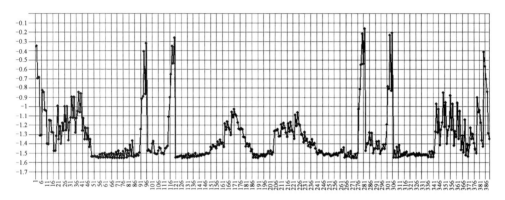

图 9-16 考虑横向效应前 5~10 点抗裂检验

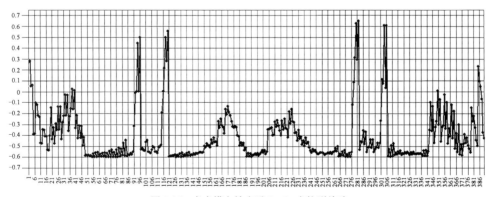

图 9-17 考虑横向效应后 5~10 点抗裂检验

3.2.5 横向分析要点

对于一般刚构(或连续梁)桥的横向分析,由于现有规范未能进一步明确各参数及要点,将给桥梁设计带来一定的难度。以下将具普遍性的部分要点及难点列出,供读者参考。

(1)计算模型设定和单元划分

横向分析主要是对桥梁横截面进行局部分析,分析模型主要有三种:平面杆系模型、平面板单元模型和实体单元模型。

平面杆系模型和平面板单元模型一般把其约束条件设置在腹板下缘。两种模型的分析结果较为接近,区别仅在于平面板单元模型腹板根部应力较为连续。

对于跨径小于 2 倍桥宽的结构或箱室的宽高比大于 2.5 的截面,由于采用平面模型无法精确模拟各横隔板剪力分配效应及横向应力传递,因此应采用实体单元模型。(对于类似本算例跨径桥宽比较大的模型,可对距离设计截面 2 倍桥宽处进行固结处理。这样可降低由于无法按实际情况模拟约束条件所产生的对设计截面横向分析结果的干扰。)

模型的单元划分主要是通过考察应力关注点处的应力分布来确定。即确保关注点(特别是刚度变化处)相邻节点应力差值控制在敏感值范围内。如相邻节点应力差值过大,应考虑局部进一步细分模型。对于实体模型,实践经验表明:确定应力极值的范围后,对于混凝土结构,如应力极值超容许值范围不大于 3cm,同时在不超过其 2 倍范围内,应力呈反向分布,则认为该应力结果不会有实际表现,可忽略其影响。

(2)底板钢束径向力的确定

包括在内,现有大多数文献均采用预应力束拉力除以预应力曲线半径来计算径向力分布力。但很显然,由于刚构并非采用圆曲线变高,而预应力曲线半径的等效方式主观性过强,因此不能准确地确定实际计算截面的钢束径向力效应。

刚构节段一般采用以直代曲的直线模具。对于预埋管道,预应力曲线位置应位于节段端部。底板径向力分布按翼缘板分布取 6 倍底板厚度,如图 9-18 所示。

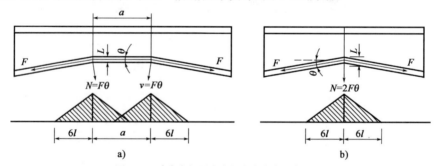

图 9-18 跨中底板预应力径向力分布示意图

F-预应力束拉力,t;θ-预应力钢束对称转角,rad;a-跨中合拢段长度,m

$$q = N/L$$

式中:q——跨中底板径向力分布力,t/m;

N——预应力钢束转角径向力,对于采用等梁高合拢段的刚构,$N=F\theta$,对于无跨中合拢段的刚构,$N=2F\theta$,t;

L——径向力分布长度,对于采用等梁高合拢段的刚构,$L=a+12t$,对于无跨中合拢段的刚构,L 取 a 和 $12t$ 中的小值,m;t 为底板厚度,m。

对于其他情况,可参考上述公式计算。根据上式,显然径向力效应与等代圆弧算法相比较大,但该现象与实际工程状况相符。因此,对于底板曲率较大的桥梁,建议合拢段的相邻梁段设置节段端部横隔板。

(3)温差设定模式

对于内外温差的设定,大多数分析软件采用首先进行热力场分析,得出温度分布后再进行计算。实际设计时,可假定温度场的瞬时分布。在 midas Civil 中,根据不同的单元划分方法,可选择施加节点温度荷载或施加单元温度荷载的模式。

当采用4面体单元自动划分(如本算例)时,可假定温差沿全板厚或半板厚线性分布,施加外侧节点温度效应。该种方法的优点是建立模型和加载较为方便,缺点是计算精度较差,温差效应不均匀性较大,同时处理结果时,需要人为进行判断。

当采用多层6面体单元时,可根据假定温度场结合单元划分尺寸施加单元温度效应。该种方法的优点是可以较为精确地模拟温度场的分布,同时应力结果较为连续;缺点是单元数多,单元温度荷载施加较麻烦,需计算板厚方向各单元层的等效温度。

(4)冲击系数

《公路桥涵设计通用规范》(JTG D60—2004)中第4.3.2.6条明确了"汽车荷载的局部加载及在T梁、箱梁悬臂板上的冲击系数采用1.3",虽然勘误表中未进行更正,但由于原《公路桥涵设计通用规范》(JTJ 021—1985)第2.3.2条中表明了对于局部荷载构件冲击系数为0.3,因此,国内大部分带横向分析模块或助手的结构分析软件以及大部分的设计人员(包含规范编制组),均认为《公路桥涵设计通用规范》(JTG D60—2004)条文错误,局部计算中仍然采用0.3的汽车冲击力系数。但是,对于冲击系数,存在以下情况:

①《公路桥涵设计通用规范》(JTG D60—2004)的制定参考借鉴的是 AASTO 美国规范。而 AASTO—94 中文版中,冲击系数仅在总体纵向分析中考虑,对于横截面局部桥面板分析,没有冲击系数的概念。AASTO—94 中文版中对于局部车轮荷载,为给定轮载面积,压强为0.86MPa(该值实际上与胎压是一致的,详见相关车辆规范),并认为随压力增大,轮载面积也增大,其局部车轮荷载约为中国规范 7t 车轮荷载的 2.4 倍,但 AASTO-LRFD-Bridge05 中未明确该点。

②原《公路桥涵设计通用规范》(JTJ 021—1985)第2.3.2条中表明,0.3的局部车轮冲击系数为该规范定义的所有冲击系数中的最大极值。纵向总体分析中根据不同跨径采用的冲击系数均小于等于局部横向计算冲击系数。而《公路桥涵设计通用规范》(JTG D60—2004)中,纵向总体分析中采用的冲击系数为 0.05~0.45 之间。如果局部计算中仍然采用 0.3 的汽车冲击力系数,则说明在相同安全度的情况下,横向或局部车辆产生冲击效应叠加情况的概率小于纵向车列产生冲击效应叠加情况的概率。

但是,按 85 规范中的车列间距布置,当桥梁跨径在 22.8m 以内,纵向仅能布置 1 排车辆,最大纵向布置车辆数和最大横向分析车辆布置数是相同的。当桥梁跨径大于 22.8m 后,最大纵向布置车辆数不断增加,而最大横向分析车辆布置数保持不变。因此,即使不考虑车辆荷载及其冲击荷载对横向产生的局部效应,仅仅从总体概率考虑,在同一安全度体系内,横向计算冲击系数不会小于纵向计算冲击系数。而且对于标准车辆,从车轮局部效应考虑,每次冲击效应均为100%。

③《公路桥涵设计通用规范》(JTG D60—2004)是根据《公路工程结构可靠度设计统一标准》(GB/T 50283—1999)制定荷载及其分项系数的。但是,统一标准中的车辆荷载采样数据是基于根据 85 规范修建的、正在运营中未出现致命问题的公路,即根本上仅表明采样的车辆

和运营条件满足85规范要求,而并不能代表国内几十年来轮载的变化现况,该点由均布荷载10.5kN(实际上与85规范的20t标准车19m间距布置是一致的)就能体现。

④由于近年来在实际工程中不断出现重载导致局部损毁的现象(如顶板开裂、桥面铺装破坏、钢箱顶板沿U肋方向开裂等),因此不少省市及项目均根据地区情况自行提高了荷载系数。但该方式相对于概率性而言存在不合理性,具体表现为:总体荷载系数过大造成工程浪费的同时,仍不能确保局部构造安全。

根据上述观点,局部计算中仍然采用0.3的汽车冲击力系数不能体现纵向计算和横向计算安全度的统一性。

因此,在没有进一步的实测数据论证前,参考国内外其他规范,建议设计时考虑冲击系数的汽车荷载,在纵向总体计算中应根据地区运输条件适当小范围调整荷载系数;而对于横向局部效应则采用胎压0.86MPa,横向宽0.5m,纵向长0.384m的面力,作为单个车轮轮载效应(其中0.86MPa为胎压,超载时车轮将变形自适应,对地压强变化较小;车轮大于0.384m的纵向压屈面长度将影响车辆正常行驶)。

(5)叠加影响效应的考虑

现行规范没有明确规定横截面计算的评定标准,但结合统一标准和建筑相关规范及AASTO规范,对比JTG D62—2004规范,可以看出:对于极限状态法,主要查看承载能力强度及稳定和运营挠度或裂缝两个方面。从JTG D62—2004规范中相关效应参数及分配概率看,纵向计算和横向局部计算不具有相同的极限破坏状态系数及其结构重要性参数,即按规范相同参数计算的纵向计算结果和横向分析结果不是处于同一安全度体系内。国内大部分设计人员及软件认为可忽略安全度统一问题,严格遵守规范条文。

近年来,在设计控制及审查方面,较多专家逐步认可和确定了以下刚构横向分析的观点:

①横向分析采用标准效应考虑。其中车辆效应不仅应考虑冲击系数或提高系数,同时应考虑横向预应力、纵向钢束径向力和截面内外温差效应。

②截面内外温差按5℃设计,按8℃控制。即5℃温差按设计值控制,8℃温差按极限强度控制。

③横向分析中,腹板竖向钢束力不考虑折减。

④当顶底板布置横向预应力时,按预应力混凝土A类构件进行设计。当顶底板为普通钢筋混凝土构件时,按容许应力法验算钢筋应力及裂缝。

同时,对于腹板的状态评定,主要有以下两种观点:

①根据横向分析中腹板应力计算结果,将腹板主拉应力最不利状况等效为腹板竖向力或竖向钢束折减效应,将其作为横截面效应对纵向分析的影响,在纵向分析中体现;

②腹板按不开裂普通钢筋混凝土构件考虑,将腹板竖向应力和总体纵向计算应力直接组合,横向效应不在总体分析中体现。

对于箱宽及翼缘不大的情况,按第一种腹板控制原则考虑,就能满足计算要求(如本算例),该原则在结构分析中也较容易实现;而对于箱宽及翼缘较大的结构,按第一种原则控制很难满足要求时,就需要按第二种腹板控制原则进一步进行手工验算。

3.3 地震分析

3.3.1 计算目的

该桥地震烈度为 8 度。地震反应谱分析的目的就是要考察地震效应下主桥的安全度。

3.3.2 计算参数

恒载：一期恒载为各构件实际自重，二期恒载即桥面系荷载。

地震烈度 8 度，地震动输入方向按照水平向每 10°考虑，水平向及竖向效应不叠加。

反应谱分析按《建筑抗震设计规范》(GB 50011—2001)❶规定执行。

3.3.3 计算结果

根据图 9-19 和图 9-20 的分析结果，将支座反力汇总于表 9-4。

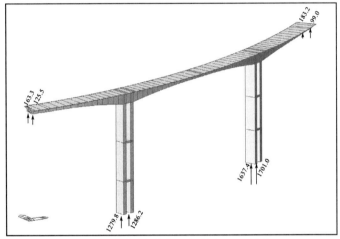

图 9-19 地震荷载最大支座反力(最大：183t；最小：26t)

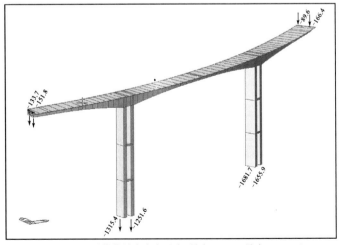

图 9-20 地震荷载最小支座反力(最大：−90t；最小：−166t)

---

❶ 该规定现已被《建筑抗震设计规范》(GB 50011—2010)取代。

支 座 反 力　　　　　　　　　　　　　　表 9-4

工况/支座反力(t)		0 号 墩		3 号 墩	
		内侧	外侧	内侧	外侧
成桥		124	208	91	224
运营	最大	278	376	245	393
	最小	79	158	48	173
地震单项	最大	163	126	183	99
	最小	−134	−152	−90	−166
成桥+地震	最大	287	334	274	323
	最小	−10	56	1	58
运营+地震	最大	441	502	428	492
	最小	−55	6	−42	7
(运营+地震)/1.25	最大	352.8	401.6	342.4	393.6

根据计算结果，建议该桥采用抗震钢支座，内侧采用 WKJ-QZ4000DX，外侧采用 WKJ-QZ4000SX。

如图 9-21 和图 9-22 所示，在地震荷载下，主梁具有足够的抗弯承载能力，满足规范要求。

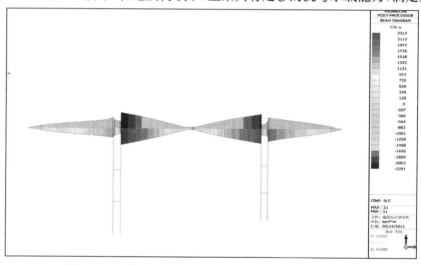

图 9-21　地震荷载主梁弯矩(最大：2312t·m；最小：−2251t·m)

在运营阶段，主梁上缘最大组合应力出现在边跨端部支座附近，为 1.85MPa，中跨跨中为 −3.4MPa；主梁下缘最大组合应力出现在中跨跨中，为 −3.03MPa，边跨合拢段为 −4.96MPa。如图 9-23 和图 9-24 所示。根据计算结果，可知该桥在地震荷载下，应力满足规范要求。

如图 9-25～图 9-27 所示，在地震荷载作用下，墩柱的纵向弯矩，横向弯矩和轴力均满足规范要求。

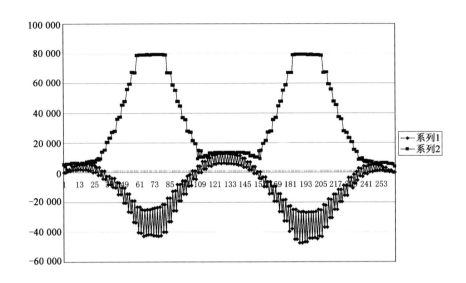

图 9-22 运营地震抗弯检验(红色线为承载能力检验值)

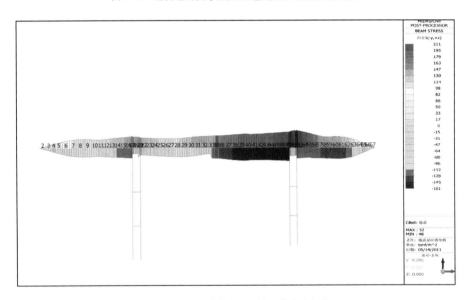

图 9-23 地震荷载主梁上缘组合应力包络
(最大:2.11MPa;最小:-1.61MPa)

对于运营最不利工况的 72 号单元:运营墩顶轴力 1 250t,横向弯矩为 1 188t·m,纵向弯矩为 370t·m;成桥墩顶为轴力 1 628t,横向弯矩为 1 099t·m,纵向弯矩为 -254t·m;同时有其地震作用下墩顶轴力 -160t,横向弯矩为 216t·m,纵向弯矩为 1 475t·m。

对于地震最不利工况的 78 号单元:墩底运营轴力 2 753t,横向弯矩为 1 921t·m,纵向弯矩为 923t·m;成桥为墩顶轴力 2 768t,横向弯矩为 1 408t·m,纵向弯矩为 -546t·m;同时有其地震作用下墩顶轴力 -1701t,横向弯矩为 -2 291t·m,纵向弯矩为 2 536t·m。

通过任意截面容许应力配筋计算,结构钢筋及混凝土强度基本满足规范要求。

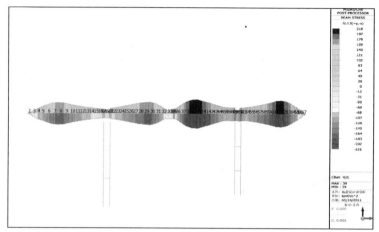

图 9-24　地震荷载主梁下缘组合应力包络
（最大：2.16MPa；最小：-2.21MPa）

图 9-25　地震荷载墩柱纵向弯矩
（最大：2 540t·m；最小：-2 470t·m）

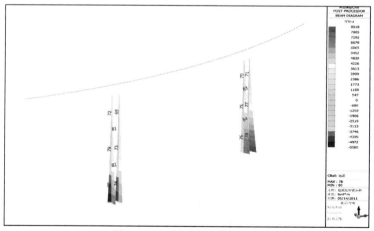

图 9-26　地震荷载墩柱横向弯矩
（最大：8 518t·m；最小：-5 585t·m）

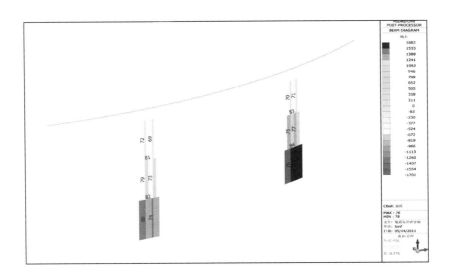

图 9-27 地震荷载墩柱轴力
(最大:1 682t;最小:-1 701t)

3.3.4 计算结论

通过计算,在地震荷载作用下,该桥各项计算结果满足规范要求。

3.4 施工偏差分析

3.4.1 计算目的

补充分析的目的是考察规范未包含的保守工况下主桥的安全度,本文主要考虑施工偏差的影响。

3.4.2 计算内容

(1)结构的施工偏差自重效应

由于施工规范允许结构尺寸有偏差,所以可能引起结构自重效应增加。在设计规范中仅在极限承载能力验算中考虑1.2的分项系数,而在运营阶段未考虑。因此,应考察该桥在结构自重增加1.05,桥面系增加1.20工况下的运营阶段抗裂情况。

(2)预应力施工偏差

本计算还考虑预应力欠张拉6%的情况。

3.4.3 计算结果

(1)对于结构的施工偏差自重效应,计算结果如图9-28～图9-31所示。

(2)对于结构的施工偏差自重效应+预应力施工偏差,计算结果如图9-32～图9-35所示。

从计算结果可以看出,对于考虑结构的施工偏差自重效应以及同时考虑结构的施工偏差自重效应和预应力锈蚀失效,结构验算均能满足规范要求。

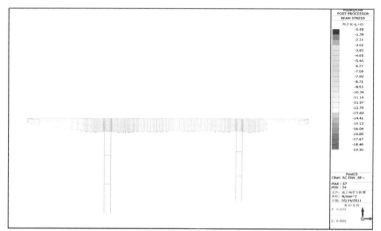

图 9-28 运营阶段上缘应力包络

(最大：－0.58MPa；最小：－19.3MPa)

图 9-29 运营阶段下缘应力包络

(最大：－2.92MPa；最小：－15.36MPa)

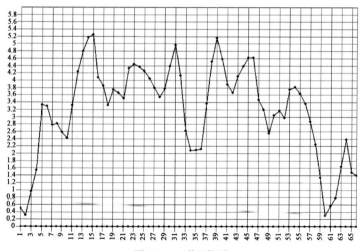

图 9-30 正截面抗裂

实例九　双薄壁墩曲线连续刚构桥

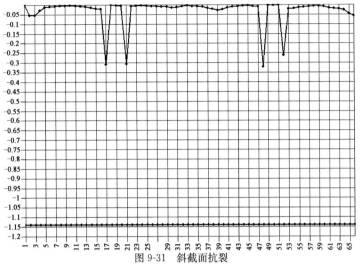

图 9-31　斜截面抗裂

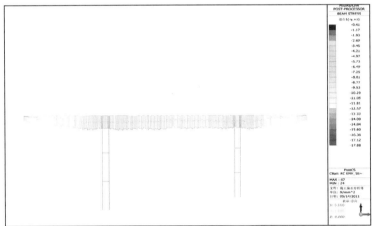

图 9-32　运营阶段上缘应力包络
（最大：-0.41MPa；最小：-17.88MPa）

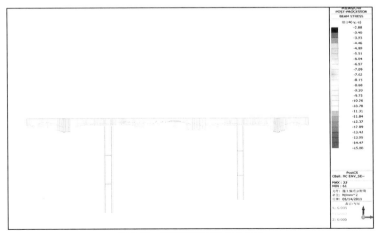

图 9-33　运营阶段下缘应力包络
（最大：-2.88MPa；最小：-15.0MPa）

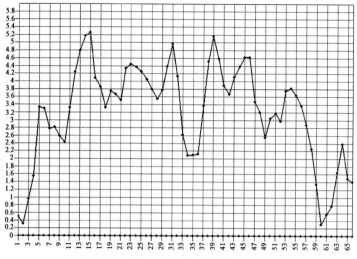

图 9-34 正截面抗裂

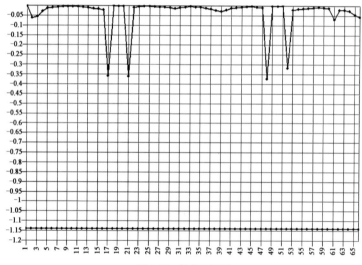

图 9-35 斜截面抗裂

4 总结

对于目前国内刚构桥的设计与分析,文中对一些关键点进行了详细论述。除了上述内容外,还有刚构桥后期下挠的原因及控制、竖向预应力的设定、横坡影响、实际扭剪效应等问题,限于本文篇幅,没有详细阐述。在使用分析软件的时候,设计人员应以结构实际受力状况为原则,自行对分析结果和模型假定进行判断,不能完全套用规范部分条文和分析软件的辅助输出结论。

第二篇　拱桥工程实例

- 下承式钢管混凝土简支拱桥
- 上承式 RPC 混凝土提篮拱桥
- 梁拱组合体系桥
- 朝天门长江大桥

实例十

下承式钢管混凝土简支拱桥

1 桥梁概况

1.1 总体布置

该桥为跨径 100m 的下承式柔性系杆钢管混凝土简支拱桥,见图 10-1。拱轴线为二次抛物线,矢高 19.1m,矢跨比 1/5。拱肋为高 3.0m、直径 1.2m 的哑铃形断面,横桥向间距 24.3m。拱肋间设 1 道一字形风撑、4 道 K 形风撑,风撑分为横撑和斜撑,均采用不填充混凝土的空钢管。每片拱肋设 6 根系杆,每根系杆为由 37-7ϕ5 的预应力钢绞线组成的 HVM 成品系杆,f_{pk}=1 860MPa。吊杆合计 15 对,间距 5.9m,每根吊杆由 127ϕ7 的平行钢丝组成,f_{pk}=1 670MPa。

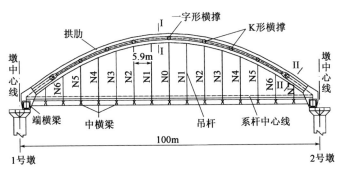

图 10-1 总体布置

桥面系为悬浮体系,由下至上依次为纵横梁、槽形板、沥青混凝土铺装。横梁由吊杆吊于拱肋上,纵向槽形板与横梁相连。中横梁和端横梁均为预应力混凝土结构。中横梁采用 I 形截面,共计 15 道,端横梁采用箱形截面,共计 2 道。横桥向共计 5 道加劲小纵梁,加劲小纵梁与中横梁固接,两端简支在拱脚端横梁上。中间加劲小纵梁采用宽度 0.2m、高 1.2m 的矩形截面,边加劲小纵梁采用宽度 0.25m、高 2.0m 的矩形截面。桥墩为直径 4.0m 的双圆柱桥墩,横向设置钢筋混凝土帽梁,墩柱中心与拱肋对应。基础为群桩,桩基按柱桩设计,桩径为1.5m。设计荷载为汽车—超20级、挂车—120。

1.2 主要断面图

拱肋的哑铃形断面见图10-2a),风撑断面见图10-2b)。系杆编号和相对位置见图10-2c),端横梁断面见图10-2d),中横梁断面见图10-2e),中间加劲小纵梁断面见图10-2f),边加劲小纵梁断面见图10-2g)。

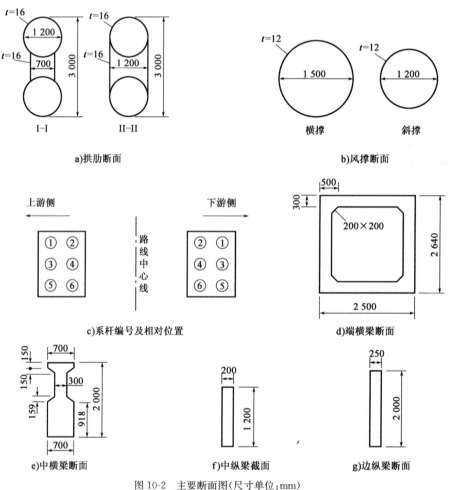

图10-2 主要断面图(尺寸单位:mm)

2 建模要点

2.1 分析目的

本桥主要分析目的是为了通过对全桥施工过程进行跟踪计算分析,为施工监控提供理论数据。在参考设计工序的基础上,根据实际施工过程对设计施工阶段进行修正和调整。同时,实际施工中对拱顶的竖向位移、拱脚的纵桥向水平位移、拱肋控制截面的应力进行实时监测，另外测试成桥后的系杆、吊杆的张力。根据这些结构参数的理论计算值与实测值的对比分析，来检验计算模型的精度和有效性。

2.2 计算模型

本桥的计算模型如图 10-3 所示，其整体坐标系规定为：x 轴为纵桥向，y 轴为横桥向，z 轴为竖向。分析结果的符号规定为：位移与整体坐标轴指向一致者为正，应力以受拉为正，轴力以受拉为正，弯矩的正负号按右手螺旋准则确定。

计算模型的简化说明：

(1) 由于纵、横梁为局部受力构件，所以不考虑其体内的预应力钢束的作用，这只会对纵、横梁的局部应力有影响，不会对拱肋的受力产生过大的影响。

图 10-3 计算模型

(2) 二期恒载(包括槽形板、人行道、防撞墙以及桥面铺装等)按均布荷载分配给纵梁，然后传递给横梁以及吊杆，最终传递给拱肋，偏于安全地不考虑槽型板对桥面刚度的贡献。

(3) 桥梁结构形式为下承式柔性系杆简支拱桥，因此仅对上部结构进行分析。

2.3 单元类型

拱肋、纵梁、横梁以及风撑均采用梁单元模拟，单元每个节点 6 个自由度，即 3 个平动位移和 3 个转动位移。系杆和吊杆均采用桁架单元模拟，单元每个节点 3 个自由度，即 3 个平动位移。

2.4 材料特性

材料特性见表 10-1。

材料特性汇总 表 10-1

编号	名 称	弹性模量 (kN/m²)	泊松比	热膨胀系数 (1/[C])	容重 (kN/m³)
1	钢管(16Mn 钢)	2.1E+08	0.3	1.2E−05	78.5
2	钢管内混凝土(C50 微膨胀)	3.5E+07	0.2	1.0E−05	24.0
3	吊杆(平行钢丝)	1.8E+08	0.3	1.2E−05	78.5
4	系杆(预应力钢绞线)	1.9E+08	0.3	1.2E+00	78.5
5	纵梁(C40 混凝土)	3.3E+07	0.2	1.0E−05	25.0
6	横梁(C50 混凝土)	3.5E+07	0.2	1.0E−05	25.0
7	横撑(16Mn 钢)	2.1E+08	0.3	1.2E−05	78.5
8	斜撑(16Mn 钢)	2.1E+08	0.3	1.2E−05	78.5

2.5 截面几何特性

拱肋截面为变截面，由拱脚向拱肋标准截面（即拱顶截面）过渡，即存在很小的过渡段，故拱肋截面采用数值方法定义，而且因钢管混凝土拱肋由钢管和混凝土两种材料组成，并且随钢管内混凝土的逐步注入，拱肋组合截面的刚度是逐步形成的，可采用"施工阶段联合截面"功能进行定义。横梁亦为变截面，故也采用数值定义的方法。吊杆、系杆、纵梁、风撑等均采用"数据库"中的"标准截面"进行定义。

吊杆、系杆截面的直径为平行钢丝或预应力钢绞线总面积折算成圆形截面后的等效直径。数值定义截面几何特性时，采用 midas Civil 软件中的"SPC（截面特性值计算器）"计算截面面积、横轴的抗弯惯性矩 I_{yy}、竖轴的抗弯惯性矩 I_{zz}、抗扭惯性矩 I_{xx}。单元截面的几何特性计算结果见表 10-2。

单元截面几何特性汇总　　　　　表 10-2

截面名称	面积(mm^2)	I_{xx}(mm^4)	I_{yy}(mm^4)	I_{zz}(mm^4)
拱脚钢管	17 1074	1.344 9E+07	1.285 8E+11	3.897 3E+10
拱顶钢管	144 650	1.039 8E+07	1.180 2E+11	2.371 8E+10
过渡段拱肋钢管	157 862	1.192 4E+07	1.233 0E+11	3.134 6E+10
拱脚缀板内混凝土	98 2882	8.261 2E+10	7.373 7E+10	1.401 1E+11
拱顶缀板内混凝土	446 512	2.503 7E+10	1.703 3E+10	1.793 2E+10
过渡段缀板内混凝土	714 697	5.382 4E+10	4.538 5E+10	7.902 3E+10
上管内混凝土	107 1459	1.827 1E+11	9.135 7E+10	9.135 7E+10
下管内混凝土	1 071 459	1.827 1E+11	9.135 7E+10	9.135 7E+10
吊杆	4 888	3.802 7E+06	1.901 3E+06	1.901 3E+06
系杆	5 086	4.116 6E+06	2.058 3E+06	2.058 3E+06
端横梁 1	6 600 000	6.096 6E+12	3.833 3E+12	3.437 5E+12
端横梁 2	2 800 000	3.910 0E+12	2.560 0E+12	2.330 0E+12
中横梁 1	2 090 000	5.031 1E+11	6.661 7E+11	2.099 2E+11
中横梁 2	1 730 000	3.180 0E+11	5.185 0E+11	1.420 5E+11
中横梁 3	1 290 000	1.490 5E+11	4.285 0E+11	6.095 0E+10
中横梁 4	1 034 500	6.460 0E+10	4.675 0E+11	2.980 0E+10
中纵梁	240 000	2.864 0E+09	2.880 0E+10	8.000 0E+08
边纵梁	500 000	9.596 4E+09	1.666 7E+10	2.604 2E+09
横撑	56 096	3.105 3E+10	1.552 7E+10	1.552 7E+10
斜撑	44 787	1.580 4E+10	7.902 0E+09	7.902 0E+09

2.6 边界条件

（1）支架：拱肋拼装时的支架刚度一般通过预加载试验获得的荷载—位移曲线确定，然后采用弹性支撑来模拟,本桥近似按竖向刚性支承来模拟。

(2)拱脚处施加简支边界条件。

(3)系杆与拱脚、拱脚与端横梁之间均为刚性连接,即刚臂连接。

(4)横梁吊装过程中,为保证横梁的稳定,施工中采用了临时约束,防止横梁沿横桥向、纵桥向以及沿自身转动,因此,施工阶段模拟中,在横梁梁端约束 x 向、y 向的平动位移以及沿 y 向的转角位移。

2.7 荷载

根据《公路桥涵设计通用规范》(JTG D60—2004)分别考虑各个施工阶段的荷载,包括自重、系杆张拉力、混凝土收缩徐变以及槽形板、桥面铺装等二期恒载。同时,拱肋内混凝土考虑了龄期的差异,当拱肋落架时钢管内混凝土与钢管共同组成组合截面来承受后继荷载的作用。另外,该桥吊杆初始安装时无初张力,而系杆按施工阶段分批张拉,模拟时以"初拉力荷载"的形式施加给结构,并在"施工阶段分析控制数据"的"索初拉力控制"选项中以"体外力"、"添加"来模拟系杆的张拉,系杆在相应施工阶段的初拉力荷载实际上为该施工阶段系杆张拉力的增量值。实际施工控制中,通常采用反复调整系杆的张拉力对拱肋线形进行控制,以达到设计的目标,本例略去这一过程,仅以设计给定值进行模拟。

2.8 施工阶段模拟

该桥上部结构施工采用支架方法,共分 14 个阶段,见表 10-3。

施 工 阶 段 划 分 表 10-3

施工阶段号	施 工 阶 段 描 述
CS1	搭设支架并预压,同时浇筑拱脚及端横梁混凝土,待混凝土达到 100%设计强度后张拉端横梁预应力钢束。在支架上拼装拱肋及横撑,按设计的施工拱轴线坐标调整线形,焊接拱肋钢管,并最终合龙,然后安装系杆及系杆吊架
CS2	泵送拱肋缀板内混凝土
CS3	泵送拱肋下管内混凝土
CS4	泵送拱肋上管内混凝土
CS5	待拱肋混凝土达到 100%设计强度后,张拉系杆中的 N1、N2、N3、N4 束,张拉力均为 1325.0kN
CS6	拱肋脱架
CS7	安装吊杆 N7、N1、N6、N4,吊装 N7、N1、N6、N4 号横梁,张拉系杆中的 N5、N6 束,张拉力均为 1003.4kN
CS8	安装吊杆 N5、N2、N0、N3,吊装 N5、N2、N0、N3 号横梁,张拉系杆中的 N1、N2 束,张拉力均为 1224.0kN
CS9	吊装小纵梁,张拉系杆中的 N3、N4 束,张拉力均为 712.4kN
CS10	安装槽形板,张拉系杆中的 N2、N6 束,张拉力均为 1254.9kN
CS11	现浇跨中部分小纵梁湿接头,桥面板湿接头,施工整体化层,张拉系杆中的 N3、N4、N5、N6 束,张拉力均为 959.0kN
CS12	施工人行道、防撞墙,张拉系杆中的 N1、N2 束。张拉力均为 619.6kN
CS13	施工桥面铺装,张拉系杆中的 N1~N6 束,N1:167.6kN,N2:167.6kN,N3:339.8kN,N4:339.8kN,N5:118.9kN,N6:118.9kN,最终成桥
CS14	收缩徐变 1 000d

拱肋截面由钢管与缀板、缀板内混凝土、下管内混凝土、上管内混凝土四部分组成,由于各部分混凝土灌注的先后不同,组合截面的刚度形成是分阶段的。为了精确模拟钢管内混凝土灌注过程,采用"施工阶段联合截面"功能进行模拟。其要点如下:

(1)按照实际施工顺序将架设钢管和缀板组成的拱肋、注入缀板内混凝土、注入下管内混凝土、注入上管内混凝土分别划分为不同的施工阶段。

(2)按照实际施工持续时间定义注入缀板内混凝土、注入下管内混凝土、注入上管内混凝土等施工阶段。

(3)在"施工阶段联合截面"中定义缀板内混凝土、下管内混凝土、上管内混凝土的龄期为0。

(4)分别定义缀板内混凝土、下管内混凝土、上管内混凝土材料,并分别将材料的"收缩徐变函数"与其"强度函数"进行连接,定义时采用各自的实际理论厚度,该理论厚度系根据管内各部分混凝土的实际截面面积和周长按照现行桥梁设计规范进行计算得到,并在收缩徐变函数定义中人工赋给程序。

(5)定义钢管截面时应注意两点:

①采用数值定义钢管截面时,其高度、宽度尽管不参与计算,只提供图形的直观显示,但其外形轮廓应采用实际截面的外缘高度和宽度的矩形进行定义,因为该外形轮廓影响到组合截面各部分子截面的相对位置。

②各子截面的相对位置,由各子截面形心位置至组合截面外形轮廓的左下角点的距离来确定。

3 分析结果与结论

3.1 结构位移

收缩徐变作用1 000d后,全桥结构竖向变形如图10-4所示,拱肋竖向变形如图10-5所示。拱顶竖向位移为4.9cm(向下),拱脚纵桥向位移为1.7cm(向固定端拱脚方向变位)。

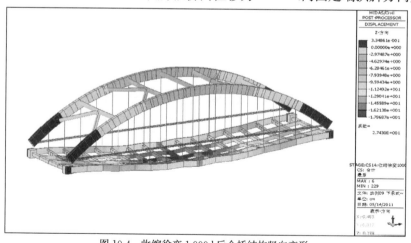

图10-4 收缩徐变1 000d后全桥结构竖向变形

桥面铺装完成后拱顶竖向位移计算值为3.6cm(向下),实测值为3.0cm(向下);拱脚纵桥向位移计算值为1.7cm(向固定端拱脚方向变位),实测值为1.6cm(向固定端拱脚),计算位移与实测位移吻合性较好。导致计算值与实测值出现的微小偏差,主要是由于计算模型中未考虑槽形板等二期恒载对桥面刚度的贡献。另外,计算采用的材料容重与实际情况也存在差异,特别是纵横梁混凝土的容重,计算模型中采用了规范值 $25kN/m^3$,而实际材料容重略大于 $25kN/m^3$。

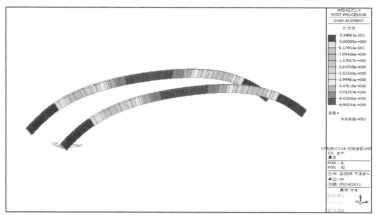

图 10-5 收缩徐变 1 000d 后拱肋的竖向变形

拱顶竖向位移随施工阶段的变化曲线见图 10-6。可以看出,拱肋未脱架前,拱顶位移为 0,待拱肋脱架后至桥面铺装前,拱肋因受到系杆张力的作用,拱顶抬高,说明系杆张力除抵消了恒载外,张拉力稍大,使拱肋产生了上拱,待成桥后,因桥面铺装等二期恒载及收缩徐变的作用,拱肋在拱顶附近区段产生了一定的下挠。拱脚纵向水平位移随施工阶段的变化曲线见图 10-7。

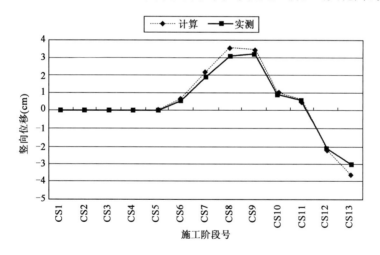

图 10-6 拱顶竖向位移随施工阶段的变化

3.2 拱肋应力

(1)钢管应力

各控制截面钢管上、下缘应力随施工阶段的变化曲线如图 10-8～图 10-10 所示。随着施工阶段的进行,拱肋钢管均以受压为主,钢管内混凝土考虑 3 年收缩徐变作用情况下,拱顶钢管上缘压应力为 120.0MPa,下缘压应力为 80.9MPa;$L/4$ 跨钢管上缘压应力为 93.9MPa,下缘压应力为 83.6MPa;拱脚钢管上缘压应力为 83.1MPa,下缘压应力 145.0MPa。拱肋钢管计算应力均小于钢管材料的设计强度(本桥钢管为 16Mn 钢,其设计强度为 315MPa[1])。

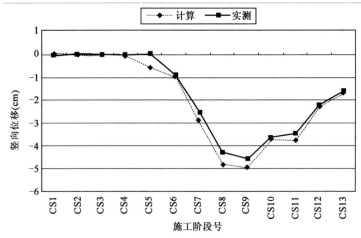

图 10-7　拱脚水平位移随施工阶段的变化

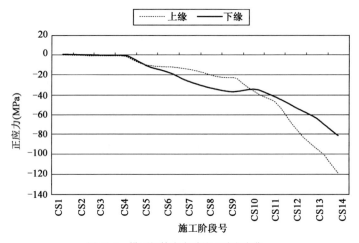

图 10-8　拱顶钢管应力随施工阶段变化

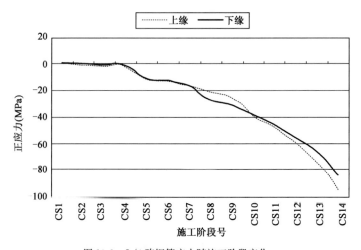

图 10-9　$L/4$ 跨钢管应力随施工阶段变化

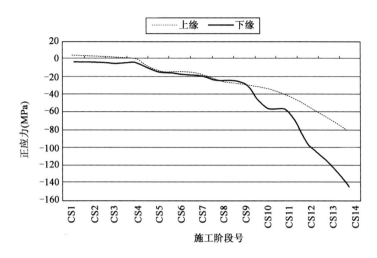

图 10-10　拱脚钢管应力随施工阶段变化

(2) 钢管内混凝土应力

考虑 3 年收缩徐变后，各控制截面钢管内混凝土上下缘应力随施工阶段的变化曲线如图 10-11～图 10-13 所示。拱顶钢管内混凝土应力为：上圆管上缘为 -10.6MPa（压应力），下圆管下缘为 -4.9MPa（压应力）；$L/4$ 跨钢管内混凝土应力为：上圆管上缘为 -8.1MPa（压应力），下圆管下缘为 -6.9MPa（压应力）；拱脚钢管内混凝土应力为：上圆管上缘为 -3.8MPa（压应力），下圆管下缘为 -13.6MPa（压应力）。拱肋钢管内混凝土均处于受压状态，且其压应力数值未超出规范规定的设计强度值（本桥钢管内混凝土标号为 C50，其抗压强度设计值为 28.5MPa[2]）。

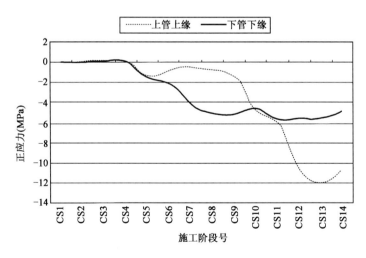

图 10-11　拱顶钢管内混凝土应力随施工阶段变化

(3) 与实测应力对比

表 10-4 列出了桥面铺装完成后，即大桥施工完毕时实测拱肋控制断面的上、下缘钢管及管内混凝土应力与相应的计算值比较结果。可以看出，实测应力与计算应力较为吻合，拱脚断面应力误差稍大，系因计算模型中未考虑拱脚大节点的实际刚度。

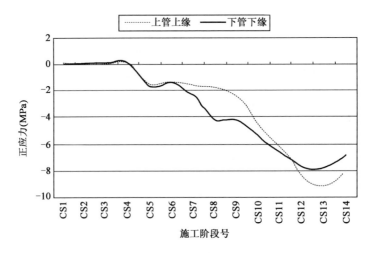

图 10-12 $L/4$ 跨钢管内混凝土应力随施工阶段变化

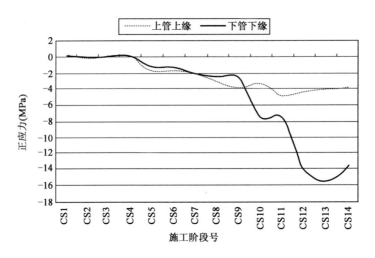

图 10-13 拱脚钢管内混凝土应力随施工阶段变化

拱肋钢管的应力比较（MPa） 表 10-4

测试断面	测点部位	计 算 值	实 测 值
拱顶	钢管上缘	−95.1	−91.3
	钢管下缘	−63.8	−59.8
	上圆管混凝土上缘	−12.0	−8.6
	下圆管混凝土下缘	−5.5	−4.9
$L/4$ 跨	钢管上缘	−73.8	−60.8
	钢管下缘	−66.2	−55.3
	上圆管混凝土上缘	−9.1	−8.2
	下圆管混凝土下缘	−7.8	−6.8

续上表

测试断面	测点部位	计 算 值	实 测 值
拱脚	钢管上缘	−65.6	−58.7
	钢管下缘	−118.0	−108.3
	上圆管混凝土上缘	−4.2	−3.2
	下圆管混凝土下缘	−15.5	−10.3

3.3 吊杆张力

桥面铺装完成后,即成桥状态下,各吊杆的张力见表10-5,计算值与实测值较为接近,平均误差在10%以内。

成桥时的单侧拱片的吊杆张力汇总 表10-5

吊杆编号		计算值(kN)	实测值(kN)	计算/实测
左半桥	N7	1732	1 544	1.09
	N6	2403	2 363	1.02
	N5	2 593	2 402	1.09
	N4	2617	2 289	1.16
	N3	2 605	2 383	1.11
	N2	2 594	2 531	1.04
	N1	2 590	2 341	1.12
N0		2 588	2 416	1.09
右半桥	N1	2 590	2 355	1.12
	N2	2 594	2 572	1.03
	N3	2 606	2 383	1.11
	N4	2 618	2 538	1.05
	N5	2 593	2 500	1.05
	N6	2 399	2 275	1.06
	N7	1 733	1 541	1.09

3.4 系杆张力

成桥状态下,各系杆的张力见表10-6。计算值与实测值较为接近,平均误差在10%以内。

成桥时的系杆张力汇总 表10-6

系杆编号		计算值(kN)	实测值(kN)	计算/实测
上游侧	N1	3 793.9	3 597.0	1.06
	N2	3 783.6	3 678.4	1.04
	N3	3 409.5	3 064.6	1.11
	N4	3 395.2	3 051.4	1.11
	N5	3 941.2	3 544.2	1.14
	N6	3 925.9	3 575.0	1.12
下游侧	N1	3 793.9	3 553.0	1.08
	N2	3 783.7	3 722.4	1.02
	N3	3 409.5	2 904.0	1.17
	N4	3 395.3	3 028.3	1.12
	N5	3 941.2	3 588.2	1.12
	N6	3 925.9	3 421.0	1.17

3.5 结论

本算例的钢管混凝土拱桥结构形式相对简单,分析时侧重于施工过程的模拟,并依据施工监测结果对计算模型的有效性进行了检验,由此得到以下结论:

(1)钢管混凝土拱桥杆件较多,当采用空间梁杆单元建立有限元模型时,对次要构件或附属结构作必要简化是可以的,如桥面板、桥面铺装等,可以简化为恒载。通常做像本例这样的整体计算时适度忽略一些细节是必要的。

(2)"施工阶段联合截面"功能是本例的核心内容。钢管混凝土拱由于截面分阶段形成的特点,采用"联合截面"时可以将钢管部分及各部分混凝土按不同材料和不同截面分别定义,同时考虑拱肋截面沿拱轴线走向的变化可能还要再分段,如拱脚与拱肋跨中截面通常是不同的。所谓联合截面,就是在不同施工阶段分别激活相应部分的截面来模拟拱肋混凝土的浇筑过程,即刚度分阶段形成。

(3)为考虑混凝土收缩徐变的影响,可参照现行桥梁设计规范和具体桥梁的施工图设计文件,选取徐变参数,如混凝土强度标准值、环境的相对湿度、水泥种类、开始收缩时混凝土的材龄等,同时还应分别计算各个划分截面的混凝土的理论厚度。本例中采用了CEB-FIP的规范来进行"时间依存材料"的定义。

(4)边界条件对计算结果影响较大,因此,应按实际情况考虑。本例中,拱脚与系杆的连接,拱脚与端横梁的连接均采用了"弹性连接"中的"刚性"类型,即刚臂。

参 考 文 献

[1] 中华人民共和国国家标准. GBJ 17—1988 钢结构设计规范[S].北京:中国计划出版

社,1989.
[2] 陈宝春. 钢管混凝土拱桥设计与施工[M]. 人民交通出版社,2000.
[3] 中国工程建设标准化协会标准. CECS 28:90 钢管混凝土结构设计与施工规程[S]. 北京:中国计划出版社,1990.
[4] 国家建筑材料工业局标准. JCJ 01—1989 钢管混凝土结构设计与施工规程[S].上海:同济大学出版社,1989.

实例十一
上承式RPC混凝土提篮拱桥

1 桥梁概况

1.1 总体布置

某沟发源山区群山之间,最终汇入白龙江,沟槽较顺直,两岸岸坡高陡,自然坡度约50°,沟谷深切呈"V"字形,常年水面宽3~5m,深0.5~1m,两岸基岩出露,河床为碎石质河床。

本桥为跨越该沟而设,路线与该沟正交,桥址处地形呈"V"形,沟底至桥面高约170m,两岸基岩裸露,故适宜修建一跨而过的拱桥。根据地形及地质情况,最终决定主跨采用192m的上承式提篮拱桥,拱肋材料采用活性粉末混凝土(RPC)。

主拱拱轴系数 m=3.0,矢跨比1/3.5。主拱由两条拱肋与横向连接系组成,两拱肋的拱顶中心距6.4m,拱脚中心距16.0m;拱肋宽4.0m,拱顶高4.0m,拱脚高6.0m;拱肋截面厚度0.15~0.20m。由拱顶向两拱脚方向56m范围内现浇钢筋混凝土板,两拱肋板通过上下现浇钢筋混凝土板连接形成整体,厚为0.30m。

拱上结构为(14+16+16+14)m刚构+2×12m简支梁+40m拱顶框架+2×12m简支梁+(14+16+16+14)m刚构;桥面宽9.36m。0、1、2、3#立柱采用双柱空心墩,其余采用双柱实体墩。

桥梁整体布置及详细构造见图11-1~图11-3。

1.2 计算参数

(1)铁路等级:国铁—Ⅰ级;正线数目:双线。

(2)地震烈度:七度。

(3)主梁、拱顶实腹部分及拱肋之间的现浇板的混凝土强度等级为C50;拱肋及拱肋横撑的混凝土强度等级:RPC(轴心抗压强度180MPa,轴心抗拉强度60MPa);0~3#立柱及横撑的混凝土强度等级为C40;4~6#立柱及横撑的混凝土强度等级为C30。

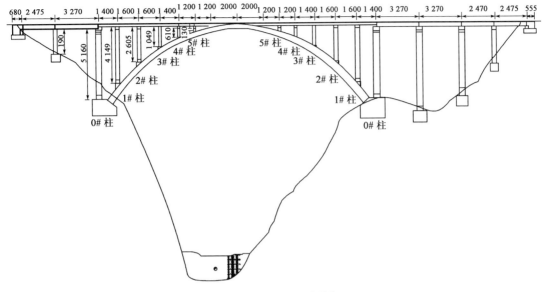

图 11-1 桥型布置图(尺寸单位:cm)

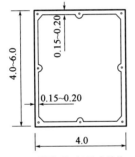

图 11-2 拱肋截面(尺寸单位:m)

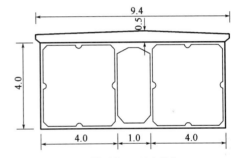

图 11-3 拱顶截面(尺寸单位:m)

(4)双线二期恒载集度为190kN/m,复线桥竖向荷载折减系数为0.90,荷载偏载系数为1.15。

(5)温度效应:均匀温升降按±25℃考虑;温度梯度按《公路桥涵设计通用规范》(JTG D60—2004)第4.3.10条的规定取值。

(6)管道偏差系数 $k=0.0025$。

(7)锚具变形和钢束回缩值6mm。

1.3 施工阶段划分

施工阶段见表11-1。

施工阶段划分说明　　　　　　　　　　表11-1

施工阶段号	施 工 阶 段 描 述
CS1	通过缆索吊将预制的拱肋段连接成整体,施工时间为300d
CS2	通过吊架在已经形成整体的拱肋上现浇钢筋混凝土板(此时现浇板没有刚度,只有重量),施工时间为10d

续上表

施工阶段号	施工阶段描述
CS3	现浇钢筋混凝土板产生刚度,即拱肋参与整体受力,施工时间为50d
CS4	施工0~6#立柱,施工时间为100d
CS5	施工主梁和拱顶实腹段,施工时间为100d
CS6	存梁阶段(考虑一年的存梁),施工时间为360d
CS7	施工二期恒载,施工时间为100d
CS8	运营阶段,施工时间为2580d

2 建模与结果分析

2.1 拱轴线形的优化

拱轴线形的优化是一个反复计算的过程,常用的方法有"5点法"等,优化的目标是尽可能地让恒载压力线与拱轴线重合,从而使拱肋截面处于轴心受压或小偏心受压状态。

本桥最初假定的拱轴系数 m 为 2.4。优化的流程是:首先建立桥梁模型进行计算,然后根据计算结果分析控制截面的内力和偏心情况,调整拱轴系数 m 并修正拱肋坐标,重新计算。通过多次反复计算,最终确定合理拱轴系数 m 为 3。优化后的拱肋参数见表 11-2。

优化后拱肋参数　　表 11-2

参　数	数　值	参　数	数　值
矢高 F_j	54.857 142 86	$L_1=L_j/2$	96
跨度 L_j	192	拱轴系数 m	3
矢跨比 L_j/F_j	3.5	K①	1.762 747 174

注:①K值为拱轴线优化计算过程中的代参数,$K = ch^{-1} m = l_n(m + \sqrt{m^2+1})$。

2.2 静力分析

2.2.1 模型概述

本模型主要是控制结构的强度设计、应力设计以及刚度设计。模型中未考虑拱肋拼装过程中的内力和应力变化,因此施工阶段分析从拱肋形成开始。拱肋、立柱、横撑、盖梁以及主梁采用梁单元模拟,拱肋之间的现浇钢筋混凝土板采用板单元模拟,主梁与立柱、拱肋之间的约束采用主从关系来模拟,现浇钢筋混凝土板与拱肋之间的约束采用弹性连接(刚性连接)来模拟,对实际结构进行离散,全桥共分 1 352 个单元,1 320 个节点。见图 11-4。

2.2.2 建模步骤

采用 midas Civil 软件建模时可根据个人喜好进行操作,该软件的优势之一就是人机交互输入的便捷性,本文仅给出一种建模方式供参考。

(1)在 CAD 里用 LINE 绘制线段,线段的终点选择在截面突变处、支承处、横梁处,拱肋以水平 2m 为一分段,将各截面按 1∶1 000 的比例绘制,然后另存成 dxf 文件;各线段均为截面几何形心的连线,单位以 m 计,然后另存成 dxf 文件。

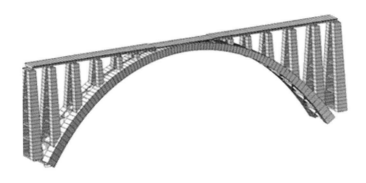

图 11-4 静力分析模型

(2)主梁截面为非标准截面,可借助 midas Civil 软件中的"截面特性值计算器"来生成截面文件,然后导入 midas Civil 模型中,其他标准截面均在截面库中输入参数生成。

(3)运行"工具〉截面特性值计算器",并将单位设置成 m:

在"FILE〉IMPORT〉AUTOCAD DXF"中,选择截面的 dxf 文件,导入。

在"MODEL〉SECTION〉GENERATE"中,选取截面各线段,点"APPLY"生成面。

在"PROPERTY〉CALCULATE"中,选取面,点"APPLY"计算截面特性。

在"MODEL〉SECTION〉EXPORT"中,勾选"MIDAS SECTION FILE",点"APPLY"生成.SEC 文件,如图 11-5 所示。

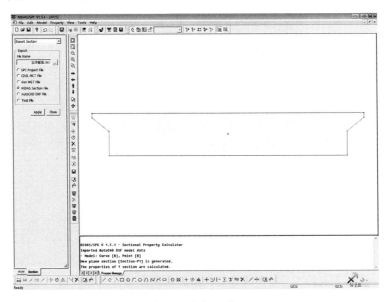

图 11-5 生成 sec 截面

在"文件〉导入〉AUTOCAD〉DXF"文件中,选择前面生成的 dxf 文件,导入模型,见图 11-6。

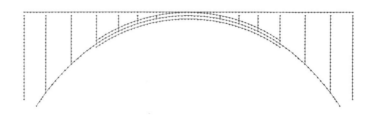

图 11-6 有限元模型离散图

(4)在"右键〉单元〉复制和移动"中,将主梁节点和单元移动 $Dx=0,Dy=8,Dz=0$;

在"右键〉单元〉复制和移动"中,将拱肋节点和单元复制 $Dx=0,Dy=16,Dz=0$,生成另一侧拱肋;鼠标选取拱肋,在"右键〉节点〉重编节点号"的"重编对象"中选"节点和单元",这样拱肋部分的节点和单元编号将按照 x 轴正向依次递增;

在"右键〉节点〉节点表格"中,将优化好的拱肋节点坐标粘贴到节点表格拱肋部分里面,如图 11-7 所示。

节点	X(m)	Y(m)	Z(m)
2	2.000000	15.755541	2.794177
3	4.000000	15.520463	5.481136
5	8.000000	15.077191	10.547757
6	10.000000	14.868400	12.934253
7	12.000000	14.667792	15.227207
8	14.000000	14.475098	17.429714
9	16.000000	14.290057	19.544743
10	18.000000	14.112419	21.575148
11	20.000000	13.941946	23.523666
13	24.000000	13.621581	27.185449
14	26.000000	13.471258	28.903653
15	28.000000	13.327234	30.549856
16	30.000000	13.189315	32.126278
17	32.000000	13.057315	33.635044
18	34.000000	12.931056	35.078191
19	36.000000	12.810368	36.457665
21	40.000000	12.585059	39.032951
22	42.000000	12.480135	40.232237
23	44.000000	12.380174	41.374802
24	46.000000	12.285040	42.462186
25	48.000000	12.194606	43.495857
26	50.000000	12.108749	44.477207
28	54.000000	11.950309	46.288176
29	56.000000	11.877514	47.120236
30	58.000000	11.808867	47.904865

图 11-7 节点表格示意图

在"右键〉节点〉复制和移动"中,将立柱顶部节点移至($Dx=0,Dy=-2.75,Dz=0$);

在"右键〉节点〉复制和移动"中,将立柱顶部节点复制到($Dx=0,Dy=2.75,Dz=0$),同理将 0 号立柱底部节点先移至($Dx=0,Dy=-8,Dz=0$),再复制到($Dx=0,Dy=8,Dz=0$);

(5)利用顶、底部节点建立立柱单元,按照设计图拱肋横撑的位置建立拱肋横撑单元。

(6)利用鼠标选取需要细分单元,在"右键〉单元〉分割"中,指定分割分数来细分单元。

按照设计图立柱横撑的位置建立立柱横撑单元;选取 3# 立柱之间的拱肋及横撑的节点和单元,其余均钝化。

在"右键〉节点〉复制和移动"中,将所选节点复制到($Dx=0,Dy=0,Dz=-2$)、($Dx=$

$0, Dy=0, Dz=2)$,利用生成的节点再进行复制,为建立板单元做准备(现浇钢筋混凝土板);

在"右键>单元>建立"中,建立板单元,如图11-8所示。

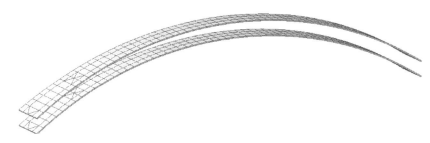

图11-8 板单元模型示意图

鼠标全选,"右键>节点>重编节点号",在"重编对象"中选"节点和单元",这样节点和单元编号沿 x 轴方向依次递增;

> **要点及提示**:由于拱轴线形需要反复优化才能找到合理的拱轴线,节点表格输入对于替换拱肋节点优化后坐标很有帮助,便于优化设计。

在"模型>材料与截面特性>材料"中,选用 midas Civil 数据库的规范 JTG04 中的 C50、C40、C30 作为普通混凝土的材料属性,RPC 混凝土材料特性采用自定义。

注:RPC 是英文 Reactive Pour Concrete(活性粉末混凝土)的缩写,是一种以活性粉末、钢纤维等为主的新型材料;根据试验资料可知,轴心抗压强度高达 180~200MPa,轴心抗拉强度高达 60MPa,弹性模量约为 $4.2 \times 10^5 \sim 4.5 \times 10^5$ MPa。

在"模型>材料与截面特性>截面>添加>PSC>PSC 数值"中,选取前面生成的 SEC 文件导入。

在"模型>材料与截面特性>截面>添加>变截面"中,定义拱肋、0~3#立柱的变截面。
在"模型>材料与截面特性>截面>添加>数据库/用户"中,定义4~6#立柱、横撑的截面。
在"模型>材料与截面特性>变截面组"中,给拱肋、0~3#立柱赋予变截面特性。
通过 midas Civil 软件的拖放功能赋予各单元材料特性、截面特性。
在"模型>材料与截面特性>时间依存性材料(徐变/收缩)"中,选用JTG D62—2004 规范,输入混凝土强度等级、相对湿度、构件理论厚度和混凝土龄期。
在"模型>材料与截面特性>时间依存性材料连接"中,选用"C50、C40、C30、RPC"。

> **要点及提示**:①不考虑施工阶段混凝土强度变化,仅考虑混凝土收缩徐变特性;②根据RPC混凝土的试验资料可知,RPC混凝土的收缩徐变数值约为普通混凝土的一半,由于本次分析不考虑拱肋合拢前的工况,故先按普通混凝土的收缩徐变规律计算。

在"模型>材料与截面特性>修改单元依存材料特性"中,选用"中国标准"、"自动计算"。
在"模型>组"中,依次定义结构组、边界组、荷载组。
在"模型>边界条件"中,依次定义结构边界条件。

在"荷载>静力荷载工况"中,依次建立自重、实腹段填料、二期恒载、整体升温、整体降温、日照温差、拱肋之间现浇板重量工况。

在"荷载>自重/节点荷载/梁单元荷载/温度荷载"中,依次添加各静力荷载。

在"荷载>施工阶段分析数据>定义施工阶段"中,根据前面施工阶段划分依次建立各施工阶段。

在"荷载>移动荷载分析数据>移动荷载规范/车道/车辆/移动荷载工况"中,根据设计资料依次输入中—活载信息。

> **要点及提示**:①考虑中—活载的偏载系数;②双线荷载时的折减系数为 0.9。

在"分析>移动荷载分析控制"中,根据设计资料输入冲击系数等信息。

在"分析>施工阶段分析控制"中,根据界面提示输入施工控制等信息。

2.2.3 结果分析

从静力分析的结果可以看出,拱肋截面应力和刚度均满足规范要求,并且应力水平远低于 RPC 材料的容许值,见图 11-9～图 11-13、表 11-3 和表 11-4。

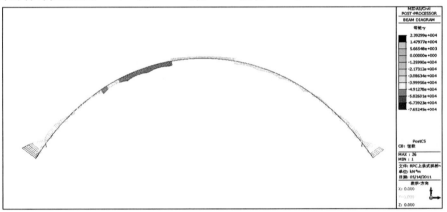

图 11-9　恒载作用下顺桥向弯矩

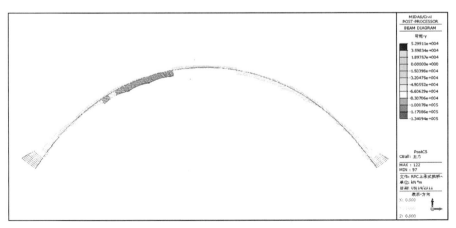

图 11-10　主力作用下顺桥向弯矩

实例十一　上承式RPC混凝土提篮拱桥

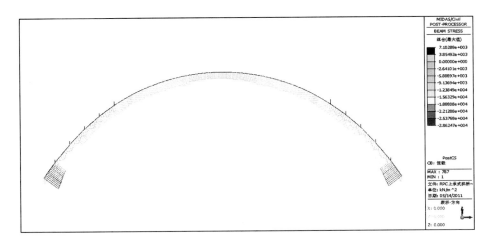

图 11-11　恒载作用下正应力

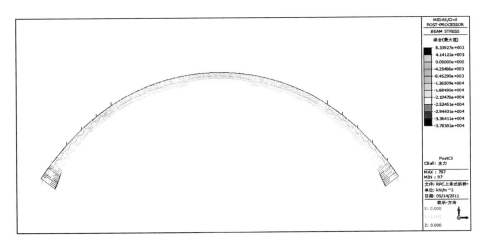

图 11-12　主力作用下正应力

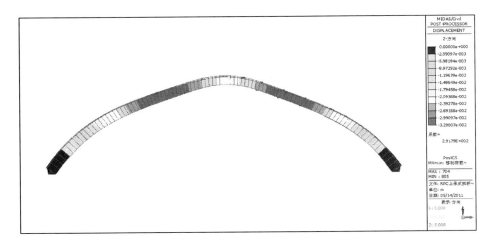

图 11-13　双线中—活载作用下竖向位移图

内 力 一 览 表　　　　　　　　　　表 11-3

单 元	荷 载	位 置	轴向 (kN)	剪力－z (kN)	弯矩－y (kN·m)
97(拱脚)	恒载	I	−85 303.30	−4 381.26	−76 524.51
145(拱顶)	恒载	I	−24 402.07	63.01	−6 204.16
97(拱脚)	主力(最大)	I	−8 5297.47	−1 818.23	−14 382.85
97(拱脚)	主力(最小)	I	−98 418.36	−6 529.15	−134 093.71
145(拱顶)	主力(最大)	I	−23 392.93	1 957.84	5 221.14
145(拱顶)	主力(最小)	I	−27 802.16	−1 496.24	−11 257.14

截面正应力一览表（受压为负，受拉为正）　　　　　表 11-4

单元	荷载	位置	Cb1(−y+z) (kN/m²)	Cb2(+y+z) (kN/m²)	Cb3(+y−z) (kN/m²)	Cb4(−y−z) (kN/m²)
97(拱脚)	恒载	I	−1.10E+004	−8.14E+003	−2.58E+004	−2.86E+004
145(拱顶)	恒载	I	−6.82E+003	−6.82E+003	−9.95E+003	−9.95E+003
97(拱脚)	主力(最大)	I	−6.82E+003	−2.45E+003	−2.03E+004	−2.19E+004
97(拱脚)	主力(最小)	I	−1.88E+004	−1.71E+004	−3.34E+004	−3.78E+004
145(拱顶)	主力(最大)	I	−6.36E+003	−6.30E+003	−6.74E+003	−6.99E+003
145(拱顶)	主力(最小)	I	−9.79E+003	−9.47E+003	−1.20E+004	−1.21E+004

2.3 动力分析

2.3.1 模型概述

本模型主要是分析结构自振频率和周期，控制结构整体刚度；分析结构在地震力作用下的内力和应力情况，确保结构抗震设计满足《铁路工程抗震设计规范》(GB 50111—2006)(2009 年版)的要求。

动力分析模型与静力分析模型的区别主要是增加了质量数据，并且二者施加的荷载有所不同。反应谱分析按照规范反应谱、7 度区 II 类场地进行。

2.3.2 建模步骤

本模型可通过对静力分析模型修改得到。

在"树形菜单〉组"中，将所有的结构组、边界组、荷载组删除。

在"树形菜单〉工作〉分析控制数据"中，将移动荷载分析数据、施工阶段分析删除。

在"树形菜单〉工作〉特性值"中，将时间依存材料(C 和 S)、时间依存性材料连接、修改单元依存材料特性值删除。

在"树形菜单〉工作〉静力荷载"中，将整体升温、整体降温、桥面日照温差删除。

在"树形菜单〉工作〉移动荷载分析"中，将移动荷载规范、车道、车辆、移动荷载工况删除。

在"树形菜单〉工作〉施工阶段"中，将所有施工阶段删除。

在"模型〉结构类型"中，将结构自重转换成质量，见图 11-14。

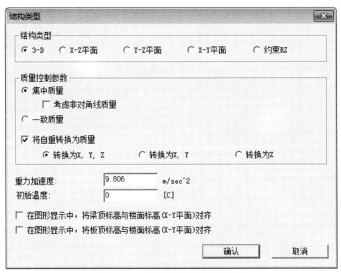

图 11-14 将结构自重转换为质量

在"模型〉质量〉将荷载转换成质量"中,将实腹段填料荷载、二期恒载转换成质量,见图 11-15。

图 11-15 将荷载转换成质量

在"荷载〉反应谱分析数据〉反应谱函数"中,输入七度区 II 类场地的反应谱参数,见图 11-16。

在"荷载〉反应谱分析数据〉反应谱荷载工况"中,输入顺桥向地震、横桥向地震的荷载工况,见图 11-17。

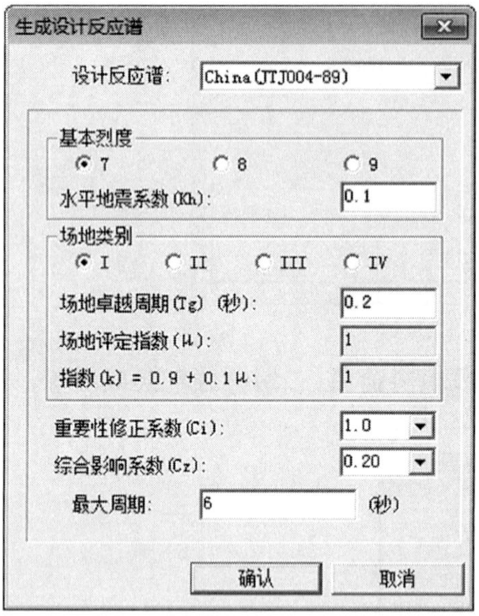

图 11-16　定义设计加速度反应谱曲线

图 11-17　定义反应谱荷载工况

在"分析>特征值分析控制"中，输入需要计算振型阶数等参数，见图 11-18。

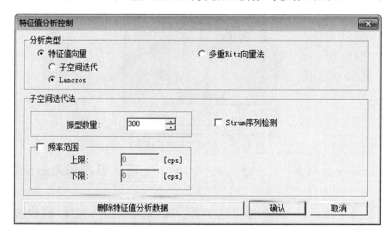

图 11-18　定义特征值分析控制数据

在"分析>反应谱分析控制"中,输入反应谱的振型组合方法,见图 11-19。

图 11-19 定义模态组合控制

2.3.3 结果分析

从动力特性及反应谱分析的结果可以看出,由于 RPC 混凝土强度高,结构的截面尺寸小,所以远比使用普通混凝土结构轻巧。质量的减少导致结构周期降低,地震荷载减小。见图 11-20～图 11-25、表 11-5 和表 11-6。

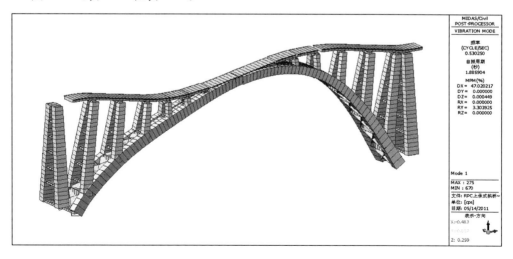

图 11-20 第一阶振型图(拱肋顺桥向振动)

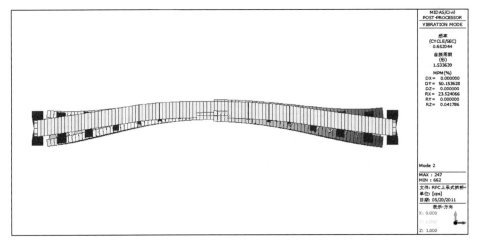

图 11-21　第二阶振型图（拱肋横桥向振动）

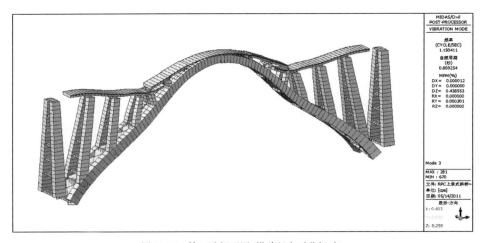

图 11-22　第三阶振型图（拱肋竖向对称振动）

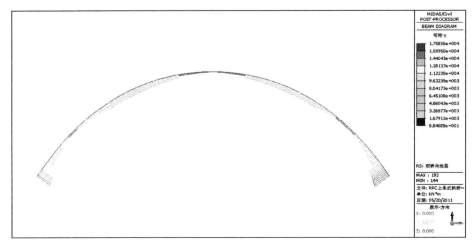

图 11-23　顺桥向地震弯矩图

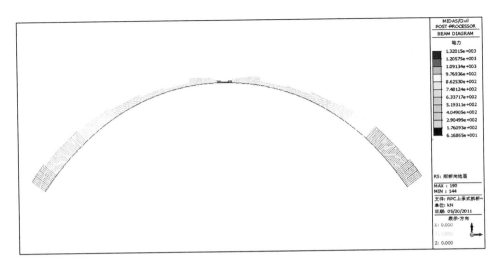

图 11-24　顺桥向地震轴力图

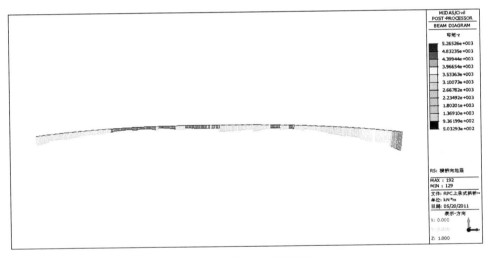

图 11-25　横桥向地震弯矩图

注：在多遇地震作用下，应采用场地或规范反应谱进行线性多模态反应谱分析，计算结构的内力和变形。因为是采用振型叠加原理计算动力效应，在分析中所考虑的自由度数和振动模态数应确保在纵向和横向获得不小于90%的质量参与系数。

自 振 特 性　　　　　　　　　　　表 11-5

振型编号	频率（Hz）	周期（s）	振型描述
1	0.530 250	1.885 904	拱肋顺桥向振动
2	0.652 044	1.533 639	拱肋横桥向振动
3	1.150 411	0.869 254	拱肋竖向对称振动
4	1.267 658	0.788 856	拱肋横向反对称振动
5	1.695 534	0.589 785	0#立柱顺桥向振动

截面地震内力 表11-6

单元	荷载	位置	轴向（kN）	剪力—z（kN）	弯矩—y（kN·m）	弯矩—z（kN·m）
97（拱脚）	顺桥向地震	I	1 198.01	581.13	15 293.87	830.77
145（拱顶）	顺桥向地震	I	71.52	252.35	308.11	0.02
97（拱脚）	横桥向地震	I	5 671.04	725.34	4 921.85	2 562.36
145（拱顶）	横桥向地震	I	1 128.56	43.54	43.73	1 817.97

本桥拱上立柱桥墩为高墩，特别是拱脚处及附近的立柱，刚度要求更为控制设计。

1958年11月第一次高墩会议提出，高墩应检算自振周期，并规定：

$$T \leqslant 0.25\sqrt{H}$$

式中：T——桥墩基本自振周期，s；

H——桥墩高，m。

当柔性墩的刚度在常规范围内时，第一振型（频率最小的振型）为墩顶位移最大。柔性墩的顺桥向及横桥向自振频率的容许值规定如下：

$$f > \frac{5}{\sqrt{H}}$$

式中：f——计算的墩身自振频率（桥上无活载），Hz；

H——墩身高度，m。

在此基础上，为将刚度设计控制具体化，铁道部建设司就南昆四桥发文规定：第一阶横向周期不大于1.7s。本桥的第一阶横向周期小于1.7s，满足铁路桥梁结构横向刚度要求。

2.4 稳定分析

2.4.1 模型概述

本模型主要是计算结构的稳定安全系数，可以在动力分析模型基础上修改得到。

2.4.2 建模步骤

在"树形菜单〉工作〉分析控制数据"中，将特征值分析、反应谱分析删除。

在"树形菜单〉工作〉质量"中，将实腹段填料荷载、二期恒载删除。

在"树形菜单〉工作〉反应谱分析"中，将反应谱参数、反应谱荷载工况删除。

> **要点及提示**：目前工程界关于屈曲分析中的荷载工况组合有两种做法：一是将恒载作为不变荷载，活载作为可变荷载（G+kP），适用于活载占总荷载比重较小的结构；二是将恒载、活载均作为可变荷载 k(G+P)，适用于活载占总荷载比重较大的结构；由于本拱桥属于大跨偏压结构，活载所占比重较大，故采用方法二来分析。

在"模型〉结构类型"中，将结构自重转换成质量取消，见图11-26。

在静力分析模型中，利用"结果〉移动荷载追踪器"将拱脚、拱顶的弯矩（轴力）最大时对应的移动荷载布置提取出来，形成MCT文件，见图11-27。

然后在稳定分析模型中，在"工具〉MCT命令窗口"中，将前面利用移动荷载追踪器形成的 MCT 文件导入并运行,见图 11-28,生成相应的静力荷载工况。

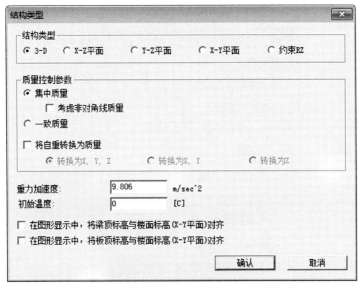

图 11-26 定义结构类型数据

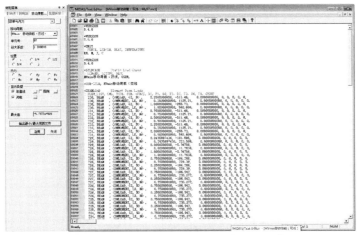

图 11-27 利用移动荷载追踪器生成 MCT 文件

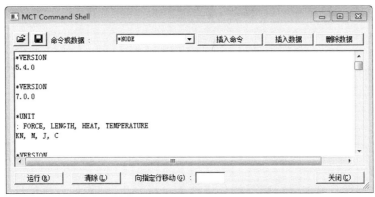

图 11-28 导入 MCT 文件

在"分析〉屈曲分析控制"中,输入需要计算的屈曲模态数、定义屈曲分析荷载工况,见图11-29。

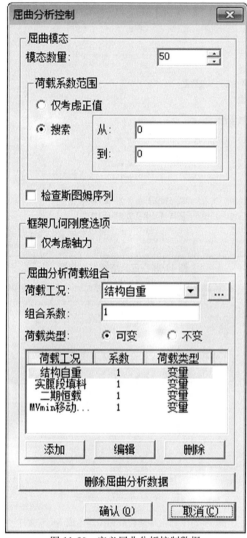

图 11-29 定义屈曲分析控制数据

2.4.3 结果分析

从稳定分析模型的计算结果可以看出,拱肋的稳定安全系数远远大于规范规定的 4~5,故本结构在正常使用荷载作用下不会存在结构失稳的问题。见图 11-30 和图 11-31。

2.5 结论

(1)从静力模型的分析结果可以看出,结构的正截面强度、应力和刚度均满足规范要求,并且具有一定的安全储备。

(2)从动力特性及地震分析模型的分析结果可以看出,结构的自振特性满足相关规定要求,强度和应力均满足《铁路工程抗震设计规范》(GB 50111—2006)的要求。

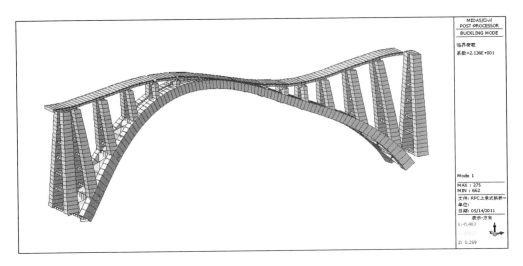

图 11-30　屈曲模态一(主拱顺桥向一阶弯曲屈曲)

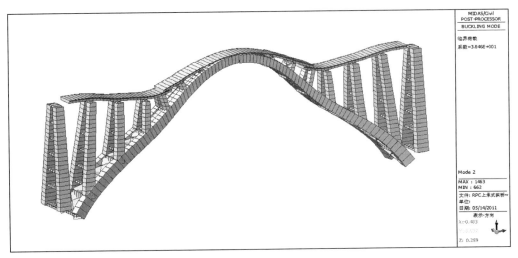

图 11-31　屈曲模态二(主拱竖向一阶弯曲屈曲)

(3)从稳定分析模型的分析结果可以看出,结构的稳定系数远大于4～5,故本结构在正常使用荷载作用下,不存在整体失稳的问题。

(4)主体结构若采用普通混凝土材料,结构自重将大幅增加,结构动力特性和地震力都将控制设计。而采用 RPC 混凝土材料,不仅弥补了常规混凝土材料的缺点,还具有钢质材料的强度,同时没有钢结构后期昂贵的养护费用,故 RPC 混凝土材料在实际工程领域有着广阔的应用前景。

参 考 文 献

[1] 王建瑶.拱桥[M].北京:人民交通出版社,2000.
[2] 王国鼎.桥梁计算示例集(拱桥(一))[M].北京:人民交通出版社,1995.
[3] 杜国华.桥梁结构分析[M].北京:同济大学出版社,1994.

［4］范立础.大跨度桥梁抗震设计［M］.上海:人民交通出版社,2001.

［5］铁道部第三勘测设计院译.日本铁路结构设计标准和解释(混凝土结构)［S］.天津:铁道部第三勘测设计院,1996.

［6］铁道部第一勘测设计院.铁路工程设计技术手册(涵洞与拱桥)［M］.兰州:铁道部第一勘测设计院,1994.

实例十二

梁拱组合体系桥

1 桥梁概况

1.1 总体布置

常州阳湖大桥(又名丽华大桥)是京杭运河常州市区改建工程中新建11座景观桥梁之一,该桥位于常州市武进区,主桥采用35m+108m+35m=178m的V腿单肋系杆拱桥,斜桥正做一跨过河。边跨跨越改建后的312国道。该桥由江苏省交通规划设计院设计,同济大学建筑设计研究院设计咨询,中铁二十一局施工。全桥已于2006年7月建成通车。

主桥为V腿刚构与系杆拱组成的组合体系拱桥,边跨采用V腿刚构,主跨为单榀拱肋钢箱系杆拱,通过钢箱混凝土拱脚与V腿刚构连接成一体。主桥总体布置图见图12-1。

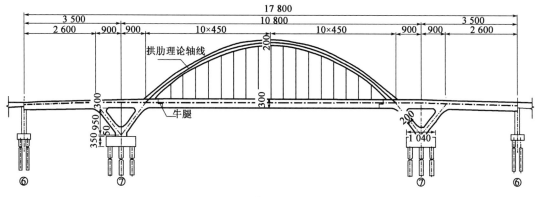

图12-1 主桥总体布置图(尺寸单位:cm)

1.2 主要技术标准

(1)道路等级:城市主干道,计算行车速度60km/h;
(2)设计荷载:公路－Ⅰ级;人群荷载3.5kN/m²;

（3）抗震设防标准：基本烈度Ⅶ度，工程区域地震动峰值加速度为0.10g；

（4）桥梁横断面（主桥）：1.75m（人行道）+3m（非机动车道）+0.5m（护栏）+11.5m（机动车道）+3m（拱肋和分隔带）+11.5m（机动车道）+0.5m（护栏）+3m（机动车道）+1.75m（人行道）=36.5m；

（5）桥面坡度：纵坡不大于3.5%，横坡2%。

2 建模要点

2.1 计算模型概况

按照设计图纸，建立的全桥计算模型如图12-2和图12-3所示，模型中共有节点120个，单元136个。模型考虑了主桥全部上部结构以及V腿，下部结构的主墩桩基和边墩立柱、支座等通过边界条件来模拟。

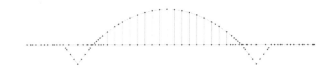

图12-2 全桥计算模型

图12-3 全桥几何模型

2.2 材料、单元与截面

（1）材料

模型使用到的材料按照图纸和相关规范取用，建模均使用midas Civil内嵌的材料数据库中的材料。主要材料参数见表12-1。

材 料 特 性 表   表12-1

编号	材料名称	应用构件	弹性模量（MPa）	泊松比	线膨胀系数	比重（kN/m³）
1	C50混凝土	主梁、V腿	3.45E+04	0.2	1.00E-05	2.50E+01
2	Q345c钢	拱肋	2.06E+05	0.3	1.20E-05	7.70E+01
3	高强钢丝	吊杆	2.05E+05	0.3	1.20E-05	7.85E+01
4	钢绞线	主梁和V腿预应力、系杆	1.95E+05	0.3	1.20E-05	7.85E+01
5	精轧螺纹钢筋	V腿预应力	2.0E+05	0.3	1.20E-05	7.85E+01

(2)单元类型

计算模型中主拱肋、主梁、V腿使用"空间梁单元"模拟,吊杆和系杆采用"桁架单元"模拟。

(3)截面

主拱肋为带肋钢箱,截面2m×2m,钢箱板厚为24～32mm。使用软件"模型>材料和截面>截面"中的"数据库/用户"中的"带肋箱型"的截面类型,输入参数建立截面。

主拱肋在拱脚位置的箱高加大,并填充C50混凝土,使用软件"模型>材料和截面>截面"中的"组合截面"中的"钢箱形—砼"的截面类型,输入参数建立截面。

主梁为预应力混凝土箱形截面,分为边跨主梁和中跨主梁两种,使用软件"模型>材料和截面>截面"中的"设计截面"中的"单箱多室2"的截面类型,输入参数建立截面。

V腿(实心矩形截面)、吊杆和系杆等亦使用软件自带截面类型,输入参数建立截面。

2.3 边界条件

(1)外部边界条件

外部边界条件是指模型与外部的连接情况,即主墩承台底和边墩支座处的约束模拟。在边跨梁端部支座位置使用"一般支承"模拟。主墩承台底节点使用"节点弹性支承"模拟。根据《公路桥涵地基与基础设计规范》(JTG D63—2007),按"m法"计算主墩承台底(桩柱底置于非岩石类土上)的等效弹簧刚度,见表12-2;对于竖向等效弹簧刚度SD_z定为1.0e+008(kN/m)(不考虑竖向位移的影响)、对于面外的等效扭转刚度SR_x定为1.0e+011(kN·m/rad)。

基础的等效弹簧刚度　　　　　　表12-2

方向	等效弹簧刚度	方向	等效弹簧刚度
顺桥向SD_X	3.191e+006(kN/m)	顺桥向SR_Y	3.051e+008(kN·m/rad)
横桥向SD_Y	3.191e+006(kN/m)	横桥向SR_Z	1.415e+009(kN·m/rad)

(2)内部边界条件

内部边界条件指边跨主梁和中跨主梁牛腿上的支座,根据支座类型,使用软件的"释放梁端约束"功能释放相应梁单元端部的自由度来进行模拟。

2.4 作用与作用效应组合

根据《公路桥涵设计通用规范》(JTG D60—2004)考虑以下作用:

(1)永久作用

①结构重力(包括结构附加重力):附加重力(即二期恒载)按照相应位置以"梁单元荷载"加载到主梁单元上。

②预加力:包括吊杆力、系杆力和预应力钢束引起的预应力荷载。对于吊杆力根据图纸上提供的张拉力,使用软件的"预应力荷载>初拉力荷载"来模拟,对于主梁和V腿中的预应力(包括钢绞线和粗钢筋)以及系杆力按照设计图纸提供的参数建立预应力钢束,全桥共有616根钢束。

③混凝土徐变、收缩作用:使用软件中的"模型〉材料和截面〉时间依存性材料(徐变/收缩)"模拟。

④基础变位作用:按照瞬时 0.5cm 考虑边墩、主墩沉降,变位位置按最不利情况组合。

(2)可变作用

①汽车荷载:公路—Ⅰ级车道荷载,按双向六车道考虑横向折减系数。

②汽车冲击力:根据结构特征值分析结果,结构基频按 1.4Hz 考虑,由此得到冲击系数为 0.05。

③人群荷载:按 3.5kPa 考虑,非机动车道上荷载按人群荷载考虑。

④温度作用:分别使用软件的"系统温度"和"梁截面温度"功能考虑整体变温和桥面板非线性升降温。

(3)偶然作用

偶然作用考虑地震作用。计算方法采用反应谱分析方法,SRSS 振型组合方法。地震荷载参数如下:

①重要性修正系数:C_i=1.7。

②综合影响系数:0.25。

③水平地震系数:K_h=0.2。

④动力放大系数:根据地质报告,属于 Ⅲ 类场地。

地震荷载工况分别考虑顺桥向和横桥向两个方向的水平地震荷载。

(4)作用组合

使用软件后处理中"自动生成"荷载组合功能定义结构验算的作用组合,共 78 个组合,同时为了抗裂验算需要,按照全预应力结构自定义了 10 种组合。

2.5 施工阶段模拟

主桥采用先拱后梁的施工方法,按照设计图纸建立了 11 个施工阶段,见表 12-3。

施 工 阶 段 划 分 表 12-3

阶 段 号	阶 段 描 述
CS1	支架施工 V 形腿,张拉 V 形腿预应力
CS2	支架施工 V 形腿上的主梁和拱脚
CS3	支架施工边跨主梁、合拢,张拉边跨主梁预应力
CS4	边跨预应力灌浆,拆除边跨主梁剩余支架
CS5	支架施工中跨主梁,张拉中跨主梁预应力
CS6	架设主拱肋,张拉系杆力到 280tonf
CS7	安装并张拉全部吊杆,吊杆初张力为 300tonf
CS8	拆除主梁支架,调整吊杆力到设计索力,张拉系杆力到 2 800tonf
CS9	施工桥面铺装和附属设施,调整吊杆力到设计索力,张拉系杆力到 3 371.7tonf
CS10	收缩徐变 1 年
CS11	收缩徐变 3 年

3 结果分析

3.1 构件承载能力极限状态验算

根据全桥结构分析得到的结果,对上部结构主要构件进行承载力极限状态验算。主梁和V形腿等预应力混凝土构件按照《公路钢筋混凝土及预应力混凝土设计规范》(JTG D62—2004)规定的持久状况承载能力极限状态进行承载力验算,其中桥梁安全等级取为一级(一级公路上的重要大桥)。

承载能力作用效应组合(基本组合和偶然组合)的包络内力设计值如图12-4～图12-7所示(图中效应未计入结构重要性系数 $\gamma_0=1.1$)。

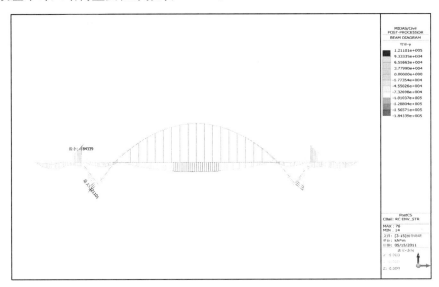

图12-4 顺桥向弯矩包络设计值(kN·m)

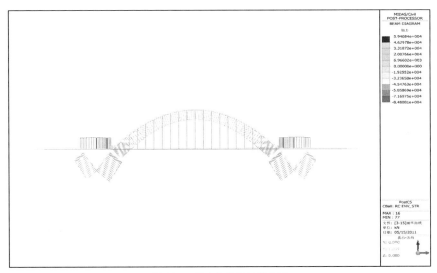

图12-5 轴力包络设计值(kN)

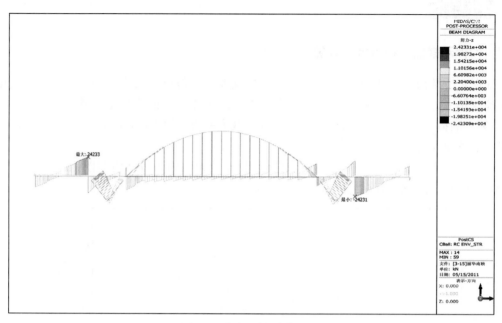

图 12-6　剪力包络设计值(kN)

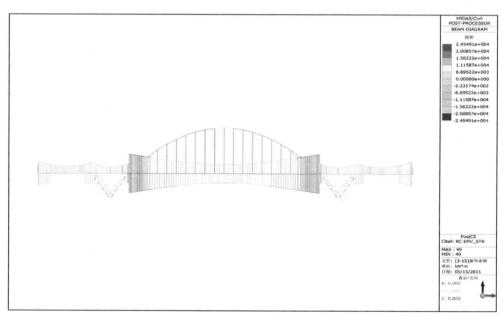

图 12-7　扭矩包络设计值(kN·m)

对于主梁和 V 形腿等预应力混凝土结构使用软件的"PSC 设计"功能进行承载力(抗弯、抗剪和抗扭)验算,软件可以自动给出验算结果。图 12-8 和图 12-9 分别给出了"主梁最大弯矩 $\gamma_0 M_d$ 及其对应截面抗力 M_n"和"主梁最小弯矩 $\gamma_0 M_d$ 及其对应截面抗力 M_n"。图 12-10 为主梁所有验算点的"斜截面剪力 $\gamma_0 V_d$ 及其对应截面抗力 V_n",剪力 $\gamma_0 V_d$ 以绝对值表示。此外,主梁在活载偏心作用下会产生扭矩,截面抗扭承载力验算示于图 12-11。

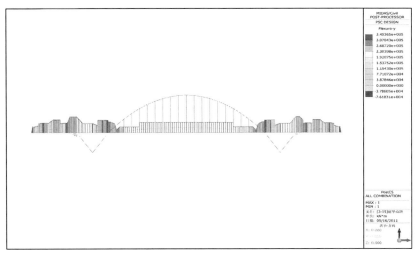

图 12-8　主梁最大弯矩及其对应截面抗力(kN·m)

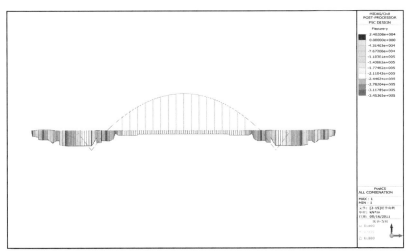

图 12-9　主梁最小弯矩及其对应截面抗力(kN·m)

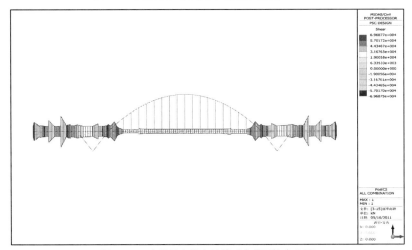

图 12-10　主梁最大剪力及其对应截面抗力(kN)

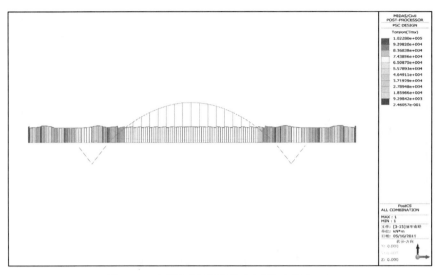

图 12-11　主梁最大扭矩及其对应的抗力(kN·m)

3.2　构件正常使用极限状态验算

(1) 混凝土正截面抗裂和斜截面抗裂验算

本桥按照 A 类预应力混凝土构件进行设计。图 12-12 和图 12-13 为主梁正截面抗裂验算结果,图 12-14 为斜截面抗裂验算结果。其中有部分单元的应力结果超出规范规定,主要是斜腿或者拱肋与主梁连接刚度集中区域的局部应力,设计时一般可以忽略,局部可通过加密配筋提高截面抗裂性能。

(2) 挠度验算

通过后处理的"位移"查看结构变形情况,成桥时(施工阶段 9)主拱肋和主梁挠度如图 12-15 所示,可以看到主梁在设计吊杆张拉力作用下能够"脱离支架",并产生最大 8.4cm 的上拱度。正常使用短期效应组合下主拱肋和中跨主梁挠度如图 12-16 所示。

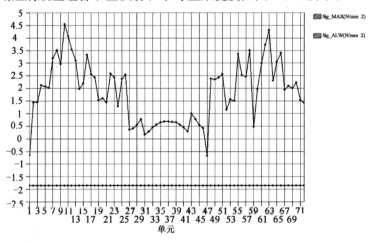

图 12-12　主梁正截面抗裂验算(短期组合)(MPa)

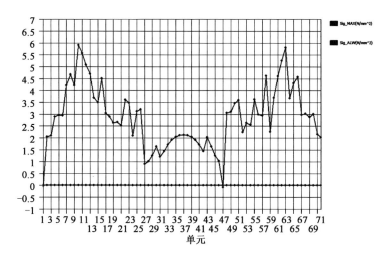

图 12-13　主梁正截面抗裂验算（长期组合）（MPa）

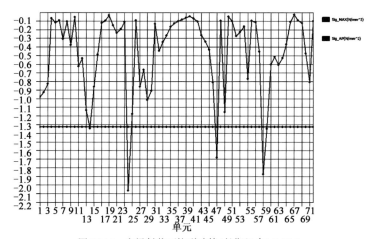

图 12-14　主梁斜截面抗裂验算（长期组合）（MPa）

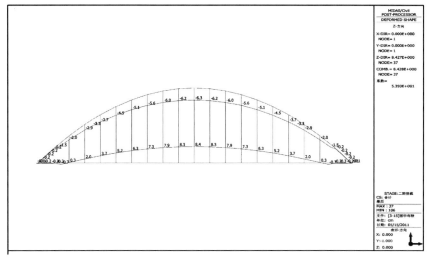

图 12-15　成桥时主梁和主拱肋计算挠度（cm）

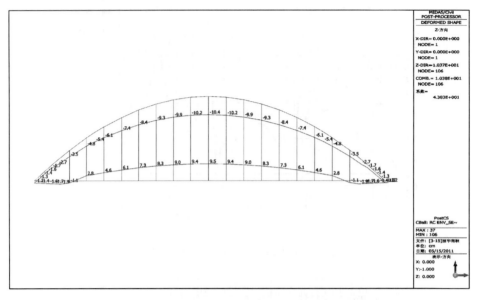

图 12-16 正常使用短期效应组合下主梁和主拱肋计算挠度(cm)

3.3 构件弹性阶段应力验算

(1)混凝土正截面法向压应力和斜截面主压应力验算

通过软件自动生成的作用组合查看弹性阶段混凝土截面的应力分布情况,图 12-17~图 12-20 给出了主梁和 V 形腿混凝土上下缘法向压应力和斜截面最大主压、主拉应力分布(注,对 V 形腿,上缘和下缘是相对概念)。

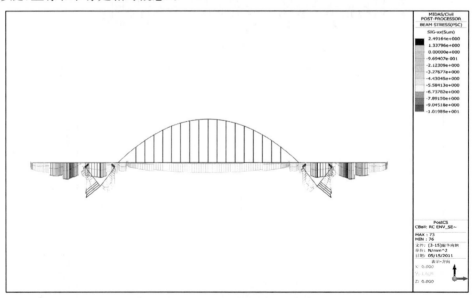

图 12-17 主梁和 V 形腿上缘正应力分布(MPa)

实例十二 梁拱组合体系桥

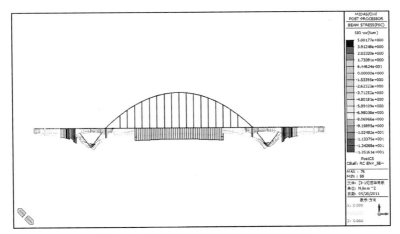

图 12-18 主梁和 V 形腿下缘正应力分布(MPa)

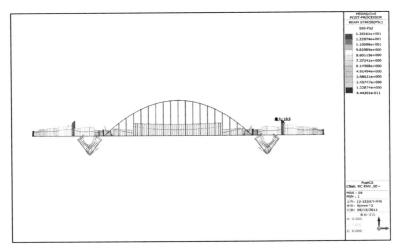

图 12-19 主梁和 V 形腿主压应力分布(MPa)

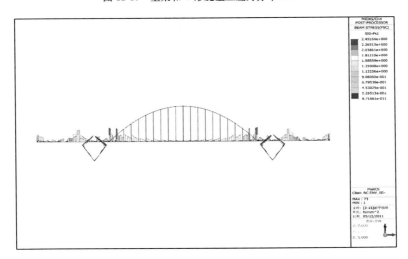

图 12-20 主梁和 V 形腿主拉应力分布(MPa)

正截面混凝土的最大法向压应力 σ_{cc}(10.2MPa)和最大主压应力 σ_{cp}(13.5MPa)均满足规范 $\sigma_{cc} \leqslant 0.5 f_{ck}$,$\sigma_{cp} \leqslant 0.6 f_{ck}$ 的要求。

对于主拉应力验算表明,大部分位置能够达到 $\sigma_{tp} \leqslant 0.5 f_{tk}$ 的要求,对于局部(主要是V形腿上梁段和中跨主梁支点附近梁段)应力不满足 $\sigma_{tp} \leqslant 0.5 f_{tk}$ 的区段,其箍筋间距为10cm,满足规范对箍筋间距的要求。

(2)受拉区预应力钢束最大拉应力验算

通过查看"PSC 设计结果表格"可以对预应力钢束的应力进行验算,结果见表12-4。

预应力钢束最大拉应力验算(MPa)　　　　　表12-4

位置	钢束	σ_{dl}①	σ_{pe}②
边跨主梁	D1	1 110	1 193
	D2	1 138	1 225
	D3	1 117	1 182
	D4	1 138	1 224
	T1	1 145	1 220
	T2	1 128	1 180
	T3	1 146	1 207
中跨主梁	M1	1 226	1 221
	M2	1 134	1 172
	M3	1 093	1 212

注:① σ_{dl}:施工阶段最大应力(即成桥初期应力)。
　② σ_{pe}:使用阶段最大应力。

部分钢束的应力超过了规范规定的容许值1 209MPa,超出幅度在1%左右。

通过查看"分析结果表格"中的预应力钢束结果,可以得到预应力钢束的延伸量和损失等相关信息。表12-5给出了钢束延伸量结果。

钢束延伸量　　　　　表12-5

位置	钢束	理论长度(cm)	总延伸量(cm)	延伸率(%)
边跨主梁	D1	1819.5	12.27	0.674
	D2	4826.7	31.94	0.662
	D3	2098.3	13.91	0.663
	D4	4534.5	29.84	0.658
	T1	4822.2	32.03	0.664
	T2	2164.4	14.75	0.681
	T3	3920.2	26.17	0.668
中跨主梁	M1	5 708.4	36.85	0.646
	M2	7 398.2	52.05	0.699
	M3	7 400.9	51.23	0.692

(3)拱肋应力验算

图12-21和图12-22分别给出了主拱肋钢箱弹性阶段上缘和下缘最大压应力分布。主拱

肋钢箱部分上缘最大应力为 203.2MPa,下缘最大应力为 186.3MPa,拱脚填充混凝土部分的钢箱应力较低,上缘 67.4MPa,下缘 67.3MPa。参照《公路桥涵钢结构及木结构设计规范》(JTJ 025—1986)中的 16Mn 钢的容许应力,主拱肋的应力验算满足设计规范要求。

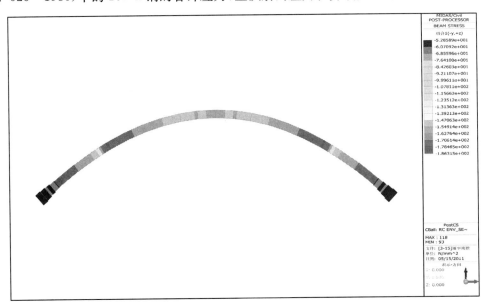

图 12-21　主拱肋弹性阶段荷载效应组合上缘应力分布(MPa)

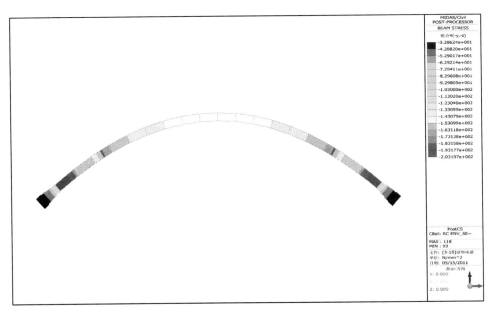

图 12-22　主拱肋弹性阶段荷载效应组合下缘应力分布(MPa)

(4)吊杆应力验算

弹性阶段效应组合引起的吊杆最大和最小应力分布如图 12-23 和图 12-24 所示。最大拉应力 536MPa,小于钢丝抗拉强度设计值,相对于 1 670MPa 的钢丝标准抗拉强度,安全系数为 3.12,满足一般工程设计要求。从图中可以看出,活载引起的吊杆应力幅变化在 60～75MPa

之间。

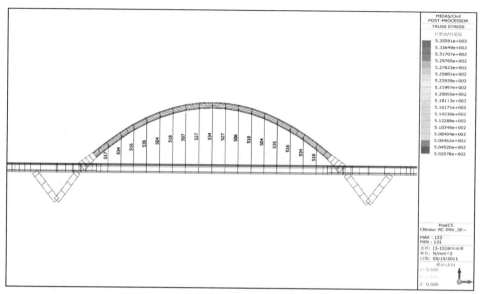

图 12-23　弹性阶段效应组合吊杆最大应力分布(MPa)

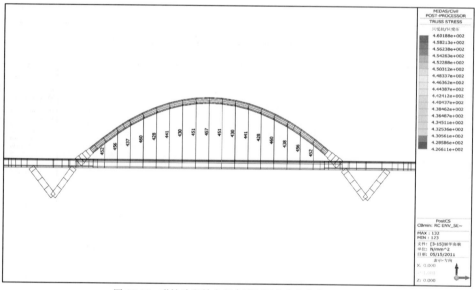

图 12-24　弹性阶段效应组合吊杆最小应力分布(MPa)

3.4　主拱肋稳定计算

使用软件"分析〉屈曲分析"功能对成桥阶段和施工阶段的主拱进行线性稳定分析。

(1)成桥阶段稳定计算

按照引起主拱肋轴向压力最不利作用进行稳定计算,所考虑的作用包括恒载、二期恒载、温度影响力(升温)和温度梯度、吊杆力和系杆力、活载(使拱肋产生最大轴力的加载布置)。

屈曲分析得到的前 10 阶临界荷载系数列于表 12-6。拱肋失稳以面外失稳为主,一阶面外失稳临界荷载系数为 8.83(图 12-25),临界荷载系数增长较快,在第 6 阶出现一阶面内失稳

(图 12-26),其临界荷载系数达到 47.60,主拱肋稳定满足一般工程设计要求。

临 界 荷 载 系 数　　表 12-6

屈曲模态	临界荷载系数	失稳形态	屈曲模态	临界荷载系数	失稳形态
1	8.825 768	面外	6	47.598 501	面内
2	10.685 598	面外	7	48.066 031	面内
3	24.314 445	面外	8	50.584 761	面外
4	27.851 251	面外	9	54.767 005	面内
5	45.496 438	面外	10	55.210 031	面内

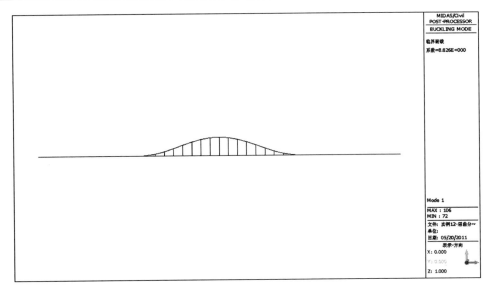

图 12-25　一阶面外失稳

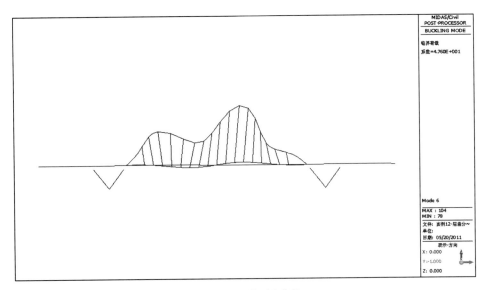

图 12-26　一阶面内失稳

(2)施工阶段稳定计算

施工阶段架设主拱肋时,由于钢箱梁自重轻,引起的主拱肋轴力很小,稳定计算得到的最小临界荷载系数大于100,表明主拱肋在施工阶段整体稳定性很高。

4 结论

本桥采用了中承式系杆拱桥与V形腿刚构的组合结构体系,这种结构在国内外应用的较少。一般来说,采用组合体系是为了发挥两种受力体系的优点,避免其缺点。从实际受力情况来看,本桥在边跨采用V形腿代替传统中承式拱桥的曲线拱肋,客观来讲并不是合理的方案,V形腿中存在较大的弯矩,需要配置大量的预应力钢束来克服。之所以采用这种结构,更多的因素是景观方面的考虑。本桥所处的位置显要,业主对桥梁景观有很高的要求,不得不在结构受力方面有所"牺牲",这也是目前国内很多"景观桥梁"经常遇到的问题。

本桥采用了单榀拱肋,对于36m宽的桥面来说,拱肋的面外稳定问题需要特别关注,而且设计时为了满足静力受力需要,采用了钢箱结构,这进一步削弱了结构的稳定性。分析结果表明,按照弹性屈曲分析得到的特征值只有8.83,这对于拱肋跨度来说是较低的,实际上采用钢管混凝土结构可能是更好的方案。

本桥主梁采用的大悬臂的箱形截面,一方面是为了配合单榀拱肋提高梁体的抗扭性能,另一方面也是为了配合景观要求,从建成后的效果看,梁体景观还是很不错的。

由于本桥设计时正处于新老规范交替时期,在结构分析和设计时遇到了按旧规范验算能够满足,按新规范不能满足的情况。例如对于梁截面温度,新老规范的差别很大,直接导致结论的不同,设计采用了一定的"折中",利用混凝土铺装层对梯度温度进行了折减。又例如,预应力钢筋拉应力验算局部不能满足新规范的要求。

本文写作时,midas Civil 软件的版本是2006,PSC 截面验算功能尚不完备,经过近年的几次升级,版本已经是2010,软件的功能变得越来越强大,特别是针对设计规范的一些功能,大大地简化了设计工作。作者在修订文本时,有非常深刻的体会。

实例十三
朝天门长江大桥

1 桥梁概况

1.1 总体布置

重庆朝天门长江大桥位于重庆朝天门广场下游 1km 处,是连接五里店和弹子石线路上的一座特大型桥梁。它的建成对完善重庆城区交通网络,加快中央商务区的建设具有重要意义。

朝天门大桥主桥为 190m+552m+190m 的三跨连续钢桁系杆拱桥,如图 13-1 所示。主桥全长 934.1m(包括端纵梁),全宽 36.5m,桁宽 29m,两侧边跨为变桁高平弦桁梁,中跨为刚性拱柔性梁的钢桁系杆拱。拱顶至中间支点高度为 142m,拱肋下弦采用二次抛物线,矢高 128m,矢跨比 1/4.3125;拱肋上弦采用二次抛物线,并与边跨上弦之间采用 $R=700m$ 的圆曲线进行过渡。主桁采用变高度的 N 形桁式,钢桁拱肋跨中桁高 14m,中间支点处桁高 73.13m(其中拱肋加劲弦高 40.65m),边支点处桁高 11.83m。全桥采用变节间布置,共有 12m、14m、16m 三种节间形式,其中,边跨节间布置为 8×12m+14m+5×16m,中跨节间布置为 5×16m+2×14m+28×12m+2×14m+5×16m。中跨布置有上下两层系杆,竖向间距 11.83m,上层系杆采用 H 形断面,下层系杆构造采用王形断面+体外预应力索,钢结构系杆端部与拱肋下弦节点相连接,下层体外预应力索锚固于节点端部。

主桁弦杆为焊接箱形截面,截面宽度分 1 200mm 和 1 600mm 两种,截面高 1240~1 840mm。杆件按照四面拼接设计,拼接处杆件高度、宽度均相同,不同宽度和高度杆件之间采用变宽(高)度设计。

腹杆采用箱形、H 形及王形截面,截面宽度分 1 200mm、1 600mm 和 1200~1 600mm(变宽度)等三种,箱形截面高 1 240~1 440mm;H、王形截面高 700~1 100mm,板厚 16~50mm。上层系杆采用焊接 H 形截面,截面高 1500mm,宽 1 200mm。下层系杆采用焊接王形截面,高 1 700mm,宽 1 600mm。杆件所采用的最大板件厚度 50mm,最大长度 44m。

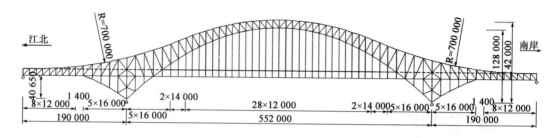

图 13-1 主桁结构图(尺寸单位:mm)

1.2 设计参数

设计活载:城—A 级,城市轨道交通,人群荷载 $4kN/m^2$。
设计温度:最高+45℃,最低-5℃,体系温度按20℃计,温差按±25℃考虑。
设计风力:按照平均最大风速 26.7m/s 考虑。

1.3 材料与截面

(1)材料

主桁构件材料采用 Q420qD 和 Q370qD,桥面系和联结系采用 Q345qD,材料技术条件符合《桥梁用结构钢》(GB/T 714—2008)的要求。

型钢采用 16Mn(Q345),材料和外形尺寸等技术条件符合相关国家标准的要求。

M30 高强度螺栓材料采用 35VB,M24 高强度螺栓材料采用 20MnTiB;螺母、垫圈采用 45 号优质碳素钢。螺栓、螺母、垫圈等均符合《钢结构用高强度大六角头螺栓、大六角螺母、垫圈与技术条件》(GB/T 1228—2006)的要求。

钢材的屈服强度 σ_s 按照《桥梁用结构钢》(GB/T 714—2008)采用。设计安全系数 $K=1.7$,容许应力按照不同板厚取 $\sigma_s/1.7$。

(2)截面

在"模型〉材料和截面特性〉截面"中,选择"数据库/用户"中的"带肋箱型"定义弦杆截面,见图 13-2;在"模型〉材料和截面特性〉截面"中,选择"数值"中的"工字形截面"定义横梁截面,见图 13-3。

1.4 施工特点与流程

(1)边跨钢桁梁施工

在桥墩及边跨临时支(架)墩施工完成后,利用功率为 2 000t·m 的架梁吊机从边墩向中墩移动,进行边跨钢桁梁结构的安装。其中,在一个中墩上设置固定铰支座,在另一个中墩上设置活动铰支座,且活动铰支座根据计算结果向中跨跨中方向预偏。

(2)主跨钢桁拱施工

在边跨钢桁梁结构自重和压重下,利用功率为 2000t·m 的拱上爬行吊机从中支点向跨中移动,进行钢桁拱结构的悬臂安装。随着悬臂施工的推进,已施工完成的结构向中跨跨中抗倾覆稳定系数越来越小。为了避免边跨配重量过大以及处于单悬臂状态的钢桁架结构受力不利,施工过程中设置斜拉扣挂系统。

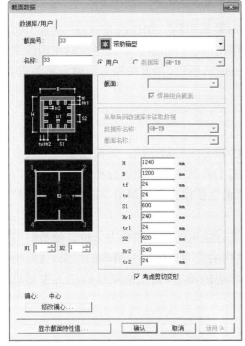

图 13-2　定义弦杆截面

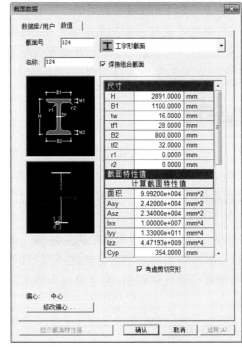

图 13-3　定义横梁截面

(3)主跨悬臂钢桁拱结构空间位置调整及合拢

借助边支点、中支点顶升调整主跨两边悬臂钢桁拱结构端部空间相对位置,实现自然(零应力)合拢。其中,边支点设置 4 台 500t 千斤顶,中支点设置 8 台 2000t 千斤顶。

(4)主跨桥道钢桁梁安装

利用 800t·m 架梁吊机安装桥道钢桁梁结构,该结构本身为刚性系杆。

(5)桥梁中支座位置调整与桥道钢桁梁合拢

根据计算结果,借助千斤顶将桥梁中支座调整到预定位置,安装边、中支点永久支座,并同时实施桥道钢桁梁合拢。

(6)柔性系杆安装

按设计要求进行柔性系杆(体外预应力索)安装和张拉。

(7)桥面系施工

桥面板安装时,与横梁之间只做临时连接,待全桥面板拼焊工作结束后,再将横梁与桥面板连成整体。

1.5　分析要点

为了满足施工过程中的要求,在分析时需要解决下述几个问题:

(1)钢梁架设过程中的抗倾覆问题:采取合理的边跨压重方案确保钢梁架设的稳定。

(2)临时墩脱空时间的要求:根据施工单位提出的建议时间调整压重方案,如实在满足不了,则采取强行顶升临时墩顶脱空的办法。

(3)保证钢梁拼装到拱肋合拢时的线形符合设计要求:实际安装时采用边支点预先下压2.3m的方法,后面的钢梁采用切线拼装的方式。

(4)钢梁架设过程中扣索的索力要求:本桥主跨钢梁采用斜拉扣挂的方式,扣索索力对于钢梁架设过程中出现的杆件应力过大问题起调整的作用,同时,扣索的索力应控制在钢绞线的强度要求范围之内,原则上扣索安装后索力不再进行调整,所以,扣索初拉力的确定尤为重要。

2 建模要点

施工控制的主要方法有:前进分析法、倒退分析法和无应力状态法。该桥由重庆交通大学进行施工监控,根据施工单位提供的施工方案,按照施工的顺序采用前进分析法。分析的内容主要包括杆件内力、支点位移和反力、悬臂位移、斜拉索初张拉力及控制力、临时系杆初张拉力及控制力等。

前进分析法是按照桥梁结构实际施工加载顺序进行结构的变形和受力分析。分析时对施工阶段循环进行,循环前进分析法不仅可以为成桥结构的受力提供较为精确的结果,为结构的强度、刚度验算提供依据,而且可以为施工阶段理想状态的确定,完成桥梁结构施工控制奠定基础。

2.1 模型概述

朝天门大桥属于空间杆系结构体系,因此在 midas Civil 软件中用空间梁单元、杆单元以及索单元进行模拟,全桥模型如图 13-4 所示。

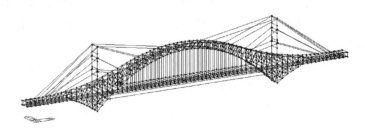

图 13-4 全桥模型图

(1)模型共有节点 933 个,单元 2396 个,其中主桁杆件、主桁纵向联结系、主桁横向联结系和刚性系杆采用"梁单元"模拟;吊杆单元、体外预应力束采用"只受拉桁架单元"模拟;施工过程中的施临时系杆和扣塔斜拉索采用"只受拉索单元"模拟。

(2)所有的主桁杆件均需考虑压、弯、扭、剪的共同作用。横梁采用"梁单元"模拟,但将横梁两端处理为"铰接"。

(3)上下层桥面板不单独模拟,而是将其刚度与质量等效分配到横梁上。

(4)施工过程中需考虑的临时荷载包括边跨临时压重、扣塔自重、扣塔斜拉索索力、临时系杆力、架梁吊机、桥面吊机等。

(5)边跨安装期间将边支座设为固定支座。中跨悬臂安装期间将中支座设为固定支座,保持边支座纵向活动。

2.2 边界条件定义

考虑到横梁和主桁的连接部位较为薄弱,因此近似的处理为铰接。同样,为了减小扣塔底部与拱肋连接部位的弯矩,将二者相连部位的杆件端部约束释放。梁单元之间的铰接通过软件中"释放梁端约束"的功能来实现。

2.3 施工阶段划分

本桥采用悬臂拼装法施工。主桥上部钢梁从两侧边支点向跨中对称安装,先安装边跨主结构所有构件,再安装中跨桁拱和吊杆,实现桁拱跨中合拢后,安装临时系杆,形成系杆拱受力体系,再用桥面吊机安装中跨上、下层梁系和桥面板。因施工过程非常繁琐,为了叙述方便,故只列举施工流程中的几个关键阶段,见下图13-5,施工分段的说明见表13-1。

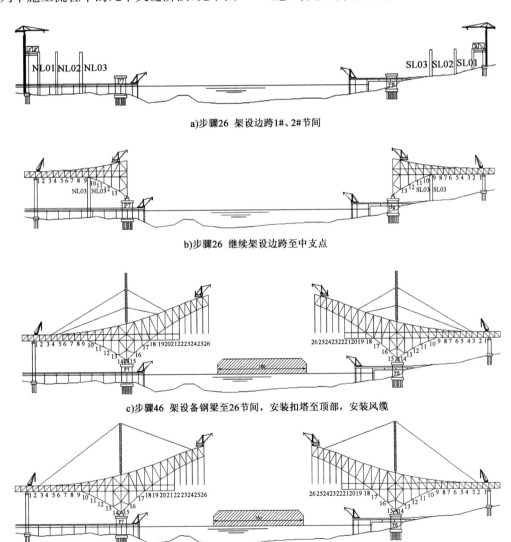

a) 步骤26 架设边跨1#、2#节间

b) 步骤26 继续架设边跨至中支点

c) 步骤46 架设备钢梁至26节间,安装扣塔至顶部,安装风缆

d) 步骤48 安装1#扣索

图 13-5

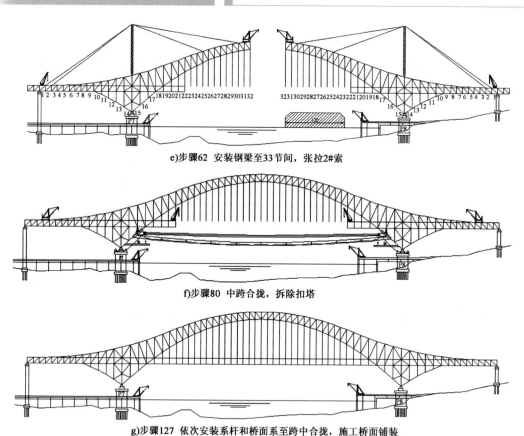

e) 步骤62 安装钢梁至33节间，张拉2#索

f) 步骤80 中跨合拢，拆除扣塔

g) 步骤127 依次安装系杆和桥面系至跨中合拢，施工桥面铺装

图 13-5 部分关键施工阶段

施工分段的说明 表 13-1

施工分段	说 明
CS1	边跨悬臂安装至中支点
CS2	中跨悬臂安装至18节间
CS3	安装扣塔至一定高度
CS4	继续架设钢梁至21节间,停止架设桥面系,继续架设钢梁至E27
CS5	架设扣塔至顶部,张拉1#索
CS6	继续架设钢梁至E33
CS7	张拉2#索
CS8	架设钢梁至中跨拱肋合拢
CS9	安装临时系杆,拆除扣塔系统
CS10	安装永久系杆至跨中合拢,张拉体外预应力束
CS11	桥面吊机退至桥面21节间,向跨中安装桥面板至跨中合拢
CS12	安装永久系杆至跨中合拢,张拉体外预应力束
CS13	施工桥面铺装

2.4 扣塔模拟

扣塔系统模型见图 13-6。扣塔与钢梁连接处采用铰接模拟；扣索采用"只受拉桁架"单元

模拟;在不影响结果精确度前提下,扣塔杆件采用等刚度、等重量原则模拟。扣塔属于施工临时结构,设计方案中杆件截面较为复杂。

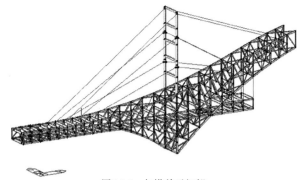

图 13-6　扣塔单元细部

2.5　施工临时荷载模拟

施工过程中其他临时荷载的模拟如下:
(1)架梁吊机:采用"梁单元荷载"模拟前后支点力。
(2)桥面吊机:采用"梁单元荷载"模拟前后支点力。
(3)配重:采用"梁单元荷载"作用在临时1#、2#和永久1#、2#节间。

3　分析结果

3.1　杆件应力

在"结果〉应力〉梁单元应力图"中,选择"荷载工况/组合"中的"CS:合计",查看几个比较典型阶段的杆件应力图,见图 13-7~图 13-11。

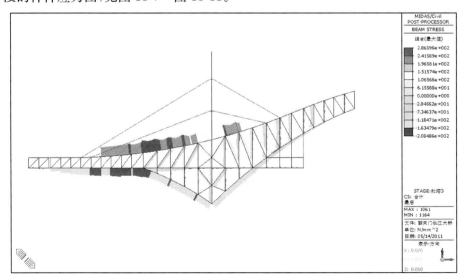

图 13-7　上1#扣索前的最大悬臂阶段

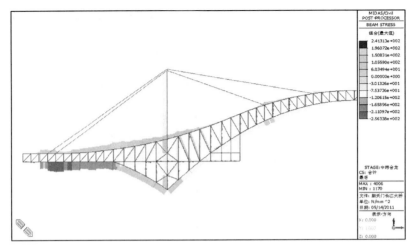

图 13-8　中跨拱肋合拢

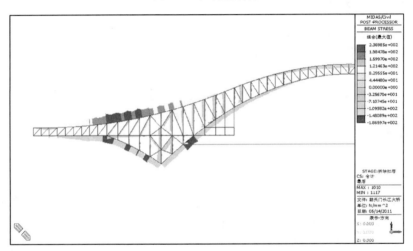

图 13-9　扣塔拆除

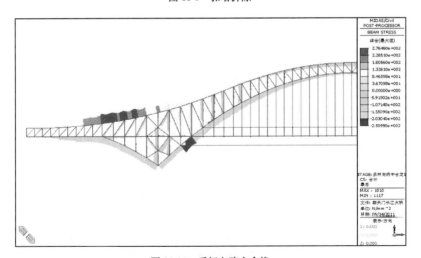

图 13-10　系杆向跨中合拢

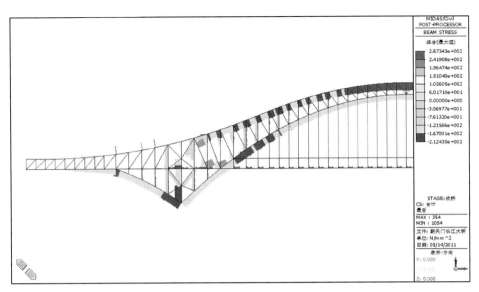

图 13-11　成桥阶段

从图 13-7 可以看出,上 1♯索之前,结构到达最大悬臂状态时,杆件的最大应力达到 286.2 MPa,但未超过杆件材料 Q420 的容许应力。从图 13-11 可以看出,成桥后杆件的最大应力达到 287.6MPa,也未超过杆件材料 Q420 的容许应力。由此可见,施工过程中的配重量和斜拉扣挂索的索力是比较合理的。

3.2 扣索索力、临时系杆力

作为施工临时荷载,扣索索力和临时系杆力对于施工过程中杆件的应力状况尤为重要。在"结果〉内力〉桁架单元内力"中,选择"荷载工况/组合"中的"CS:合计",结果见图 13-12～图 13-16。

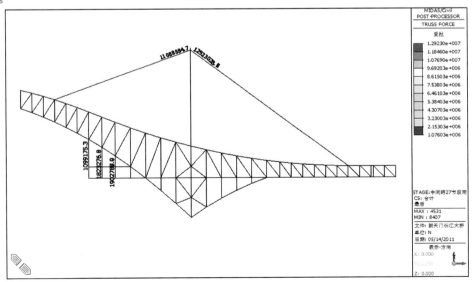

图 13-12　1♯索安装

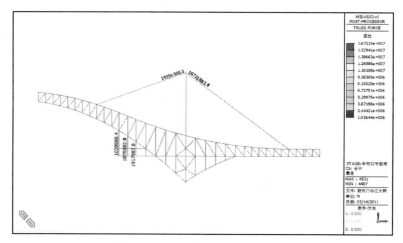

图 13-13　上 1# 索后的最大悬臂阶段

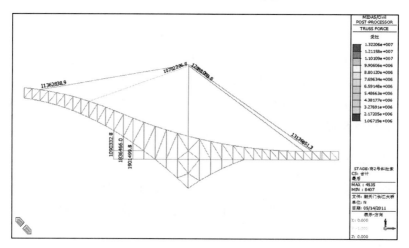

图 13-14　2# 索安装

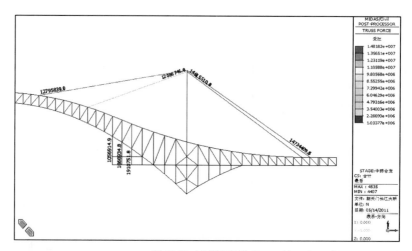

图 13-15　中跨拱肋合拢

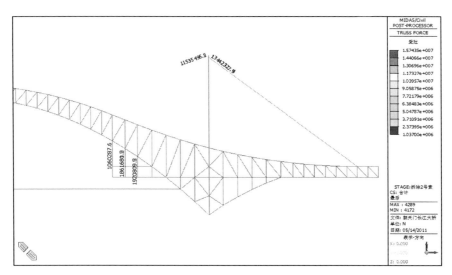

图 13-16 拆 2#索

从图 13-13 可以看出,上 1#索之后,到达最大悬臂状态时,1#索的索力虽然达到 16 700 kN,但是满足规范规定的强度极限要求。

3.3 钢桁梁位移

在钢桁拱桥施工控制中,应力控制是一个重点,线形和位移控制是另外一个重点。

施工过程中需要监测的位移包括主墩的变位、塔顶的位移、拱肋悬臂端的挠度等。与其他体系的桥梁相比较,钢桁系杆拱的线形调整可以采用的手段相对较多,比如边支点的顶升、临时系杆力的调整等。钢桁拱梁安装过程中,每安装一个节间均应实测梁端下挠值和由于环境温度变化引起的旁弯、竖弯,计算本桥结构矫正系数,为中跨合拢前的精确调整准备基础资料。在"结果>位移>位移等值线"中,选择"荷载工况/组合"中的"CS:合计",位移结果见图 13-17～图 13-20。

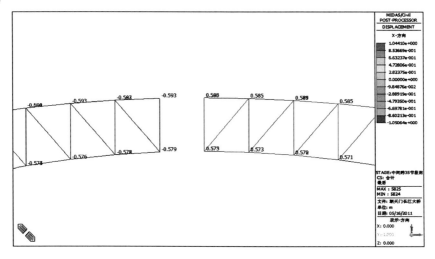

图 13-17 中跨拱肋合拢前

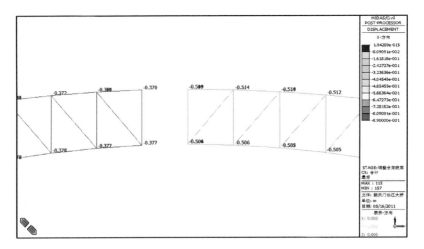

图 13-18　中跨拱肋合拢前（调整后）

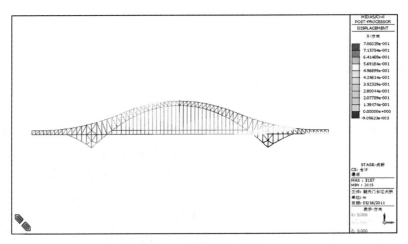

图 13-19　成桥阶段（x 方向）

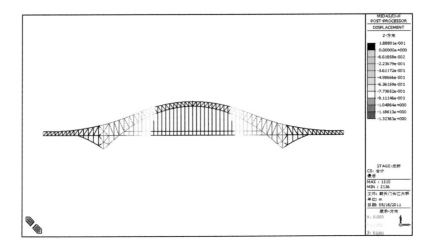

图 13-20　成桥阶段（z 方向）

从位移图 13-17 可以看出，中跨拱肋合拢前，南北两边跨悬臂端合拢口存在倒八字口，如果不做人为调整，便无法成功合拢。施工中采用顶升边支点的方法来消除合拢口误差，使主拱顺利合拢。成桥阶段，南岸主墩支点水平位移为 0.786m，竖向最大位移为 0.189m，在误差范围之内，成桥线形良好。

4 结论

4.1 抗倾覆分析

本桥为梁拱组合体系的中承式系杆拱桥，主桁采用悬臂拼装法施工，无论是在施工阶段还是在运营阶段，都会在边墩处产生一定的负反力。一般采用下述两种方法克服墩的负反力：方法一是设抗拉支座，这就要求桥墩基础体积庞大，可以提供足够的重量，而且支座构造比较复杂；方法二是结合尾端节点的构造设置平衡压重，这种方法可以充分利用尾端节点的空间，比较安全可靠。本桥采用方法二。

抗倾覆弯矩与倾覆弯矩之比称为稳定系数，该系数不应小于 1.3。本桥在边跨安装了两个临时节间与边跨 1♯、2♯ 永久节间一起作为边跨压重分布区域，压载重量在保证稳定系数不小于 1.3 的前提下，应尽量避免出现过大的超压现象，以控制边支点反力。同时还要考虑临时墩脱空、扣索索力调整等后续施工阶段的要求，经反复试算来满足。

以某一施工阶段为例计算稳定系数，此阶段结构模型见图 13-21，左边红色箭头代表配重均布荷载，右边两个红色箭头代表架梁吊机荷载。

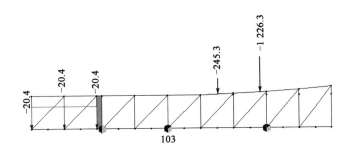

图 13-21 某阶段结构模型图

此时，倾覆点为图 13-21 右侧的 103 号支点，经计算得出的支点反力如图 13-22 所示。根据支点反力，分别计算抗倾覆弯矩和倾覆弯矩，若前者与后者的比值不小于 1.3，则满足抗倾覆要求；若小于 1.3，则应重新考虑压重量。依此反复推算，直至获得最佳方案。全桥配重量汇总见表 13-2。

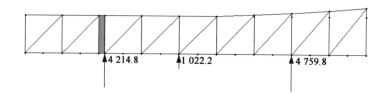

图 13-22 反力图

全 桥 配 重 量　　　　　　　　　　表 13-2

压 载 阶 段	临时节间下层配重量(t)	临时节间上层配重量(t)	1#、2#节间下层配重量(t)	1#、2#节间上层配重量(t)
边跨4#节间				
边跨5#节间				
边跨7#节间	100			
边跨8#节间	100			
边跨9#节间	100			
边跨11#节间	90			
边跨12#节间	100			
边跨13#节间				
14#下弦杆				
边跨14#节间				
中跨17#节间				
中跨18#节间				
中跨19#节间	100			
中跨20#节间				
中跨21#节间				
中跨22#节间				
中跨23#节间				
中跨24#节间				

续上表

压 载 阶 段	临时节间下层配重量 (t)	临时节间上层配重量 (t)	1#、2#节间下层配重量 (t)	1#、2#节间上层配重量 (t)
中跨25#节间				
中跨26#节间	70			
中跨27#节间	310			
中跨28#节间	85		300	
中跨29#节间			385	
中跨30#节间		70	370	
中跨31#节间		360		
中跨32#节间		380		
中跨33#节间		245		145
中跨34#节间				450
中跨35#节间				460

根据表13-2的配重方案,经过分析得到的稳定系数满足规范要求。

4.2 支座顶升

配重方案确定之后,就要考虑临时墩的脱空问题。如果架设过程中,临时墩不能按照预定的方案脱空,就需要通过强制顶升的方法脱空。支座顶升在"荷载>支座强制位移"或"表格>静力荷载>强制位移"中定义,见图13-23和图13-24。

4.3 切线拼装

为使钢梁拼装到拱肋合拢时的线形符合设计要求,实际安装时边支点预先下压2.3m,后面的钢梁采用切线的方式拼装,因此在"施工阶段分析控制"中需要勾选相应选项,见图13-25的椭圆区域。

4.4 扣索索力

扣索的合理初拉力采用软件中的"未知荷载系数法"功能进行求解。

本工程的斜拉索在拱肋合拢后需拆除,所以将模型另存为一个文件,将拱肋合拢前作为最终施工阶段,扣索索力设为单位荷载。施工阶段的"未知荷载系数"功能是指在满足某施工阶段控制条件的情况下,求解特定阶段的"未知荷载系数"的方法。在"后处理模式"下,选择"阶段"中的"PostCS",采用"结果"中的"未知荷载系数法"功能进行扣索索力的求解,见图13-26和图13-27。完成相应的设置之后,点击"求未知荷载系数",得出相应系数,并换算成相应索力,即是满足施工过程中控制条件的索力。

桥梁工程软件midas Civil应用工程实例

图 13-23　定义支座强制位移

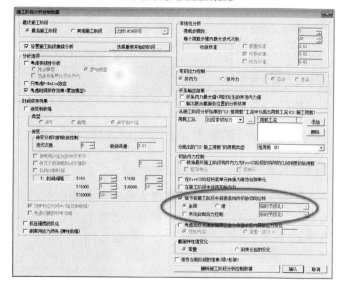

图 13-24　表格中定义支座强制位移

图 13-25　施工阶段分析控制数据

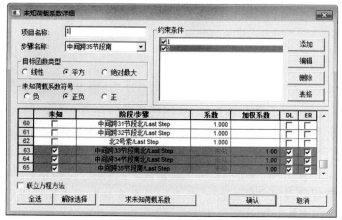

图 13-26　未知荷载系数参数设置框

图 13-27 约束条件

> **要点及提示**:"未知荷载系数法"中的"约束条件"可以是位移、反力、桁架单元内力和梁单元内力。一般来说,钢桁拱施工中的"约束条件"如下:
> ① 索塔不产生弯矩或索塔顶端不产生水平位移。
> ② 拉索的张力分布均匀。
> ③ 悬臂端节点的水平位移。
> ④ 控制部位的杆件内力。

4.5 总结

本桥进行施工监控时,分析计算以事前预控为主,事后调控为辅,以结构应力和桥梁合拢状态为主要控制对象,成桥总体线形为次要控制对象,采用可靠并具可控性的施工控制方案,最终实现全桥安全、顺利地建成。

参 考 文 献

[1] 顾安邦.桥梁工程(下册)[M].北京:人民交通出版社,2000.
[2] 戴公连、李德建.桥梁结构空间分析设计方法与应用[M].北京:人民交通出版社,2002.
[3] 葛耀君.分段施工桥梁分析与控制[M].北京:人民交通出版社,2003.
[4] 张元海.桥梁的结构理论分析[M].北京:科学出版社,2005.
[5] 小西一郎.钢桥[M].北京:人民铁道出版社,1981.
[6] 项海帆.高等桥梁结构理论[M].北京:人民交通出版社,2002.
[7] 龚尚龙.路桥钢筋混凝土结构[M].成都:成都科技大学出版社,1997.
[8] MIDAS/Civil V6.7.1在线帮助手册.
[9] 汉勃利 EC.桥梁上部构造性能[M].郭文辉,译.北京:人民交通出版社,1982.
[10] 周远棣、徐君兰.钢桥[M].北京:人民交通出版社,1991.

第三篇　斜拉桥工程实例

● 双塔双索面 PC 斜拉桥

实例十四

双塔双索面PC斜拉桥

1 桥梁概况

1.1 整体布置

重庆马桑溪长江大桥位于大渡河口区马桑溪至巴南区花溪镇先锋村石子山区间。桥梁主桥采用双塔双索面漂浮体系PC斜拉桥,其跨径布置为179m+360m+179m。索塔为倒Y形,箱形截面,1#索塔墩(马桑溪岸)高164.01m,2#索塔墩(巴南岸)高168.51m,桥面设计高程以上高度为90.87m。主梁采用预应力混凝土双边箱梁断面。索塔上部拉索锚固区塔柱顺桥向宽度为6.4m,斜拉索锚固区内设环向预应力。下部塔柱顺桥向宽度由6.4m渐变至10m;桥面以上塔柱横桥向宽度为3.5m,桥面以下塔柱横桥向宽度5.5m。不同部位塔柱箱形截面的壁厚有所不同,一般为0.8~1.0m。桥面处塔柱间设横梁,横梁高度5.5m,属预应力钢筋混凝土箱形结构。其上部设横梁,属预应力钢筋混凝土结构,横梁高度3m。墩柱属钢筋混凝土空心结构,墩柱顺桥向宽度为12m,横桥向宽度为30m;塔墩下设高5m、长32m、宽20m的实心承台;1#墩承台下设15根直径φ3.0m桩基,2#墩承台下设20根直径φ3.0m桩基,桥梁总体布置见图14-1。

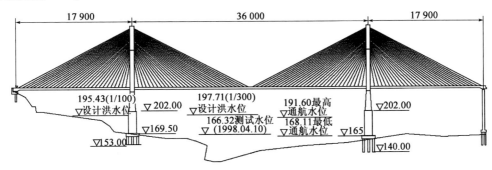

图14-1 桥梁总体布置图(尺寸单位:cm)

1.2 荷载工况

(1)永久作用

①结构重力(不含结构附加重力):根据定义的材料容重考虑。

②结构附加重力:结构附加重力为桥面铺装、防撞护栏、栏杆、检修道等重量,总重为 9.7t/m。

③$\phi 15.24$mm 预应力钢绞线:$A_y=139.0$ mm², $f_{pk}=1\,860.0$MPa、$\sigma_{con}=0.75\times f_{pk}=1395$ MPa、$\mu=0.25$, $k=0.001\,5$, $\Delta l=6$mm。

④混凝土收缩徐变根据《公路钢筋混凝土及预应力混凝土桥涵设计规范》(JTG D62—2004)公式计算。

⑤支座不均匀沉降:索塔基础沉降 1cm,交界墩沉降 0.5cm,并进行自动最不利组合。

(2)可变作用

①汽车荷载:公路—Ⅰ级。汽车荷载多车道加载时的横向折减系数为 0.67(四列车队),汽车荷载对计算跨径的纵向折减系数为 0.97。

②汽车制动力:制动力的着力点在桥面上,其值按桥规规定的方法计算,本桥汽车制动力为 89.3t。

③温度作用:取合拢温度 20℃,根据规范和当地月平均最高气温和最低气温情况,计算中取体系升温 16.7℃,体系降温 13℃。桥面梯度温度 T_1 采用 14℃, T_2 采用 5.5℃, $A=300$mm。

④风荷载:根据设计基准风速以及规范的规定,计算横向风力、纵向风力和竖向风力。

⑤施工荷载:挂篮重量均按 180t 计,湿重按每个节段 300t 计,主跨临时压重按给定值添加、拆除。

(3)荷载组合

对于主梁和斜拉索,进行应力验算时考虑三种荷载组合,见表 14-1。

控制性荷载组合　　　　　　　　　　　　　　　　　表 14-1

荷载组合	参与荷载组合的工况	荷载组合	参与荷载组合的工况
Ⅰ	恒载+汽车	Ⅲ-1	恒载+挂车+整体降温+截面负温度梯度
Ⅱ-1	恒载+汽车+整体升温+截面正温度梯度	Ⅲ-2	恒载+挂车+整体升温+截面正温度梯度
Ⅱ-2	恒载+汽车+整体降温+截面负温度梯度	—	—

1.3 主梁块段划分及施工顺序

马桑西长江大桥主桥中跨分为:1～29#块为标准块件,30#块件为跨中合龙段;边跨分为:1′～28′#为标准块件,29′#块为特殊块件;索塔处为 0#块件。

全桥含合龙段共 119 个节段,全桥采用前支点挂篮悬臂浇筑施工,梁端部分梁段采用满堂式支架现浇。主梁施工顺序为:在索塔上搭设托架预压后,浇筑 0#梁段,设置临时固接构造。拼装挂篮,浇筑 1#和 1′#块,张拉顶板预应力钢束。张拉第一对斜拉索和主梁下缘预应力钢束。挂篮分开浇筑 2#和 2′#块,张拉顶板预应力钢束,张拉第二对斜拉索然后张拉下缘预应力束。移动挂篮,重复以上工序,浇筑 3~28#、3′~28′#块件,张拉第 3 对~第 28 对斜拉索,然后边跨搭设支架浇筑 29#、29′#块件,张拉预应力和张拉第 29 对斜拉索。拆除索塔处临时支座,安装横向限位支座,张拉 0#斜拉索。利用挂篮和跨中劲性骨架浇筑第 30#合拢段,张拉梁内预应力,调整斜拉索。待检修道、防撞栏杆、桥面铺装施工完成后,最后再调整一次斜拉索,完成全桥施工。

2 建模分析

2.1 全桥模型

做总体计算时,可将斜拉索定义为"索单元",索塔、主梁定义为"梁单元",由于该桥斜拉索为空间索面斜拉桥,所以吊点与主梁间采用"刚性连接"进行连接,使主梁重量通过斜拉索传递至索塔上。在"模型〉结构建模助手〉斜拉桥"中,定义模型的初始化数据如图14-2所示。

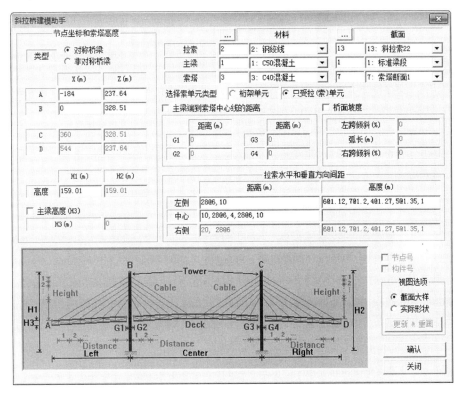

图14-2 斜拉桥建模助手

填完初始数据,校证无误后自动生成全桥模型,再根据桥梁的实际构造(斜拉索断面、索塔形状、主梁断面)进行适当地修改,按实际状况添加边界条件,最后生成全桥模型如图14-3所示。

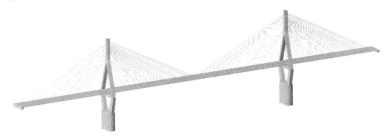

图14-3 全桥空间模型

2.2 建模要点

（1）斜拉索单元模拟

斜拉桥分析中对于斜拉索单元的模拟经常会遇到将桥梁专业用语与有限元中单元概念相混淆，如桁架单元、只受拉桁架单元、只受拉索单元、考虑恩斯特公式修正的等效桁架单元、大变形的悬索单元等的区别。

①大跨斜拉桥的斜拉索：对于近千米或者超过千米的斜拉桥建议使用考虑大变形的索单元。

②中小跨斜拉桥的斜拉索：建议使用考虑恩斯特公式修正的等效桁架单元。

③体内预应力或体外预应力的钢索（钢束）：与索单元无关，使用预应力荷载功能模拟即可，进行细部分析时钢束可以用桁架单元来模拟。

以上建议是基于一般状况考虑，特殊结构形式需要根据受力特点及实际问题进行具体分析。

（2）施工阶段分析类型说明

①考虑时间依存性的累加模型：对于索单元根据恩斯特公式进行修正来考虑索的非线性，属于小变形分析，适用于大部分中小跨径的斜拉桥。

②考虑非线性的独立模型：不适用于做斜拉桥分析。

③考虑非线性的累加模型：对于索单元按悬索单元进行大变形分析，适用于近千米或千米以上跨径的斜拉桥[4]。

2.3 计算步骤

斜拉桥的设计过程与一般梁式桥的设计过程有所不同。对于梁式桥梁结构，如果结构尺寸、材料、二期恒载都确定之后，结构的恒载内力也随之基本确定，无法进行较大的调整。对于斜拉桥，由于其荷载是由主梁、桥塔和斜拉索分担的，合理地确定各构件分担的比例是十分重要的。因此斜拉桥的设计首先是确定其合理的成桥状态，即合理的线形和内力状态，其中起主要调整作用的就是斜拉索的张拉力。确定斜拉索张拉力的方法主要有刚性支承连续梁法、零位移法、倒拆和正装法、无应力状态控制法、内力平衡法和影响矩阵法等，各种方法的原理和适用对象请参照参考文献[1]。

midas Civil 软件针对斜拉桥的张拉力确定、施工阶段分析、非线性分析等提供了多种解决方案，下面通过重庆马桑溪长江大桥的结构计算，针对性地做一些说明。

总体静力计算应根据桥梁施工流程划分相应的施工阶段，根据荷载组合要求的内容进行内力、应力计算，验算结构在施工阶段、运营阶段的内力、应力及整体刚度是否符合现行公路斜拉桥规范的要求。本文主要阐述建立斜拉桥模型以及利用成桥阶段张力进行正装分析的过程，具体按初始平衡状态分析、考虑未闭合配合力的正装分析和实际施工阶段模拟三个步骤进行分析计算[2][3]。

2.3.1 初始平衡状态分析

为了确定安装拉索时的控制张拉力，首先要确定在成桥阶段恒载作用下的初始平衡状态，然后再进行施工阶段分析。

斜拉桥的特殊结构体系决定了主塔和加劲梁上将产生很大的轴力,这些轴力和拉索的张力决定结构的变形形状。为了确定拉索的初始张力,顺桥向的变形和拉索的张力要反映到结构分析计算中。但斜拉桥属于多次超静定结构体系,计算拉索初拉力需要多次地反复计算。另外,对于每根拉索的张力并不是只有一个解,对同一个斜拉桥不同的设计者可能计算出不同的拉索初拉力。利用 midas Civil 软件的"未知荷载系数法"功能,可以计算出最小误差范围内满足特定约束条件的最佳荷载系数,利用这些荷载系数计算拉索初拉力。优化索力时将位移、反力、内力的"0"值以及最大、最小值作为控制条件,把拉索初拉力作为变量来计算。计算未知荷载系数适用于线性结构体系,为了计算出最佳索力,必须要输入适当的控制条件。

(1)主塔不受或只受较小的弯矩作用。
(2)加劲梁的弯矩分布要均匀。
(3)最终索力不集中在几根拉索,而是适当分布在每根拉索上。

2.3.2 考虑未闭合配合力的正装分析

midas Civil 软件能够在小位移分析中考虑假想位移,以无应力长为基础进行正装分析。这种通过无应力长与索长度的关系计算索初拉力的功能叫未闭合配合力功能。"未闭合配合力"具体包括两部分,一是由于施工过程中产生的结构位移和结构体系的变化而产生的拉索的附加初拉力,二是为使安装合拢段时达到设计的成桥状态,合拢段上也会产生附加的内力。利用此功能可不必进行倒拆分析,只要进行正装分析就能得到最终理想的设计桥型和内力结果。这样可以避免建立倒拆施工阶段模型的烦琐操作,同时也避免了建立倒拆分析模型时设计人员很容易犯错的问题。

利用初始平衡状态成桥分析算得的初拉力(不再是单位力,而是计算得出的未知荷载系数)输入给拉索单元,此时斜拉索仍需采用"只受拉索单元"来模拟,在"施工阶段分析控制"对话框中选择"体内力",并打开"未闭合配合力"功能。而后定义各结构组、边界组和荷载组,按施工顺序建立施工阶段模型。根据第 1 步初始平衡状态成桥分析算得的初拉力输入给各斜拉索单元,建立正装施工阶段的模型并进行分析。受力阶段划分时分别将安装挂篮(前移挂篮)、浇筑梁段混凝土、单元形成并张拉预应力钢束、拉索张拉到位等各作为一个受力阶段来考虑[6]。

使用未闭合配合力功能时,需要注意:
(1)将成桥状态分析得到的索力输入为初拉力。
(2)拉索采用"只受拉索单元"模拟。
(3)在"施工阶段分析控制"对话框的分析选项选择"考虑时间依存效果(累加模型)"。
(4)在"施工阶段分析控制"对话框的索初拉力选项中选择"体内力"。
(5)在"施工阶段分析控制"对话框中选择"赋予各施工阶段中新激活构件初始切向位移"。勾选"未闭合配合力控制",并选择相应结构组。
(6)考虑未闭合力结构组的原则首先是拉索,另外结构体系在施工过程中发生变化的结构如合拢段等也需指定。
(7)安装拉索和输入张力的阶段,不能激活和钝化除索单元和索张力以外的单元和其他荷载。
(8)未闭合配合力不适用于主梁为钢混叠合梁的结构,因为主梁的刚度发生变化。对于主梁为钢混叠合梁的斜拉桥,一般需要设计人员依据丰富的经验,将成桥状态的索力按一定比率分成两部分，即一次张拉和二次调索。

(9)对于混凝土梁，可以考虑收缩徐变引起的切向位移的影响来计算未闭合力。

2.3.3 实际施工阶段模拟

利用第 2 步正装分析模型另存为一个新模型，将正装分析完成后得出的索力用 EXCEL 表格复制到新模型中替换各拉索单元初拉力，不考虑未闭合力进行正装分析，即反映的是实际的施工过程的模拟。此时斜拉索采用"只受拉索单元"来模拟，但在施工阶段分析控制对话框中应选择"体外力"。根据该分析的结果，设计人员需要进行判断是否需要进一步调索或者调整施工步骤或施工方法，以满足各项设计要求，如果判断需要调整，也可使用考虑施工阶段未知荷载系数功能对结果进行微调。由于施工阶段和梁段较多，施工过程分析产生的图表数据较多，限于篇幅，不再详细叙述。

2.4 分析控制

定义了施工阶段，另外还定义了移动荷载、温度荷载等成桥状态的荷载时，程序会先进行施工阶段分析，之后对于最终阶段的模型进行成桥状态荷载的分析。此时，结构是否考虑施工阶段分析后内力所产生的几何刚度，取决于用户在施工阶段分析控制对话框中是否勾选"转换最终施工阶段构件内力为PostCS阶段的构件的几何刚度初始荷载"这一选项。本模型选择转换。

在"分析〉施工阶段分析控制"中，定义施工控制数据如图 14-4 所示。

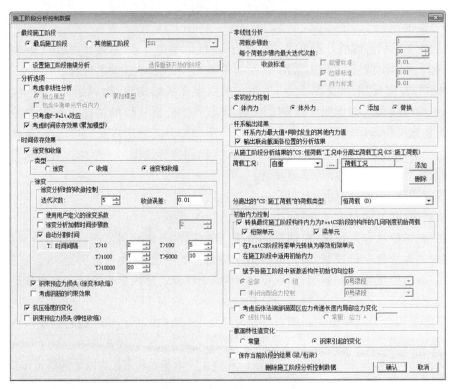

图 14-4 施工阶段分析控制数据

3 分析结果与结论

3.1 斜拉索

根据上述计算方法结合施工过程,计算成桥恒载索力,然后添加移动荷载,根据荷载组合得出组合后的应力见表14-2。

斜拉索各种荷载组合应力(MPa)　　　　表14-2

索编号	恒载应力	荷载组合Ⅰ		荷载组合Ⅱ		荷载组合Ⅲ		索编号	恒载应力	荷载组合Ⅰ		荷载组合Ⅱ		荷载组合Ⅲ	
		σ_{max}	σ_{min}	σ_{max}	σ_{min}	σ_{max}	σ_{min}			σ_{max}	σ_{min}	σ_{max}	σ_{min}	σ_{max}	σ_{min}
中跨1	581.45	639.35	569.85	645.20	575.75	599.60	574.20	边跨1	588.90	647.05	577.55	641.70	572.20	617.10	591.70
中跨2	554.60	609.70	546.70	614.70	551.70	572.60	548.30	边跨2	563.50	618.90	555.80	613.80	550.70	590.60	566.10
中跨3	545.50	601.40	537.90	605.10	541.50	564.30	540.30	边跨3	551.50	608.20	543.50	604.00	539.30	577.40	553.20
中跨4	670.60	727.45	662.30	729.90	664.80	690.10	666.45	边跨4	669.60	727.45	660.70	724.15	657.40	694.30	670.30
中跨5	634.65	691.55	625.85	692.95	627.25	654.85	631.45	边跨5	637.95	696.65	627.95	694.25	625.55	661.55	637.70
中跨6	633.30	690.95	624.55	691.55	625.20	653.95	630.90	边跨6	637.65	698.15	627.25	696.50	625.60	660.25	636.60
中跨7	639.30	696.90	630.85	696.95	630.90	660.20	637.60	边跨7	642.55	703.35	631.70	702.20	630.55	664.25	640.90
中跨8	499.95	557.15	491.85	556.65	491.35	520.95	498.85	边跨8	501.65	562.75	490.15	562.00	489.35	522.65	499.55
中跨9	518.05	574.80	510.00	574.20	509.30	538.80	517.25	边跨9	518.10	579.40	505.75	578.80	505.20	538.40	515.40
中跨10	528.05	584.55	520.25	583.85	519.45	548.55	527.45	边跨10	526.15	587.30	513.00	586.85	512.55	545.95	522.95
中跨11	539.70	595.75	532.40	595.00	531.70	559.80	539.20	边跨11	535.60	596.75	522.20	596.30	521.80	554.90	532.00
中跨12	583.05	638.75	576.10	638.10	575.45	602.75	582.50	边跨12	576.55	637.35	563.25	636.95	562.85	595.25	572.65
中跨13	602.90	657.90	596.50	657.40	596.00	622.10	602.30	边跨13	593.80	653.20	581.10	652.80	580.60	612.05	589.80
中跨14	521.25	575.15	515.55	574.75	515.10	539.95	520.75	边跨14	509.35	567.15	498.65	566.55	498.35	526.95	505.55
中跨15	547.80	600.80	542.95	600.60	542.75	565.85	547.20	边跨15	533.00	588.70	523.90	588.00	523.30	549.85	529.40
中跨16	576.65	628.15	572.75	628.25	572.85	593.90	575.90	边跨16	558.85	611.05	551.85	610.45	551.15	574.75	555.70
中跨17	581.10	631.30	578.05	631.70	578.35	597.45	580.30	边跨17	560.45	609.35	555.10	608.65	554.40	575.35	557.80
中跨18	607.20	655.95	604.65	656.70	605.40	622.50	606.10	边跨18	583.90	630.45	579.45	629.75	578.70	597.45	581.20
中跨19	492.45	539.70	489.30	540.45	490.05	506.90	491.05	边跨19	467.85	512.20	462.65	511.15	461.60	480.25	465.65
中跨20	510.85	557.50	506.05	558.70	507.70	524.20	508.80	边跨20	487.00	528.60	480.25	527.70	479.50	497.65	484.60
中跨21	530.25	575.95	524.45	577.45	525.95	542.35	527.50	边跨21	508.95	549.05	500.55	548.25	499.75	517.65	506.15
中跨22	529.70	574.90	522.20	576.80	524.10	540.70	526.20	边跨22	512.90	554.10	501.70	553.50	501.10	519.50	509.60
中跨23	503.85	548.25	494.25	550.25	496.35	513.95	499.95	边跨23	493.35	536.55	477.45	536.05	476.95	500.85	489.55
中跨24	499.35	544.00	487.50	546.35	489.80	508.60	494.90	边跨24	495.90	546.30	475.00	546.00	474.70	505.90	491.20
中跨25	464.50	509.10	449.90	511.50	452.30	473.20	459.70	边跨25	468.25	528.75	440.85	528.55	440.60	481.30	462.85
中跨26	435.70	480.75	418.25	483.05	420.55	444.25	430.70	边跨26	447.75	515.30	408.95	515.20	408.85	463.45	440.85
中跨27	416.40	462.40	396.00	464.65	398.20	425.20	411.25	边跨27	437.40	514.75	388.60	515.00	388.80	456.20	429.00
中跨28	376.65	424.55	353.65	426.05	355.25	386.35	371.45	边跨28	406.35	492.75	347.45	492.95	347.45	428.45	396.75
中跨29	528.80	580.10	500.60	583.80	504.30	537.05	520.40	边跨29	574.60	673.40	504.70	675.90	507.05	598.80	561.45

斜拉索采用标准强度为1860MPa的钢绞线，按斜拉桥规范取2.5的安全系数计算，斜拉索容许应力668MPa。由表14-2可见在各种荷载组合下斜拉索应力在347.6～696.6MPa之间，中跨7号索略超出一点，其余斜拉索应力均满足要求。

在反复荷载作用下，斜拉索应力幅过大，钢绞线容易由于疲劳而引起破坏。为防止斜拉索出现疲劳破坏，对反复荷载作用下应力幅应进行验算，斜拉索采用的钢绞线容许应力幅值为200MPa。计算得出在各种荷载组合下斜拉索应力幅值在10～69.5MPa之间，满足要求。

3.2 主梁

施工阶段主梁应力计算结果见表14-3，运营阶段主梁应力计算结果见表14-4，恒载和荷载内力组合值见表14-5。

施工阶段主梁应力（MPa）　　表14-3

施工阶段主梁应力	施工最大悬臂	成桥未加桥面铺装	成桥加桥面铺装
上缘应力	−1.2～−12.5	1.4～−12.5	−5.7～−12.9
下缘应力	−1.0～−11.4	−2.5～−11.2	−5.4～−12.4

在整个施工过程中主梁截面以受压为主，最大压应力为−12.9MPa。其中个别施工阶段出现较小拉应力，其值为1.4MPa，符合规范要求[8]。

运营阶段主梁应力（MPa）　　表14-4

运营阶段主梁应力	组合 I	组合 II	组合 III
上缘应力	−1.3～−14.0	−0.25～−13.3	−1.6～−14.3
下缘应力	−2.2～−15.2	−0.23～−13.5	−0.25～−13.5

全预应力混凝土构件受拉区不出现拉应力，运营阶段各个荷载组合的单元正应力未出现拉应力；最大压应力出现在荷载组合 I-1#梁段附近，其值为15.2MPa，符合规范要求。

主梁荷载内力组合　　表14-5

内力	恒载内力	组合I内力	组合II内力	组合III内力
弯矩(t·m)	−7 521～−6 959	7 263～−9 791	7 049～−8 968	8 968～−8 312
轴力(t)	−6 047～−20 591	−5 884～−21 385	−6 061～−20 813	−5 730～−21 234

3.3 索塔

索塔内力见表14-6、应力见表14-7。

索塔荷载内力组合　　表14-6

内力	恒载内力		组合I内力	
	下塔柱根部	上塔柱根部	下塔柱根部	上塔柱根部
弯矩(t·m)	4 867(−8 838)	1 068(1 048)	33 489(25 618)	5 309(6 703.5)
轴力(t)	48 586(50 679)	20 177(20 214)	49 842(51 938)	20 079(20 118)

注：括号外为1#索塔数值，括号内为2#索塔数值。

索塔荷载组合应力（MPa） 表14-7

部 位	恒 载 应 力		组合 I 应力	
	下塔柱根部	上塔柱根部	下塔柱根部	上塔柱根部
边跨岸	−3.0(−3.1)	−10.9(−10.8)	−3.1(−3.2)	−14.6(−14.9)
主跨岸	−2.9(−3.1)	−11.1(−11.2)	−3.0(−3.3)	−13.8(−13.6)

注：括号外为1#索塔数值，括号内为2#索塔数值。

索塔各断面在各种荷载组合下均处于受压状态，压应力值在−2.1～−14.9MPa之间。

通过对索力的一些调整，在成桥阶段加劲梁的弯矩和索塔顶端的位移控制在较小的范围以内，主梁弯矩趋于均匀，其最终结果与初始平衡状态分析结果相比，拉索张力以及加劲梁的内力有些变化。但内力值和位移的变化没有对结构的稳定性造成很大影响，设计认为该施工方法和索力是安全可行的。

3.4 移动荷载分析

成桥计算结束后，可定义移动荷载车道、车辆和添加移动荷载工况，进行荷载组合和移动荷载分析。程序会自动将索单元转换为等效桁架单元进行线性分析，最终求出在各种荷载工况组合下全桥各单元的内力、应力、位移值。

活载作用下主跨跨中向下最大挠度−273.5mm，向上最大挠度为145.1mm，位移绝对值之和为418.6mm，满足《公路斜拉桥设计细则》（JTG/TD-65—01—2007）第4.4.1条规定$L/500=720$mm。1#塔顶水平位移最大值117.1mm，最小值−83mm，2#塔顶水平位移最大值76.5mm，最小值−114.1mm[4]，满足规范要求。

3.5 结论

斜拉桥的施工控制有多种分析方法，如参数识别法、卡尔曼滤波法、最佳成桥状态法、顺推法、无应力状态控制法、零弯矩法、线形回归分析法和灰色理论等。

斜拉桥的施工控制首先是确定其合理的成桥状态，即合理的线形和内力状态，其中起主要调整作用的就是斜拉索的张拉力。确定斜拉索张拉力的方法很多，本文主要阐述在结构的边界条件、建筑材料、荷载和施工工况确定后，如何建立斜拉桥模型，建模时需要注意的关键问题，以及利用成桥阶段张力进行正装分析的过程和具体计算步骤，初始平衡状态分析→考虑未闭合配合力的正装分析→实际施工阶段模拟，施工阶段分析控制中应注意的选项等实际操作。通过重庆马桑溪长江大桥工程实例的结构计算，详尽叙述 midas Civil 软件针对双塔双索面斜拉桥的张拉力确定、施工阶段分析、非线性分析等问题具体的解决办法。

参 考 文 献

[1] 刘士林.斜拉桥[M].北京：人民交通出版社，2002.
[2] 周孟波.斜拉桥手册[M].北京：人民交通出版社，2004.
[3] 严国敏.现代斜拉桥[M].成都：西南交通大学出版社，1999.
[4] 重庆交通科研设计院.公路斜拉桥设计细则（JTG/TD-65—01—2007）[S].北京：人民交通出版社，2007.

[5] 林元培.斜拉桥[M].北京:人民交通出版社,1994.

[6] 陈明宪.斜拉桥建造技术[M].北京:人民交通出版社,2004.

[7] 项海帆.高等桥梁结构理论[M].北京:人民交通出版社,2001.

[8] 中华人民共和国行业标准.JTG D62—2004 公路钢筋混凝土及预应力混凝土桥涵设计规范[S].北京:人民交通出版社,2004.

[9] 王伯惠.斜拉桥结构发展和中国经验(上、下)[M].北京:人民交通出版社,2003.

第四篇　悬索桥工程实例

- 双塔单跨钢箱梁地锚式悬索桥
- 独塔空间索面自锚式悬索桥
- 三跨双塔自锚式悬索桥主缆分析

实例十五

双塔单跨钢箱梁地锚式悬索桥

1 桥梁概况

1.1 总体布置

某桥总体布置为 250m+1280m+440m,矢跨比为 1/10.5。采用分离式 H 形空间索塔,塔柱为普通钢筋混凝土结构,上、下横梁为预应力混凝土结构,剪刀撑为钢结构。加劲梁采用钢箱梁,钢箱梁高 3m,宽 38.5m(含风嘴),采用 Q345D 合金钢,全焊接。两根主缆中心距为 35.0m,南边跨及中跨主缆由 154 股索股组成,北边跨由于边中跨比较小,北边跨主缆由 162 股索股组成,其中有 8 股索股锚固于北索塔塔顶的主索鞍上。每根索股由 127 丝直径 5.25mm 的镀锌高强钢丝组成,钢丝极限抗拉强度为 1670MPa。采用平行钢丝双吊杆,销铰连接,吊索标准间距均为 16m。总体布置图如图 15-1 所示。

图 15-1 总体布置

1.2 技术指标

(1)车道数:6 车道。
(2)计算行车速度:120km/h。
(3)车辆荷载:计算荷载汽超—20,验算荷载挂车—120。
(4)设计风速:29.7m/s。
(5)地震烈度:基本烈度为 6 度,按 7 度设防。

2 悬索桥的力学特点

悬索桥是一种古老的桥型。1816年,第一座用钢丝做主缆索、跨径124m的人行吊桥在英国建成,揭开了现代悬索桥发展的序幕。悬索桥被公认为桥梁领域中造型最优美、跨越能力最强的一种桥型。现代悬索桥通常由桥塔、锚碇、主缆、吊索、加劲梁及鞍座等主要部分组成。桥面荷载由吊索传至主缆,再传至塔和锚碇,其传力途径简捷、明确。

悬索桥的设计计算理论历经了弹性理论、挠度理论、有限位移理论三个阶段。现代的有限位移理论是通过有限单元法和计算机技术来实现的,它可以处理任意形式的初始条件和边界问题,而不再需要挠度理论中的那些假设,对所分析的对象可以采取符合实际的计算模型,其结果当然也更为精确。

悬索桥主缆架设完成以后,线形就基本上不能再调整,即使能调整,也是微幅的。所以要实现成桥设计线形,精确的计算方法尤其重要。与其他类型的桥梁相比,悬索桥在施工阶段是最柔的结构,缆索体系具有显著的几何非线性,整个施工阶段将发生很大的刚体位移、鞍座要预偏和顶推、主缆在鞍座圆弧上要作切线运动、吊装的梁段要临时连接。所有这些造成了悬索桥施工计算的特殊性,因此要使悬索桥的施工计算成果具有很高的精度,需要采用非线性功能较强的有限元分析软件。

在工程结构几何非线性分析中,按照参考构形的不同可分为 TL(Total Lagrange)法和 UL(Updated Lagrange)法。后来,引入随转坐标系后又分别得出 CR(Co-rotational)-TL 法和 CR-UL 法。Civil 软件中采用的是 CR-UL 法。

进行悬索桥各阶段计算时,一个重要的原则就是构件质量守恒与无应力尺寸不变原理。即:任意施工状态构件的自重恒载不变,在设计温度下,任意施工状态各构件的无应力尺寸应该等于成桥状态的无应力尺寸。这是联系结构成桥设计状态与构件施工状态的纽带,是确定施工计算参数的重要依据,是结构能够顺装、倒拆分析必须遵守的原理,否则顺装与倒拆分析的结果将不闭合。事实上,这个原理不只是悬索桥的施工计算需要遵守,其他任何类型的桥梁施工计算都应该遵守,只是由于其他类型的桥梁各施工阶段变位较小,所以影响可以忽略。

3 悬索桥的分析要点

3.1 成桥状态分析

根据结构计算需要和本桥结构特性,将桥梁结构离散成平面梁、索单元计算。塔和梁离散成平面梁单元,主缆和吊杆离散成平面索单元,散索鞍采用平面杆单元模拟。为了计算方便,在全桥模型中,将主塔简化为一个等效刚度的梁单元,单独建立主塔的计算模型。根据主塔的分节段施工顺序进行计算,将主缆的作用力施加在塔顶,以考虑主塔的弹性变形和收缩徐变效应。

全桥模型如图 15-2 所示,模型包含 2 个桁架单元,199 个索单元,84 个平面梁单元,209 个节点。

图 15-2 整体计算模型

实例十五 双塔单跨钢箱梁地锚式悬索桥

模型的建立可以先采用"悬索桥建模助手"初步形成,具体可参见 midas Civil 用户手册。然后再对局部"边界条件"(散索鞍、梁端支座等)和"荷载"(吊杆拉力、索夹重量等)进行调整。确认模型中的截面特性、边界条件和荷载均正确无误后,重新精确计算悬索桥的线形和内力。即在保证设计跨度和矢高的条件下,调整主缆的线形和单元内力寻求平衡状态。这时利用"分析>悬索桥分析控制"自动进行计算,如图 15-3 所示。也可以用手动迭代的方法进行调整,主要有两种手段:(1)调整单元内力或无应力长度;(2)改变节点坐标。两种方法都可以使用电子表格来实现,混合使用可以加快收敛速度。计算后的主缆位移与应力如图 15-4 与图 15-5 所示。

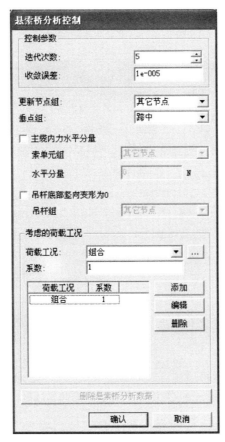

图 15-3 悬索桥分析对话框

图 15-4 成桥阶段主缆位移(尺寸单位:mm)

3.2 空缆状态分析

以迭代完成后的成桥状态的模型为基础,采用倒拆法,进行逆施工过程分析,见图 15-6,钝化箱梁、吊杆及相应结构的荷载和边界条件,释放主缆在塔顶的水平约束,可以得到空缆状态时主缆线形和内力。主缆位移见图15-7。

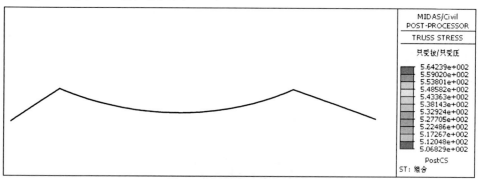

图15-5 成桥阶段主缆应力分布

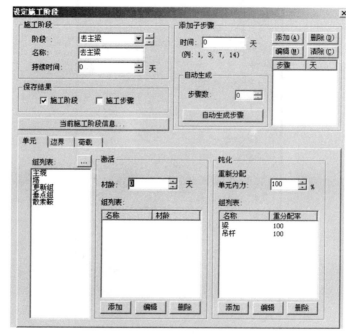

图15-6 施工阶段对话框

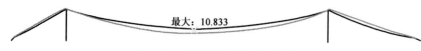

图15-7 全部索股空缆状态主缆位移

3.3 吊杆拉力的确定

对于本桥,加劲梁吊装时先铰接,吊装完成后,再逐段焊接。因此,在没有二期恒载时,加劲梁基本处于零弯矩状态。铺装二期恒载时,主缆和加劲梁发生较大变形,但由于梁端支座的限制,在靠近塔附近的加劲梁会有较大的弯矩。见图15-8。

成桥阶段吊索的拉力是一期恒载吊索的拉力与铺装二期恒载产生的拉力之和,见图15-9。由于结构的刚度矩阵已经改变,计算成桥阶段吊索拉力时需要采用施工阶段累加模型分析。

此时如果采用独立模型计算就会产生一定偏差，见图15-10。

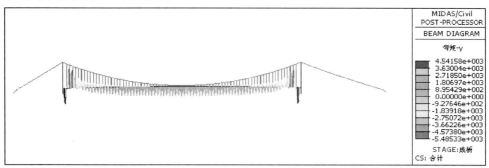

图 15-8　成桥阶段加劲梁弯矩

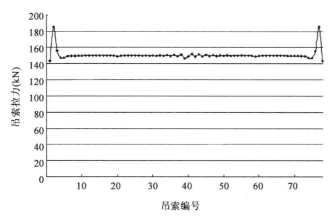

图 15-9　成桥吊索拉力分布

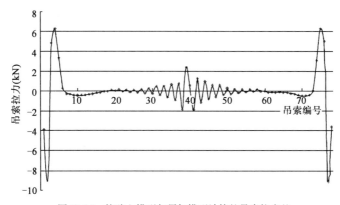

图 15-10　按独立模型与累加模型计算的吊索拉力差

3.4　主索鞍鞍座对主缆线形的影响

在一般的主缆线形计算中，往往不考虑主索鞍顶面圆弧曲线和主缆切点位置的影响。计算时直接取主缆切线的交点（IP点）作为主缆的计算控制点。实际上，鞍座是使主缆沿一定曲线转向的构件，直接约束着主缆的变形，任何情况下，主缆均应与鞍座相切。鞍座在变位过程中，主缆和鞍座之间存在接触问题，在某一侧原先与鞍座接触的主缆会脱空，而在另一侧原先脱空的主缆会与鞍座接触。这种主缆和鞍座相对位置的变化直接影响到主缆的线形和鞍座的偏位,需要详细分析其影响。

索鞍处精细计算模型见图 15-11,索鞍与主缆之间用"非线性只受压连接单元"考虑接触的影响。分别用 IP 点模型和精细索鞍模型计算空缆工况的位移,结果见表 15-1 和表 15-2。

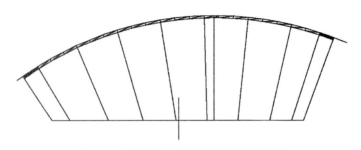

图 15-11 主缆与鞍座接触分析的局部计算模型

鞍座弧形对各跨跨中点竖向位移的影响(mm)   表 15-1

位　　置	按 IP 计算	考 虑 鞍 座	相　　差
北边跨跨中	−2 660.2	−2 583.9	76.3
中跨跨中	11 101.6	11 062.5	−39.1
南边跨跨中	−8 586.2	−8 454.5	131.7

鞍座弧形对鞍座偏位的影响(mm)   表 15-2

位　　置	按 IP 计算	考 虑 鞍 座	相　　差
北塔	−909.307	−899.1	10.2
南塔	1 884.408	1 860.5	−23.9

可见,主鞍座弧形对空缆线形有一定影响。与直接按 IP 点计算的数据相比较,考虑主索鞍弧形的影响后,空缆状态两边跨的挠度减小,跨中挠度增大,塔顶鞍座的偏位也减小。

3.5 主塔抗推刚度与主缆滑移刚度的比较

悬索桥的内力和线形一一对应,内力一旦确定,线形也随之确定,反之亦然。因此可以实现调整内力来满足线形要求,或调整线形来满足内力平衡条件。这就需要求出线形变化与内力调整量之间的关系,也就是悬索桥的线形变化刚度。

索鞍顶推过程中,需要在鞍座与塔顶之间作用大小相等、方向相反的相互作用力。在这对力的作用下,塔顶和鞍座产生反向位移,其数值之和就是索鞍在塔顶的相对偏移量。通过相对偏移量和作用力的大小可以得到鞍座在塔顶的滑移刚度,它是由主塔抗推刚度和主缆滑移刚度共同提供。分析比较主塔抗推刚度和主缆滑移刚度有助于确定鞍座在塔顶的预偏量和判断塔顶水平力的大小。

将塔顶与主缆 IP 点分离,并在 IP 点上设竖向支撑,然后在北塔顶、南塔顶、主缆的北 IP 点、南 IP 点分别施加 1 000kN 的水平力,计算结果见表 15-3 和表 15-4。

北塔抗推刚度和北索鞍水平变形刚度对比　　　　　　　　表 15-3

位　　置	水平位移(mm)	水平力(kN)	抗推刚度(kN/mm)
主缆成桥	4.65	1000.00	215.24
主缆空缆(无背索)	10.56	1000.00	94.73
主塔	80.21	1000.00	12.47

南塔抗推刚度和南索鞍水平变形刚度对比　　　　　　　　表 15-4

位　　置	水平位移(mm)	水平力(kN)	抗推刚度(kN/mm)
主缆成桥	6.704	1000.00	149.16
主缆空缆(无背索)	36.17	1000.00	27.65
主塔	89.60	1000.00	11.16

可见主缆鞍座的水平变形刚度远大于索塔的抗推刚度,空缆状态其刚度比值为7.6(北塔)和2.5(南塔),成桥状态时其比值为17.3(北塔)和13.4(南塔)。主缆两个鞍座的水平变形刚度也有一定的差别,北鞍座的刚度要大于南鞍座,这是因为北边跨的跨度和矢跨比都比南边跨小。

3.6 加劲梁吊装过程分析

在加劲梁吊装过程中,主要的任务是保证各构件的安全,防止位移及应力超限。

吊装前,主缆中、边跨水平拉力相同,索塔处于竖直状态。吊装过程中,中跨主缆的受力不断加大,相应的水平分量也不断变大,而边跨主缆的水平分力没有变化,索塔由于不平衡水平力的作用,将发生向中跨的偏移。偏移后,中、边跨的主缆线形发生变化,边跨主缆垂度降低,主缆张力及水平分力增加,中跨主缆垂度增加,主缆张力及水平分力减小,再加上索塔的抗力,结构达到了新的平衡。随着钢箱梁吊装的不断进行,索塔向中跨的偏移也越来越大,导致索塔的受力处于不利状态,受拉侧(边跨侧)的拉应力有可能超出结构的允许值。因此,本桥在主索鞍安装时设置一定的向边跨的预偏量,在钢箱梁的吊装过程中,不断地向中跨顶推索鞍,保证索塔的受力处于良好的状态。

在吊装工作开始前,需要按照实际的荷载和施工顺序,根据某一确定的安全性原则,计算出各个吊装阶段的控制数据,如主索鞍分阶段顶推顺序,控制顶推时机和顶推量等。

3.6.1 索鞍顶推初步计算

(1)首先根据索塔设计承载能力及其施工过程中对索塔塔身控制截面应力的设计要求(本桥按塔柱无拉应力出现,压应力小于16MPa为原则),推算出塔顶在纵桥向容许最大水平位移,见图15-12。取一个适当的安全系数(考虑温度和其他因素的影响),可以确定实际施工控制中采用的最大塔顶偏位控制值。

(2)由于塔柱顺桥向水平刚度与主缆刚度相比非常小,假定主索鞍在塔顶处于自由滑移状态。在计入预定施工临时荷载的情况下,确定主索鞍在各个施工阶段的滑移历程曲线。见图15-13和图15-14。

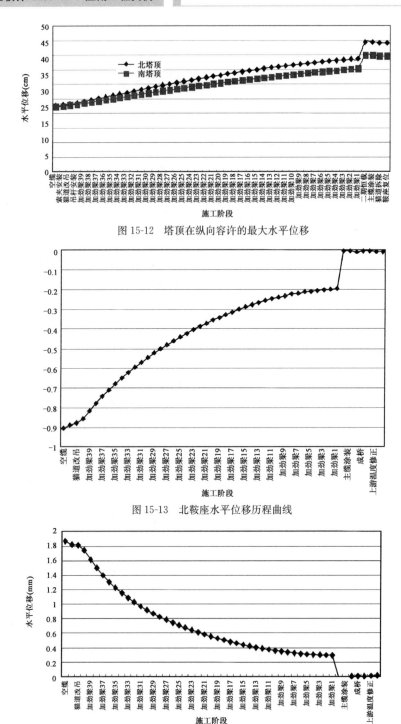

图 15-12　塔顶在纵向容许的最大水平位移

图 15-13　北鞍座水平位移历程曲线

图 15-14　南鞍座水平位移历程曲线

（3）根据塔顶偏位控制值和鞍座水平位移历程曲线，初步确定鞍座顶推顺序和顶推量。见表 15-5。然后进行模拟试算并优化，根据保证安全、简化施工的原则，得到一套合理的顶推工艺理论值。

主鞍顶推方案   表15-5

施 工 阶 段	鞍座顶推量（m）	
	北	南
吊装 C、SB1 之前	—	0.320
吊装 NB3、SB4 之后	0.380	0.430
吊装 NB9、SB10 之后	—	0.380
吊装 NB20、SB21 之后	0.350	0.380
钢箱梁吊装完成	0.170	0.371
总顶推量	0.900	1.881

（4）实际施工过程中，跟踪监测索塔塔身控制截面的应力和塔顶纵桥向的水平变位，并与预定的控制值进行比较，确定出修正调整量。

3.6.2 箱梁吊装过程的精细分析

通过精细分析，可以提高索鞍顶推工艺的精度，详细分析加劲梁的线形和内力变化。

在主索鞍的顶推过程中，索鞍与塔顶是分离的，在顶推外力和塔、缆自身变形的弹性恢复力作用下，索鞍要与塔顶发生相对位移，多次顶推的总位移量应与索鞍的初始预偏位相等。顶推结束后，鞍座与塔顶需要进行临时固结，以避免出现突然的滑动。因此，对于鞍座与塔顶的边界条件可以按图 15-15 考虑，即在顶推时，解除 IP 点与塔顶的连接，并在 IP 点设竖向支撑，通过施加一对大小相等方向相反的水平力使鞍座和主塔顶之间产生相对位移。顶推结束后，再将塔顶和鞍座的自由度进行耦合，用一个刚度很大的弹性连接将塔顶和鞍座 IP 点连接起来，使塔顶能和鞍座共同变形。

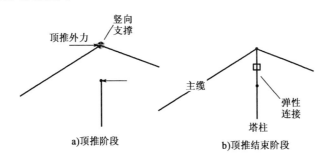

图 15-15　主索鞍与塔顶之间的连接模式

为了精确模拟吊梁时吊索的拉力变化和梁段的变形，采用两个索单元模拟实际的双吊杆。本桥梁段吊装的顺序是从跨中向边跨进行，随着梁段的吊装，箱梁的线形由向下凹逐步转变为上凸。为减小钢箱梁和临时连接的受力，吊装前期只将顶面进行临时连接，箱梁底面允许有开口，见图 15-16。吊装后期，当底面开口已经闭合，可以将部分箱梁底面进行连接。为了精确模拟梁段的受力和变形，计算时在梁段连接处用垂直于梁段的刚臂模拟箱梁顶面和底面，并用铰接连接顶面，只受压弹性连接单元连接底面。

上部结构施工过程中北主鞍的水平位移见图 15-17，南主鞍的水平位移见图 15-18。

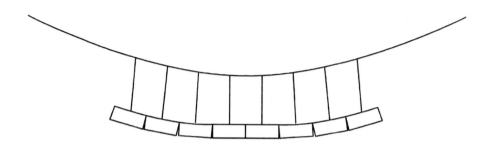

图 15-16　加劲梁吊装形状示意图

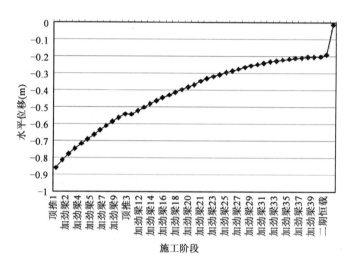

图 15-17　上部结构施工过程中北主鞍的水平位移

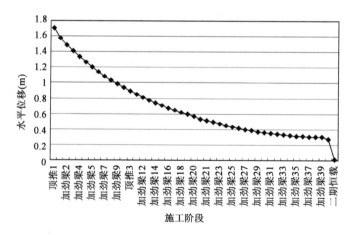

图 15-18　上部结构施工过程中南主鞍的水平位移

北塔顶水平位移见图 15-19，南塔顶水平位移见图 15-20，吊装过程中中跨跨中水平力见图 15-21。梁段之间下开口变化规律见图 15-22，吊装过程中箱梁的相对线形见图 15-23，中跨主缆跨中点竖向变形见图 15-24 所示。

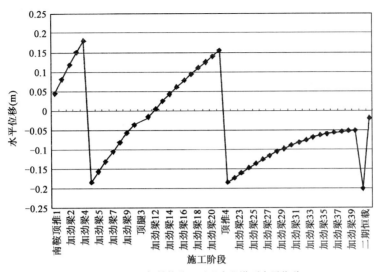

图 15-19　上部结构施工过程中北塔顶水平位移

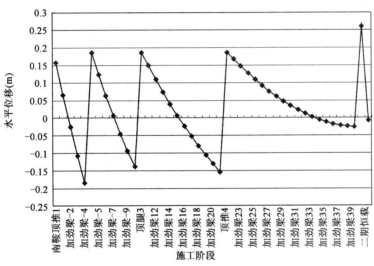

图 15-20　上部结构施工过程中南塔顶水平位移

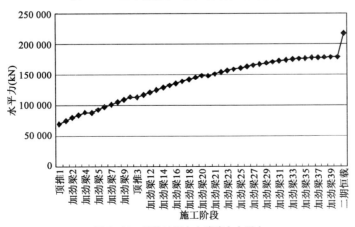

图 15-21　吊装过程中中跨跨中水平力

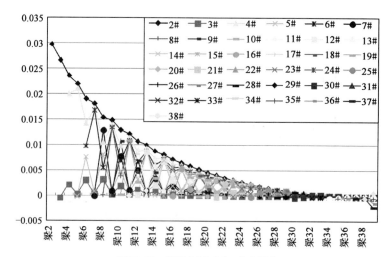

图 15-22　梁段之间下开口变化规律

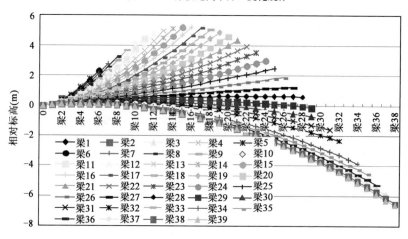

图 15-23　吊装过程中箱梁的相对线形

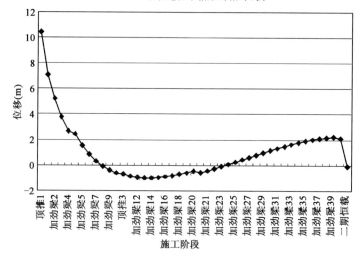

图 15-24　中跨主缆跨中点竖向变形

从图 15-19 和图 15-20 来看,20℃时,顶推过程中,北塔顶的最大水平位移为 20cm,南塔顶最大水平位移为 26cm,都在允许的塔柱水平位移范围之内(图 15-24),且有一定的安全系数。塔顶向边跨和中跨偏位的幅度基本相等,顶推次数少(北塔为 3 次,南塔为 5 次),说明塔顶顶推方案的设计合理。

从图 15-22 和图 15-23 来看,箱梁吊装过程中,相对线形是先下凹,随着梁段的吊装,下凹程度不断减小,架设接近一半后,箱梁线形曲线开始上凸。由于吊装后只是顶面连接,箱梁下开口在不断变化,随着梁段吊装,下开口间隙不断减小,直至被消除。

从图 15-24 来看,中跨主缆跨中点高程在吊装过程中显著降低,前期吊装(1～14♯)持续下降(总下降量约 11m),速度不断减缓,后期(15♯之后)梁段吊装,主缆跨中点高程开始缓慢升高(总上升量约 2m)。

3.7 活载计算

本桥非线性效应显著,车辆活载计算时如果采用基于线性叠加理论的影响线计算方法,计算结果会有一定误差。但完全采用非线性穷举计算或搜索计算,工作量又太大,需花费过多的时间。

有研究表明,对于悬索桥,非线性计算与线性计算的最不利加载轮位基本相同。因此,一种简便的方法是采用通常的线性方法计算影响线,根据影响线进行加载,通过"移动荷载追踪器"求出最不利荷载的位置。然后将该荷载作为静力荷载作用在结构上进行非线性计算,求得该处内力或位移的最不利效应。

以 164♯节点(加劲梁中跨 1/4 处)位移为例,如图 15-25 所示。工况"MVminmovDz164"为按 164♯节点 Dz 影响线求出的最不利轮位进行非线性计算,工况"mov(最小)"为按线性影响线理论计算。由图 15-26 可见,按非线性计算的 164♯节点最大向下位移值比按线性计算的位移约小 4%。

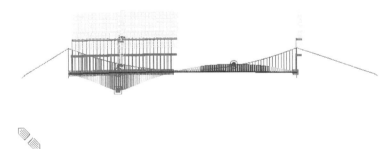

图 15-25 移动荷载跟踪器确定 164 号节点最大竖向位移对应的轮位

节点	荷载	DX (mm)	DY (mm)	DZ (mm)	RX ([rad])	RY ([rad])	RZ ([rad])
▶ 164	MVminmovDz164	-386.8835	0.000000	-2505.385	0.000000	0.002552	0.000000
164	mov(最小)	-407.9839	0.000000	-2614.322	0.000000	-0.006081	0.000000

图 15-26 164 号节点位移结果

实例十六 独塔空间索面自锚式悬索桥

1 桥梁概况

1.1 总体布置

天津富民桥为独塔空间索面自锚式悬索桥,孔跨布置为19m+20m+19.6m(三跨混凝土连续梁)+86.4m+157.081m(独塔空间索面自锚式悬索桥)+38.219m(单侧悬臂混凝土框架结构),桥梁全长为340.3m。主跨157.081m跨越海河,边跨86.4m跨越城市主干道。桥梁横向设置为双主梁结构,中间用钢横撑连接,桥梁全宽38.6m。加劲梁采用正交异性板钢箱梁结构,为减少桥面宽度节省用钢量,设计时别具匠心地把5m宽人行道悬挂于钢箱梁之下,让游客更加贴近于自然,观光海河风光。主缆在边跨端锚固于中央分隔带位置,主跨端锚固于38.6m加劲梁两侧,主缆和吊杆呈空间索面散开,材料采用高强度平行钢丝。索鞍和索夹采用35号铸钢,主塔、边跨锚碇、承台和桩基础均采用钢筋混凝土结构,主跨主缆直接锚固于加劲梁端预应力混凝土箱梁内,梁下设钢板支座由桥墩支承。由于边跨边缆角度较大,为克服较大的上拔力,边跨边缆锚固于边跨锚碇之内,钢箱加劲梁在边跨端通过预应力混凝土过渡梁段与锚碇固接,桥梁其余约束全部放开,全桥变形由主跨自锚端320型伸缩缝完成。桥梁总体布置如图16-1所示,效果图如图16-2所示。

1.2 自锚式悬索桥的特点

迄今为止,国内外自锚式悬索桥建成和在建的已有20余座,但空间索面的自锚式悬索桥已修建的并不多。由于主缆呈空间三维形状,受力较为复杂。自锚式悬索桥的解析理论虽然很类似于地锚式悬索桥,但和地锚式悬索桥有着很大的区别。

(1)从结构受力体系来讲,由于主缆锚固在梁端,加劲梁需要承受主缆传来的轴向压力。

(2)从施工顺序来讲,自锚式悬索桥的施工顺序与地锚式悬索桥恰好相反。自锚式悬索桥需先在支架上形成加劲梁以后,才能架设主缆和张拉吊杆。

实例十六　独塔空间索面自锚式悬索桥

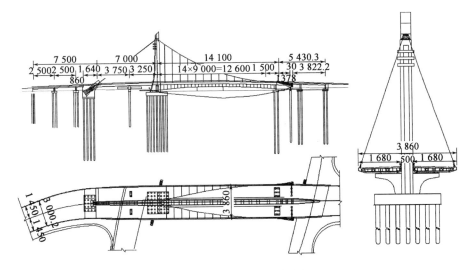

图 16-1　桥梁总体布置图(尺寸单位:cm)

图 16-2　桥梁效果图

(3)从几何非线性来讲,影响自锚式悬索桥几何非线性的因素还很多,主要表现为主缆大位移变形效应。吊索张拉施工也是一个复杂的非线性过程。

在地锚式悬索桥挠度理论的基础上,考虑加劲梁的轴向压缩应变能的影响,建立了大位移不完全广义势能泛函,得到自锚式悬索桥体系的基础微分方程,为阐述自锚式悬索桥静力行为提供了理论依据。在此仅就工程实例的分析计算,介绍利用 midas Civil 软件进行自锚式悬索桥计算的方法[2]。

1.3　分析方法

使用 midas Civil 软件确定自锚式悬索桥的三维形状,需经历两步骤。第 1 步:通过"悬索桥建模助手"生成标准三跨地锚式悬索桥模型,并得到"主缆坐标"、"无应力索长"等;第 2 步:根据桥梁的实际情况对模型进行修改后,通过"悬索桥分析控制"确定包含加劲梁、索塔墩等全部结构体系的成桥平衡状态。

(1)第一步:通过"悬索桥建模助手"生成模型。建模助手内部也要经历两个子步骤的计算。首先使用简化计算方法(节线法)进行初始平衡分析,是采用了日本 Ohtsuki 博士使用的计算索平衡状态方程式,其基本假定如下:

①吊杆仅在横桥向倾斜,始终垂直于顺桥向。

②主缆张力沿顺桥向分量在全跨相同。

③主缆与吊杆的连接节点之间的索呈悬链线形状。

④主缆两端坐标、跨中垂度、吊杆在加劲梁上的吊点位置、加劲梁的恒荷载等为已知量。

第一子步骤仅根据加劲梁的均布荷载(主缆重量为未知量)、主缆两端的坐标、主缆中间垂点的坐标,初步确定主缆的水平力和主缆节点的三维坐标。通过节线法确定的主缆初始线形因为存在基本假定,且只考虑了加劲梁的均布荷载,可能与最终的实际线形有所差异。

因此还需要以节线法确定的初始线形为基础,使用悬链线索单元做更精确的分析。首先把主缆两端的锚固点、主塔底部、吊杆下端均按固结处理,然后建立由弹性悬链线主缆和吊杆形成的空缆模型,使用第一子步骤得到的主缆坐标、水平张力和初始无应力索长,考虑包含主缆以及加劲梁的恒载,通过非线性分析重新确定包含主缆及加劲梁荷载的平衡状态,建模助手分析结束,并自动生成标准悬索桥模型。

(2)第二步:通过"悬索桥建模助手"生成的标准三跨地锚式悬索桥模型,若小范围地调整,对索的无应力长和主缆坐标影响不是很大,因此一般来说直接采用"悬索桥建模助手"的结果即可。而自锚式悬索桥,主缆锚固在加劲梁端,加劲梁受较大轴力的作用,加劲梁端部和索墩锚固位置会发生较大变化,即主缆体系将发生变化,所以从严格意义来说"悬索桥建模助手"获得的索体系和无应力长与实际并不相符。因此必须使用"悬索桥分析控制"功能对整体结构重新进行平衡状态分析。

标准模型根据实际桥型(如自锚式)修改完毕后,定义主缆的"垂点组"(位置不可改变的点)和"更新节点组"(位置可以变动的点)。在"分析〉悬索桥分析控制"中,重新求解包含全部结构体系形成后的平衡状态。

2 初始平衡状态分析

2.1 建模

明确模型参数及建模方向后,开始进行建模。首先定义材料和截面特性,做总体计算时,可将主缆和吊杆定义为"索单元",索塔、加劲主梁定义为"梁单元",吊杆与主缆间采用"刚性连接"来模拟实际结构统一变形,使主梁重量通过吊杆传递于主缆上。在"模型〉建模助手〉悬索桥"中,输入相关数据(均布荷载、主缆两端的坐标、主缆中间点的垂度等),点击"确定"运行程序,生成标准的三跨地锚式悬索桥模型。"悬索桥建模助手"对话框的参数输入见图16-3。

2.2 精确平衡状态分析

根据桥梁的实际形状,将标准三跨悬索桥模型修改为单塔悬索桥模型。修改完毕后,定义主缆的"垂点组"和"更新节点组"。利用"悬索桥分析控制"功能,重新计算包含所有结构的初始自平衡状态。在"分析〉悬索桥分析控制"中,设置"计算精度(收敛误差)"、"迭代次数"、"荷载工况"、"系数",如图16-4所示。设置完参数后运行分析直至计算收敛,在"信息窗口"中会显示收敛误差,满足计算精度即可。分析结束后,自动生成结构在恒载作用下的"平衡单元节点内力"以及"初始单元内力",在"荷载〉初始荷载〉大位移〉平衡单元节点内力"中查看计算结果,至此完成全桥体系精确平衡状态分析。模型如图16-5所示。

实例十六 独塔空间索面自锚式悬索桥

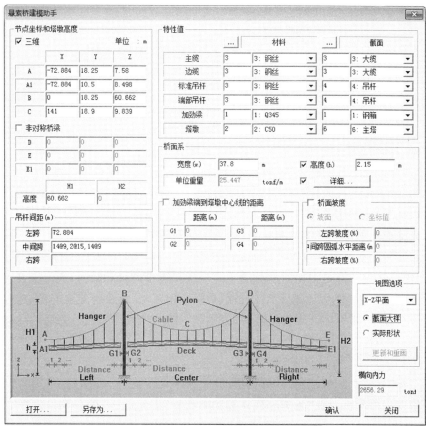

图 16-3 悬索桥建模助手

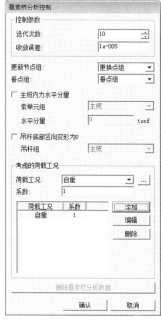

图 16-4 悬索桥分析控制选项

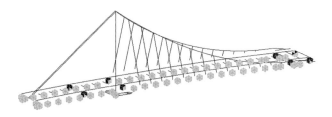

图 16-5　有限元模型图

建模过程中的注意要点：

（1）由于计算机技术的高速发展，现代悬索桥的计算均是采用有限位移理论进行，主缆和吊杆应定义为"索单元"，用大位移理论进行分析计算。活载计算时软件会自动将其转化为"桁架单元"，并根据"初始单元内力"修正其几何刚度后，进行线性分析。

（2）"悬索桥建模助手"中的"均布荷载"应为桥面系的整个重量。

（3）"垂点组"一般定义为索鞍和两边锚碇处主缆的 IP 点，"更新节点组"定义为其他可变的点。

（4）程序内部迭代计算是根据建模时的主缆坐标和均布荷载的赋值，进行反复更换坐标迭代计算逼近收敛值。所以在更改模型后的恒载重量一定要与"悬索桥建模助手"建模时采用的"均布荷载"值相等，这样程序计算容易收敛，否则就很难收敛，以至无法达到计算精度。

2.3　验证成桥平衡状态

运用第二步"悬索桥分析控制"计算得出的"平衡单元节点内力"结果，采用大位移理论进行一次成桥施工阶段分析。在"施工阶段分析控制数据"中勾选"考虑非线性分析"和"独立模型"，如图 16-6 所示。分析结束后，验证当前阶段的成桥状态的位移是否接近"0"值或满足设计要求，索单元内力是否与成桥的"几何刚度初始荷载"接近。

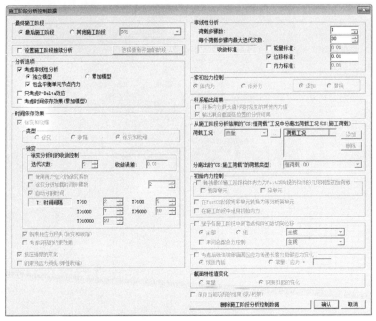

图 16-6　施工阶段分析控制数据

3 计算分析

3.1 成桥状态分析

天津富民桥单根主缆的索单元(每根主缆 16 个单元),28 根吊杆的索单元在成桥状态下的内力计算结果见表 16-1。

索 单 元 内 力　　　　　　　　　表 16-1

	索单元	内力(kN)		索单元	内力(kN)
主缆	1	31862.051	吊杆	35	1821.367
	2	32901.885		36	1217.864
	3	31783.761		37	1226.712
	4	31065.995		38	1231.755
	5	30382.626		39	1235.507
	6	29738.741		40	1237.345
	7	29137.953		41	1236.327
	8	28584.021		42	1231.664
	9	28080.788		43	1223.458
	10	27631.848		44	1212.690
	11	27240.024		45	1200.356
	12	26907.073		46	1184.908
	13	26633.806		47	1166.924
	14	26420.621		48	1476.429
	15	26266.818		—	—
	16	26154.119		—	—

3.2 移动荷载分析

成桥计算结束后,可定义移动荷载的"车道"、"车辆"、"移动荷载工况",进行"荷载组合"和"移动荷载分析"。程序会自动将"索单元"转换为等效"桁架单元"进行线性分析,其几何刚度在"模型〉荷载〉初始荷载〉小位移〉初始单元内力"中确定。最终求出在各种荷载工况组合下全桥各单元的内力、应力和位移值。

3.3 空缆状态

根据主缆在恒载作用下各"平衡单元节点内力",全桥划分为 4 个施工阶段。在"施工阶段分析控制"对话框中勾选"包含平衡单元节点内力"后进行倒拆分析(分析前,删除"悬索桥控制分析数据"),满堂支架采用"只受压弹性连接",最终求出主缆空缆线形和成桥线形,计算结果见表 16-2 和表 16-3。

施工阶段 1:在满堂支架上全桥成形。

施工阶段 2：在满堂支架上拆除所有吊杆，求出该阶段空缆线形。
施工阶段 3：在满堂支架上安装所有吊杆。
施工阶段 4：拆除满堂支架，求出成桥线形。

成桥位移坐标值　　　　　　　　　　　　　　　　　表 16-2

节点	初始坐标			成桥位移			成桥坐标		
1	−72.884	0.65	7.58	0.00	0.00	0.00	−72.88	0.65	7.58
2	0	0.65	60.30	0.00	0.00	0.00	0.00	0.65	60.30
3	9	3.00	53.83	0.00	0.00	0.00	9.00	3.00	53.83
4	18	5.14	47.99	0.00	0.00	0.00	18.00	5.14	47.99
5	27	7.13	42.56	0.00	0.00	0.00	27.00	7.13	42.56
6	36	8.97	37.56	0.00	0.00	0.00	36.00	8.97	37.56
7	45	10.66	32.98	0.00	0.00	0.00	45.00	10.66	32.98
8	54	12.19	28.82	0.00	0.00	0.00	54.00	12.19	28.82
9	63	13.58	25.09	0.00	0.00	0.00	63.00	13.58	25.09
10	72	14.80	21.77	0.00	0.00	0.00	72.00	14.80	21.77
11	81	15.87	18.87	0.00	0.00	0.00	81.00	15.87	18.87
12	90	16.78	16.39	0.00	0.00	0.00	90.00	16.78	16.39
13	99	17.53	14.31	0.00	0.00	0.00	99.00	17.53	14.31
14	108	18.11	12.64	0.00	0.00	0.00	108.00	18.11	12.64
15	117	18.54	11.37	0.00	0.00	0.00	117.00	18.54	11.37
16	126	18.80	10.48	0.00	0.00	0.00	126.00	18.80	10.48
17	141	18.90	9.84	0.00	0.00	0.00	141.00	18.90	9.84
18	153.9	19.00	7.45	0.00	0.00	0.00	153.90	19.00	7.45

主 缆 空 缆 线 形　　　　　　　　　　　　　　　　表 16-3

节点	初始坐标			空缆位移			空缆坐标		
1	−72.884	0.65	7.58	0.00	0.00	0.00	−72.89	0.65	7.58
2	0	0.65	60.30	−0.17	0.00	0.00	−0.17	0.65	60.30
3	9	3.00	53.83	0.04	−1.15	0.02	9.04	1.85	53.85
4	18	5.14	47.99	0.15	−2.10	−0.05	18.15	3.04	47.94
5	27	7.13	42.56	0.25	−2.91	−0.08	27.25	4.22	42.48
6	36	8.97	37.56	0.35	−3.57	−0.07	36.35	5.40	37.49
7	45	10.66	32.98	0.42	−4.08	−0.05	45.42	6.58	32.93
8	54	12.19	28.82	0.48	−4.45	−0.01	54.48	7.74	28.81
9	63	13.58	25.09	0.51	−4.66	0.04	63.51	8.92	25.13
10	72	14.80	21.77	0.52	−4.72	0.08	72.52	10.08	21.85
11	81	15.87	18.87	0.51	−4.63	0.12	81.51	11.24	18.99

续上表

节点	初始坐标			空缆位移			空缆坐标		
12	90	16.78	16.39	0.47	−4.38	0.14	90.47	12.40	16.53
13	99	17.53	14.31	0.42	−3.97	0.15	99.42	13.56	14.46
14	108	18.11	12.64	0.35	−3.40	0.14	108.35	14.71	12.78
15	117	18.54	11.37	0.27	−2.68	0.11	117.27	15.86	11.48
16	126	18.80	10.48	0.18	−1.79	0.07	126.18	17.01	10.55
17	141	18.90	9.84	0.04	0.00	0.00	141.04	18.90	9.84
18	153.9	19.00	7.45	0.03	0.00	0.00	153.93	19.00	7.45

3.4 屈曲分析

(1)桥梁结构存在恒荷载和活荷载,其中恒荷载是不变的,而活荷载会发生变化。因此计算活荷载的稳定系数才是有意义的。

(2)对于恒荷载的荷载工况,可以在"屈曲分析控制"中选择"不变",对于活荷载等可变的荷载选择"可变"。如图16-7所示。

(3)对于线性结构,使用上述方法即可。

(4)对于悬索桥这样的非线性结构,将成桥状态的单元内力在"荷载〉初始荷载〉小位移〉初始单元内力"中输入(屈曲分析时,程序自动将索单元转换成桁架单元),然后在"屈曲分析控制"中添加可变荷载的工况即可。注意不要再添加与恒荷载对应的荷载工况,否则恒荷载会重复考虑。

(5)屈曲分析结果出现负值,是荷载反向作用时的稳定系数。对于悬索桥这样的柔性结构,最初的一些模态容易出现负值。可增加模态数,直到出现正值为止,如图16-8所示。

图16-7 屈曲分析控制选项

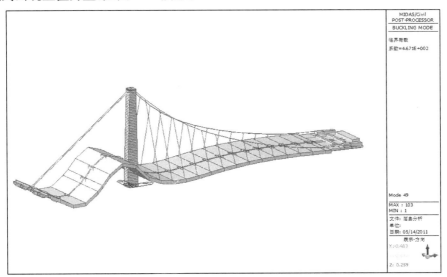

图16-8 屈曲分析失稳模态

(6)考虑移动荷载的屈曲分析,可以在进行完移动荷载分析后,利用"移动荷载追踪器"的功能,找到某些构件处于最不利受力状态下的移动荷载作用位置。利用"输出静力荷载工况"功能,将该移动荷载作用状态以静力荷载工况的形式施加给结构,然后考虑该荷载工况进行屈曲分析即可。

经过分析,本桥的特征值稳定系数为467,失稳模态出现在第49阶。

3.5 动力分析

采用midas Civil软件分别对结构进行特征值分析、时程分析和反应谱分析。

3.5.1 特征值分析

在"模型>结构类型"中将结构自重转换为质量,并在"模型>质量"中将荷载转换为质量,见图16-9。在"分析>特征值分析控制"中定义特征值分析控制数据,见图16-10,进行特征值分析。前10阶振型分析结果见表16-4。

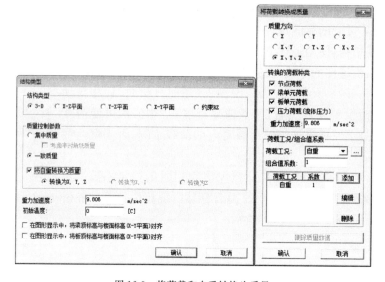

图16-9 将荷载和自重转换为质量

图16-10 特征值分析控制

前 10 阶振型与频率　　　　　　　　　　表 16-4

振　型	频率(cycle/sec)	周期(sec)	振　型
第一阶振型	0.710	1.408	主跨整体竖向一阶弯曲振动
第二阶振型	0.842	1.187	整体横桥向一阶弯曲振动
第三阶振型	0.884	1.131	大缆横桥向一阶对称弯曲振动
第四阶振型	0.946	1.057	大缆横桥向一阶反对称弯曲振动
第五阶振型	1.169	0.856	主跨整体竖向二阶弯曲振动
第六阶振型	1.500	0.667	主跨大缆的二阶对称弯曲振动
第七阶振型	1.507	0.664	主跨大缆的二阶反对称弯曲振动
第八阶振型	1.793	0.558	主梁的一阶扭转振动
第九阶振型	2.045	0.489	整体竖横向三阶弯曲振动
第十阶振型	2.074	0.482	主跨大缆竖横向三阶反对称弯曲振动

3.5.2 时程分析

(1) 荷载形式及输入

采用宁河天津波地震记录的地震波进行分析，其中顺桥向采用的是南北向地震记录波，横桥向采用的是东西向地震记录波，竖向为上下向地震记录波。在"荷载〉时程分析数据"中定义 3 个"时程荷载工况"和相应的"时程荷载函数"，见图 16-11。

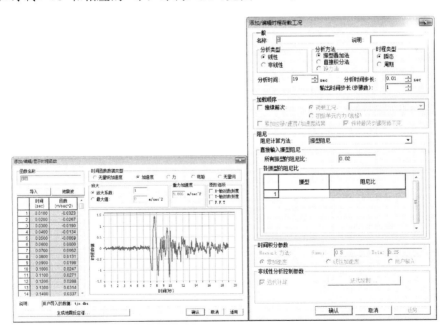

图 16-11　时程荷载函数和时程荷载工况

三个方向输入时间步长均为 0.01 秒，阻尼比均采用 0.02，地震波输入点数均为 1900 个，采用振型叠加法进行计算。由结构的模态分析可知，位移作为动力分析的主要控制对象[10]，其最大值出现在塔顶和主缆跨中。动力作用下位移计算结果见表 16-5。

地震作用下塔顶、跨中位移值(mm)　　　　　　　　　表 16-5

位　　置	顺桥向振幅(x 波)	横桥向振幅(y 波)	竖向振幅
塔顶	$-13.7\sim13.2$	$-122\sim141$	$-0.242\sim0.238(z$ 波)
主缆跨中	$-16.8\sim16.0$	$-341\sim338$	$111\sim110(y$ 波)
主梁跨中	$-9.0\sim9.5$	$-8.0\sim8.6$	$-45\sim46(z$ 波)

(2)结果分析

可以看出,塔顶在地震横波激励下横向最大位移 141mm,主梁跨中在地震竖波激励下竖向最大位移 46mm,主缆跨中在地震横波激励下横向最大位移 341mm。按照《公路悬索桥设计规范(报批稿)》(JTJ ×××—2002)附录 B 抗震设计第 B.3.0.5 条,进行 x、y、z 三个方向地震效应组合(表 16-6),在顺桥向地震波(x 波)作用下产生的内力值最大;较恒载作用下塔根部纵向弯矩增大 14 157t·m,横向弯矩增大 27 060t·m,塔底轴力增大 482t,主缆轴力增大 218t,吊杆张力增大 22t,详细内力值见表 16-6。并根据各截面内力值进行截面配筋验算。

地震作用下主要部位内力值(时程分析)　　　　　　表 16-6

内力值	塔根部弯矩(t·m)	塔底轴力(t)	主缆轴力(t)	吊杆张力(t)
顺桥向(x 波)	$-14\ 157$	12 393	$2\ 788\sim3\ 573$	$125\sim207$
横桥向(y 波)	27 060			

4 结果验证

4.1 结果验证

为验证该计算方法的正确性,采用空间有限元软件 ANSYS 输入上述方法计算出的主缆坐标及各控制点坐标和初拉力,设定各单元实常数及材料属性,生成单元,建立空间有限元模型。设定迭代次数和收敛精度为 10^{-5},进行非线性迭代分析计算。最终求出主缆各索单元内力、成桥和空缆坐标。ANSYS 计算的索单元内力见表 16-7(未例出主缆坐标),两种软件计算的主缆坐标差值见表 16-8。

ANSYS 计算的索单元内力　　　　　　　　　　　表 16-7

主缆索单元	单元轴力(kN)	吊杆单元	单元轴力(kN)
1	33 161.000	37	1 784.500
2	33 056.000	38	1 210.900
3	31 959.000	39	1 228.800
4	31 244.000	40	1 237.100
5	30 559.000	41	1 239.000
6	29 912.000	42	1 242.000
7	29 310.000	43	1 239.200
8	28 754.000	44	1 235.900

续上表

主缆索单元	单元轴力(kN)	吊杆单元	单元轴力(kN)
9	28 250.000	45	1 228.400
10	27 800.000	46	1 218.400
11	27 407.000	47	1 206.900
12	27 072.000	48	1 191.500
13	26 796.000	49	1 172.100
14	26 580.000	50	1 486.100
15	26 421.000	—	—
16	26 297.000		

主缆坐标差值(mm)　　　　　　　　　　　　　　　表 16-8

主缆坐标最大差值	纵坐标 x	横坐标 y	竖坐标 z
成桥状态	43	21	4
空缆状态	78	49	0

由计算结果可以看出两套软件计算出的索单元内力相差不大,主缆轴力相差4%,吊杆内力相差2%。

4.2　结束语

近年来自锚式悬索桥以其错落有致的外形而越来越受到设计者、评审者、决策者的青睐。独塔空间索面自锚式悬索桥的桥型结构美观大方、结构新颖、气势雄伟,无须修建大体积锚碇,特别适用于地质情况较差的地区。此桥型保留了传统悬索桥的外形,在中小跨径上是很有竞争力的方案。

参 考 文 献

[1] 张哲.混凝土自锚式悬索桥[M].北京:人民交通出版社,2005.
[2] 罗喜恒,肖汝诚,项海帆.空间缆索悬索桥的主缆线形分析[J].同济大学学报,2004,32(10):1349-1354.
[3] 罗喜恒.悬索桥缆索系统的数值分析法[J].同济大学学报(自然科学版),2004,32(4):441-446.
[4] 沈锐利,廖海黎.悬索桥静动力空间非线性计算有限元模型及其应用[C]//全国桥梁结构学术大会论文集.上海:同济大学出版社,1992:935-940.
[5] 肖汝诚.确定大跨径桥梁结构合理设计状态的理论与方法研究[D].上海:同济大学桥梁系,1996.
[6] 狄谨,武隽.自锚式悬索桥主缆线形计算方法[J].交通运输工程学报,2004,4(3):38-43.
[7] 谭冬莲.大跨径自锚式悬索桥合理成桥状态的确定方法[J].中国公路学报,2005(4):第18卷第2期:51-55.

[8] 周泳涛,鲍卫刚,等.自锚式悬索桥空间缆索分析与计算[J].公路交通科技,2007,24(3):36-39.

[9] 徐风云,陈德荣,宋凤立.自锚式悬索桥评述[C]//2005年中国公路学会桥梁结构工程学会论文集,2005,9:271-278.

[10] 项海帆.高等桥梁结构理论[M].北京:人民交通出版社,2001.

实例十七

三跨双塔自锚式悬索桥主缆分析

1 桥梁概况

1.1 总体说明

本桥梁为双索面钢箱加劲梁的自锚式悬索桥,立面布置如图 17-1 所示。桥梁基本参数如下。

(1) 中跨 $L_1=180\text{m}$, $f_1=36\text{m}$, 矢跨比 $\lambda=1/5$, 边跨 $L_2=80\text{m}$, 高度 $h=41\text{m}$;

(2) 中跨吊杆间距 $20\times9\text{m}$, 边跨吊杆间距 $7\times9\text{m}+17\text{m}$;

(3) 单根主缆截面 $A_c=49.293\text{cm}^2$, $E_c=1.95\times10^5\text{MPa}$, 单位长度重 $q_b=4.36\text{kN/m}$;

(4) 加劲梁截面 $A_b=1216.573\text{cm}^2$, $E_b=2.1\times10^5\text{MPa}$, 单位长度重 $q_b=192\text{kN/m}$(包括二期恒载);

(5) 桥面横梁为工形截面 $0.384\text{m}\times3\text{m}\times0.014\text{m}\times0.012\text{m}$, $A=508.8\text{cm}^2$;

(6) 索塔为混凝土箱形断面,上塔柱尺寸 $2\text{m}\times3\text{m}\times0.4\text{m}\times0.4\text{m}$, 下塔柱变尺寸 $2\text{m}\times(3\sim4)\text{m}\times0.4\text{m}\times0.4\text{m}$;

(7) 索塔上横梁为箱形断面 $2\text{m}\times2\text{m}\times0.3\text{m}\times0.3\text{m}$, 下横梁为 $2\text{m}\times2\text{m}$ 方形断面, 混凝土强度等级均为 C50。

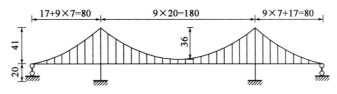

图 17-1 立面布置图(尺寸单位:m)

1.2 分析目的

本文从自锚式悬索桥主缆线形计算的基本理论出发,考虑各种几何非线性的影响,对精确算法(分段悬链线法)、近似算法(抛物线法)以及 midas Civil 软件算法进行了对比计算和分析,以此验证 midas Civil 软件计算自锚式悬索桥主缆线形的真实可靠性。

2 分析理论

2.1 基本平衡方程

自锚式悬索桥由于其造型美观、不需设置庞大的锚锭以及主缆对加劲梁产生巨大的轴向预压应力等诸多优点,已经成为中小跨径内颇具竞争力的桥型。尤其是在软土地区和城市景观桥梁中,自锚式悬索桥越来越受到青睐。与传统地锚式悬索桥不同,自锚式悬索桥主缆的水平分力直接由加劲梁承受,且加劲梁施工必须先于主缆架设。施工和运营阶段,自锚式悬索桥在结构大位移、主缆自重垂度、缆索初内力、混凝土收缩徐变等诸多方面都表现出强烈的非线性,这就需要建立一种较好的主缆线形计算理论,以满足工程精度要求。

现代大跨度悬索桥的主缆一般由钢丝集束而成,抗弯刚度很小,可按完全柔性索处理。如图 17-2 所示,对于固定于 A、B 两端,受均布荷载 w 作用的索段,基本假定如下:

(1)柔索仅能承受拉力而不能承受弯矩。
(2)成桥时吊杆为竖直方向。
(3)索的横截面积在荷载作用下不发生变化。

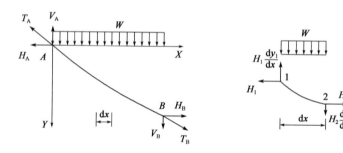

图 17-2 均布荷载作用下的索段示意

对于长度为 dx 的曲线 1-2 微索段,由力的平衡条件有:

$$H_1 = H_2 \tag{17-1}$$

$$H_1 \frac{dy_1}{dx} - H_2 \frac{dy_2}{dx} = -w dx \tag{17-2}$$

根据 $dy_1 - dy_2 = dy^2$,并设 $H_1 = H_2 = H$,可得单根悬索的基本平衡方程为:

$$H \frac{d^2 y}{dx^2} + w = 0 \tag{17-3}$$

2.2 多段悬链线法

多段悬链线法为悬索桥主缆线形的精确算法,主缆自重 q_c 沿主缆曲线均匀分布,桥面恒载 q_b 转化为吊杆集中力 P,如图 17-3 所示。

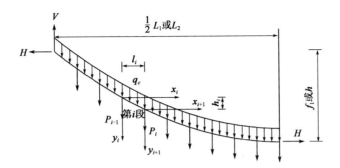

图 17-3 多段悬链线法的主缆受力示意图

2.2.1 成桥恒载状态

(1) 主缆线形

取任意第 i 段主缆,设微分方程的解为 $y = \dfrac{1}{c}[\mathrm{ch}(cx_i + a_i)] + b_i$,则有:

$$c = -\frac{q_c}{H} \tag{17-4}$$

代入边界条件:$x=0$ 时,$y=0$;$x=l_i$ 时,$y=h_i$ 得:

$$a_i = \mathrm{sh}^{-1}\left[\frac{h_i c}{2\mathrm{sh}\left(\dfrac{cl_i}{2}\right)}\right] - \frac{cl_i}{2},\; b_i = -\frac{\mathrm{ch}(a_i)}{c} \tag{17-5}$$

第 i 段主缆的高度:

$$h_i = \frac{1}{c}[\mathrm{ch}(cl_i + a_i)] + b_i \tag{17-6}$$

第 i 段主缆的索长:

$$s_i = \int \mathrm{d}s = \int_0^{l_i} \sqrt{1 + \left(\frac{\mathrm{d}y}{\mathrm{d}x}\right)^2}\,\mathrm{d}x = \frac{1}{c}[\mathrm{sh}(cl_i + a_i) - \mathrm{sh}(a_i)] \tag{17-7}$$

忽略主缆弹性模量随应力大小的变化,设主缆弹性模量为 E_c,截面积为 A_c,则第 i 段索的弹性伸长量为:

$$\begin{aligned}
\Delta s_i &= \int \frac{T}{E_c A_c}\mathrm{d}s = \int_{x_i}^{x_{i+1}} H\frac{1 + \left(\dfrac{\mathrm{d}y}{\mathrm{d}x}\right)^2}{E_c A_c}\mathrm{d}x \\
&= \frac{H}{2E_c A_c}\left[x_{i+1} - x_i + \frac{\mathrm{sh}(2cx_{i+1} + 2a_i) - \mathrm{sh}(2cx_i + 2a_i)}{2c}\right]
\end{aligned} \tag{17-8}$$

吊杆集中力作用节点处的竖向力平衡条件为:

$$H \cdot \left.\frac{\mathrm{d}y_i}{\mathrm{d}x_i}\right|_{x_i = l_i} - H \cdot \left.\frac{\mathrm{d}y_{i+1}}{\mathrm{d}x_{i+1}}\right|_{x_{i+1}=0} = P_i \tag{17-9}$$

可得:

$$a_{i+1} = \text{sh}^{-1}\left[\text{sh}(cl_i + a_i) - \frac{P_i}{H}\right], b_{i+1} = -\frac{\text{ch}(a_{i+1})}{c} \tag{17-10}$$

由此,可进一步求解第 $i+1$ 段索。

设中、边跨的吊杆根数分别为 n_1 和 n_2,中、边跨主缆分别被吊杆分为 n_1+1 和 n_2+1 段,于是中跨中点、中跨端点、边跨端点的变形相容条件分别为:

$$\sum_{i=1}^{(n_1+1)/2} h_i = f_1, \sum_{i=1}^{n_1+1} h_i = 0, \sum_{i=1}^{n_2+1} h_i = h \tag{17-11}$$

可以看出,成桥线形的求解是一个通过多次迭代逐步逼近真值的过程。对于中跨主缆,基本变量为主缆水平力 H 和中跨主缆起点竖向力 V_1,目标函数分别为中跨中点坐标 $\sum_{i=1}^{(n_1+1)/2} h_i$ 和中跨端点坐标 $\sum_{i=1}^{n_1+1} h_i$,函数目标值分别为 f_1 和 0;对于边跨主缆,在中跨主缆水平力 H 已求得的情况下,根据中、边跨主缆水平力相等的平衡条件,基本变量为边跨主缆起点竖向力 V_2,目标函数为边跨端点坐标 $\sum_{i=1}^{n_2+1} h_i$,函数目标值为 h。

迭代求解的关键问题:

①第 1 段索的参数计算。设起点处(塔支点处)的水平力和竖向力分别为 H 和 V。由 $H \cdot \dfrac{dy_1}{dx_1}\bigg|_{x_1=0} = V$,可得:

$$\begin{aligned}
a_1 &= \text{sh}^{-1}\left(\frac{V}{H}\right) \\
b_1 &= -\frac{\text{ch}(a_1)}{c} \\
h_1 &= \frac{1}{c}\left[\text{ch}(cl_1 + a_1)\right] + b_1 \\
s_1 &= \frac{1}{c}\left[\text{sh}(cl_1 + a_1) - \text{sh}(a_1)\right]
\end{aligned} \tag{17-12}$$

② H、V_1 和 V_2 的初值确定。可假定主缆为跨度 L_1、矢高 f_1 的抛物线。

H 的初值取:

$$H_0 = \frac{(q_c + q_b)L_1^2}{8f_1}$$

V_1 和 V_2 的初值 V_0 均取:

$$V_0 = \frac{(q_c + q_b)L_1}{2}$$

(2)无应力索长

中跨主缆:

有应力总索长 $S_1 = \sum\limits_{i=1}^{n_1+1} s_i$,索长总弹性伸长量 $\Delta S_1 = \sum\limits_{i=1}^{n_1+1} \Delta s_i$,无应力总索长 $\overline{S}_1 = \sum\limits_{i=1}^{n_1+1} \overline{s}_i$。

边跨主缆:

有应力总索长 $S_2 = \sum\limits_{i=1}^{n_2+1} s_i$,索长总弹性伸长量 $\Delta S_2 = \sum\limits_{i=1}^{n_2+1} \Delta s_i$,无应力总索长 $\overline{S}_2 = \sum\limits_{i=1}^{n_2+1} \overline{s}_i$。

吊杆间各段主缆的无应力索长 $\overline{s}_i = s_i - \Delta s_i$。

2.2.2 空缆状态

(1)索鞍预偏量

设索鞍预偏量为 d,空缆状态主缆水平力为 $H^\#$。考虑加劲梁在成桥恒载状态的压缩,主缆的中、边跨跨度分别为:

$$L_1^\# = L_1 + 2d, \quad L_2^\# = L_2 - d + \frac{H\left(\frac{L_1}{2} + L_2\right)}{E_b A_b} \tag{17-13}$$

空缆状态主缆的悬链线方程为:

$$y = \frac{1}{C}[\operatorname{ch}(Cx + A)] + B \left(C = -\frac{q_c}{H^\#}\right) \tag{17-14}$$

中跨边界条件:$x=0$ 时,$y=0$;$x=L_1^\#$ 时,$y=0$ 得:

$$A_1 = -\frac{CL_1^\#}{2}, \quad B_1 = -\frac{\operatorname{ch}(A_1)}{C} \tag{17-15}$$

边跨边界条件:$x=0$ 时,$y=0$;$x=L_2^\#$ 时,$y=h$ 得:

$$A_2 = \operatorname{sh}^{-1}\left[\frac{hC}{2\operatorname{sh}\left(\frac{CL_2^\#}{2}\right)}\right] - \frac{CL_2^\#}{2}, \quad B_2 = -\frac{\operatorname{ch}(A_2)}{C} \tag{17-16}$$

中跨主缆的总索长为:

$$S_{1\#} = \int_0^{L_1^\#} \sqrt{1 + \left(\frac{dy}{dx}\right)^2}\, dx = \frac{1}{C}[\operatorname{sh}(CL_1^\# + A_1) - \operatorname{sh}(A_1)] \tag{17-17}$$

中跨主缆的索长总弹性伸长量为:

$$\Delta S_{1\#} = \int_0^{L_1^\#} H^\# \frac{1 + \left(\frac{dy}{dx}\right)^2}{E_c A_c}\, dx = \frac{H^\#}{2E_c A_c}\left[L_{1\#} + \frac{\operatorname{sh}(2CL_1^\# + 2A_1) - \operatorname{sh}(2A_1)}{2C}\right] \tag{17-18}$$

中跨主缆的无应力总索长为:

$$\overline{S}_1^\# = S_1^\# - \Delta S_1^\#$$

同理可得边跨主缆的总索长、索长总弹性伸长量和无应力索分别为:

$$S_1^\# = \int_0^{L_1^\#} \sqrt{1 + \left(\frac{dy}{dx}\right)^2}\, dx = \frac{1}{C}[\operatorname{sh}(CL_2^\# + A_2) - \operatorname{sh}(A_2)] \tag{17-19}$$

$$\Delta S_2^\# = \int_0^{L_2^\#} H^\# \frac{1 + \left(\frac{dy}{dx}\right)^2}{E_c A_c}\, dx = \frac{H^\#}{2E_c A_c}\left[L_2^\# + \frac{\operatorname{sh}(2CL_2^\# + 2A_2) - \operatorname{sh}(2A_2)}{2C}\right] \tag{17-20}$$

$$\overline{S}_2^\# = S_2^\# - \Delta S_2^\# \tag{17-21}$$

根据各跨主缆在成桥恒载状态和空缆状态下的无应力索长均应相等,可知需满足:

$$\overline{S}_1^\# = \overline{S}_1, \quad \overline{S}_2^\# = \overline{S}_2 \tag{17-22}$$

迭代求解时，基本变量为索鞍预偏量 d 和空缆状态水平力 $H^\#$，目标函数分别为中、边跨的无应力索长 $\bar{S}_1^\#$ 和 $\bar{S}_2^\#$，函数目标值分别为 $\bar{S}_1$ 和 $\bar{S}_2$。

(2) 主缆线形

以空缆状态下的中跨任意第 i 段主缆为例，设左右两吊点的坐标分别为 (x_i, y_i) 和 (x_{i+1}, y_{i+1})。

有应力索长为：

$$s_i^\# = \int_{x_i^\#}^{x_{i+1}^\#} \sqrt{1+\left(\frac{dy}{dx}\right)^2}\,dx = \frac{1}{C}\left[\operatorname{sh}(Cx_{i+1}^\# + A_1) - \operatorname{sh}(Cx_i^\# + A_1)\right] \qquad (17\text{-}23)$$

弹性伸长量为：

$$\Delta s_i^\# = \int \frac{T^\#}{E_c A_c}ds = \int_{x_i^\#}^{x_{i+1}^\#} H^\# \frac{1+\left(\frac{dy}{dx}\right)^2}{E_c A_c}dx$$

$$= \frac{H^\#}{2E_c A_c}\left[x_{i+1}^\# - x_i^\# + \frac{\operatorname{sh}(2Cx_{i+1}^\# + 2A_1) - \operatorname{sh}(2Cx_i^\# + 2A_1)}{2C}\right] \qquad (17\text{-}24)$$

无应力索长为：

$$\bar{s}_i^\# = s_i^\# - \Delta s_i^\# \qquad (17\text{-}25)$$

在成桥恒载和空缆两种状态下，吊杆之间各段主缆的无应力索长应相等。可从第 1 段索开始，对每段索的无应力长度进行迭代计算，相容条件为 $\bar{s}_i^\# = \bar{s}_i$。在已知 x_i 的基础上，求得各吊点的纵桥向坐标 x_{i+1}。

将 x_{i+1} 代入 $y = \frac{1}{C}[\operatorname{ch}(Cx + A)] + B$，即可得到各吊点的空缆状态坐标，从而求得空缆线形。

2.2.3 计算流程

多段悬链线法进行自锚式悬索桥主缆线形计算的流程详见图 17-4。

2.3 抛物线法

抛物线法假定主缆自重 q_c 和桥面恒载 q_b 均为沿跨长均布，$w = q_c + q_b = q$，如图 17-5 所示。

2.3.1 成桥恒载状态的主缆线形

基本平衡方程的解为：

$$y = -\frac{q}{2H}x^2 + k_1 x + k_2 \qquad (17\text{-}26)$$

中跨的边界条件：$x=0$ 时，$y=0$；$x=L_1/2$ 时，$y=f_1$；$x=L_1$ 时，$y=0$。则有：

$$H = \frac{qL_1^2}{8f_1}, \quad k_1 = \frac{4f_1}{L_1}, \quad k_2 = 0 \qquad (17\text{-}27)$$

于是，中跨主缆线形方程为：

实例十七　三跨双塔自锚式悬索桥主缆分析

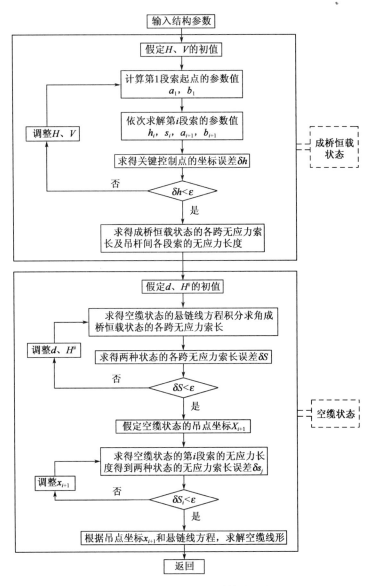

图 17-4　多段悬链线法的计算流程图

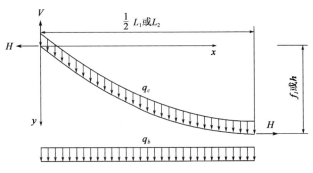

图 17-5　抛物线法的主缆受力示意图

$$y = -\frac{4f_1}{L_1^2}x^2 + \frac{4f_1}{L_1}x \tag{17-28}$$

边跨的边界条件：$x=0$ 时，$y=0$；$x=L_2$ 时，$y=h$。并根据中、边跨的主缆水平力相等原则，将 $H=\dfrac{qL_1^2}{8f_1}$ 代入得：

$$k_1 = \frac{h}{L_2} + \frac{4f_1 L_2}{L_1^2}, k_2 = 0 \tag{17-29}$$

又当 $x=L_2/2$ 时，$y=h/2-f_2$，可得：

$$\frac{L_1^2}{f_1} = \frac{L_2^2}{f_2} \tag{17-30}$$

整理之后，边跨主缆线形方程：

$$y = -\frac{4f_2}{L_2^2}x^2 + \left(\frac{h}{L_2} + \frac{4f_2}{L_2}\right)x \tag{17-31}$$

2.3.2 成桥恒载状态的索长

有应力索长：

$$\text{中跨} \quad S_1 = \int ds = \int_0^{L_1}\sqrt{1+\left(\frac{dy}{dx}\right)^2}dx$$

$$\text{边跨} \quad S_2 = \int ds = \int_0^{L_2}\sqrt{1+\left(\frac{dy}{dx}\right)^2}dx$$

弹性伸长量：

$$\Delta S_1 = \int_0^{L_1} H\frac{1+\left(\frac{dy}{dx}\right)^2}{E_c A_c}dx = \frac{qL_1}{E_c A_c}\left(\frac{L_1^2+16f_1^2}{8f_1} - \frac{4f_1}{3}\right)$$

$$\Delta S_2 = \int_0^{L_2} H\frac{1+\left(\frac{dy}{dx}\right)^2}{E_c A_c}dx = \frac{qL_2}{E_c A_c}\left(\frac{L_2^2+(h+4f_2)^2}{8f_2} - \frac{4f_2}{3} - h\right) \tag{17-32}$$

无应力索长：

$$\text{中跨} \quad \overline{S}_1 = S_1 - \Delta S_1$$

$$\text{边跨} \quad \overline{S}_2 = S_2 - \Delta S_2$$

2.3.3 空缆状态的主缆线形和索鞍预偏量

同样设索鞍预偏量为 d，空缆状态主缆水平力为 $H^\#$。主缆中、边跨跨度分别为：

$$L_1^\# = L_1 + 2d, L_2^\# = L_2 - d + \frac{H_\#\left(\frac{L_1}{2}+L_2\right)}{E_b A_b} \tag{17-33}$$

中、边跨矢高分别为：

$$f_1^\# = \frac{q_c L_1^{\# 2}}{8H^\#}$$

$$f_2^\# = \frac{q_c L_2^{\# 2}}{8H^\#}$$

按 2.3.1 和 2.3.2 节所述，以 q_c、$H^\#$、$L_1^\#$、$L_2^\#$、$f_1^\#$、$f_2^\#$ 分别代替 q、H、L_1、L_2、f_1、f_2，可得到空缆状态的线形方程，并进一步求得主缆的无应力索长。

根据各跨主缆在成桥恒载状态和空缆状态下的无应力索长均应相等，可求得空缆状态 d 和 $H^\#$ 的最优解。

同样，根据吊杆间各索段的无应力长度不变原则，可依次迭代计算出各吊点的纵桥向坐标，代入空缆悬链线方程，从而求出空缆线形，在此从略。

2.4 midas Civil 软件方法

midas Civil 软件通过两个步骤计算自锚式悬索桥的精确线形。首先，通过"悬索桥建模助手"计算地锚式悬索桥的成桥恒载状态下的主缆线形。通过"悬索桥建模助手"生成初始模型时，程序内部经历两个子步骤。第一子步骤通过"节线法"粗略确定主缆线形及坐标，此步骤仅考虑加劲梁自重作为平衡条件。第二子步骤以"节线法"求得的主缆线形、无应力索长为基础，采用悬链线单元，以主缆、加劲梁重量为平衡条件再次进行迭代分析，并生成地锚式悬索桥模型。

对于地锚式悬索桥，可直接使用"悬索桥建模助手"计算的主缆线形以及无应力索长等结果进行其他分析内容。而对于自锚式悬索桥，整个主缆体系发生了变化，需要根据实际桥型对"悬索桥建模助手"生成的模型进行修改，再利用"分析>悬索桥分析控制"功能，进行第二步精确迭代分析，计算最终桥型的主缆线形以及无应力索长。

2.4.1 节线法简介

节线法是利用桥梁自重和主缆张力的平衡方程计算主缆坐标和主缆张力的方法。基本假定如下：

(1) 吊杆仅在横桥向倾斜，垂直于顺桥向。
(2) 主缆张力沿顺桥向分量在全跨相同。
(3) 假定吊杆之间的主缆为直线。
(4) 主缆两端坐标、垂度、吊杆在加劲梁上的吊点位置、加劲梁的恒载等为已知。

吊杆间主缆的张力分布如图 17-6 所示。

通常将索分别投影在竖直面和水平面上，利用在各自平面上张力和恒荷载的平衡关系进行分析，下面分别介绍竖向和水平面内的分析过程。

(1) 竖向平面内的分析

图 17-7 为主缆在竖直平面上的投影图，假设一个跨度内的吊杆数量为 $N-1$，则吊杆将该跨分割成 N 段。

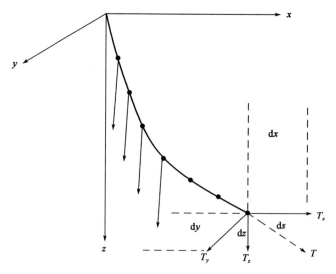

图 17-6　主缆张力示意图

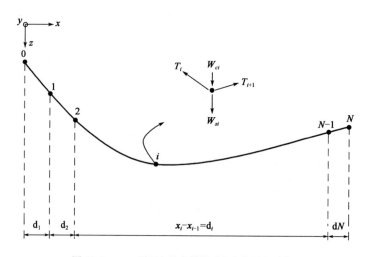

图 17-7　$x-z$ 平面上的主缆线形和力的平衡示意图

W_{si} 是加劲梁和吊杆荷载传递至主缆上的荷载，W_{ci} 是主缆的自重荷载。根据力的平衡条件，在第 i 个节点位置的平衡方程如下：

$$T_1 \frac{d_1}{l_1} = T_2 \frac{d_2}{l_2} = \Lambda = T_N \frac{d_N}{l_N} = T_x$$

$$T_i \frac{d_i}{l_i} = T_{i+1} \frac{d_{i+1}}{l_{i+1}} \quad (i = 1, 2, \cdots N-1) \quad (17\text{-}34)$$

T_i 为节点 $i-1$ 和节点 i 之间的主缆单元的张力，l_i 是主缆单元的长度，T_x 是主缆张力的水平分量。

在横桥向，即 y-z 平面上的力的平衡如图 17-8 所示。

在 y-z 平面上的平衡方程如下：

$$T_i \frac{z_i - z_{i-1}}{l_i} - T_{i+1} \frac{z_{i+1} - z_i}{l_{i+1}} = P_i \frac{z_{Gi} - z_i}{h_i} + W_{ci} \quad (i = 1, 2, \cdots N-1) \quad (17\text{-}35)$$

式中：P_i ——第 i 个吊杆的张力；
h_i ——吊杆的长度。

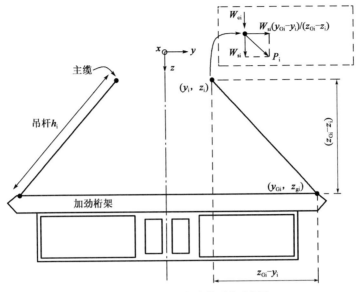

图 17-8　$y-z$ 平面上的力的平衡示意图

由式(17-34)和式(17-35)可以得到 $N-1$ 个方程。

$$T_x\left(-\frac{z_{i-1}-z_i}{d_i}+\frac{z_i-z_{i+1}}{d_{i+1}}\right)=P_i\frac{z_{Gi}-z_i}{h_i}+W_{ci}=W_{si}+W_{ci}$$

$$(i=1,2,\cdots N-1) \tag{17-36}$$

式中：W_{si} ——传递到主缆上的加劲梁和吊杆的荷载；
W_{ci} ——主缆自重荷载。

公式中的变量为 $z_i(i=1,2,\cdots N-1)$ 和 T_x，共有 N 个变量，所以还需要一个条件才能解开方程组。作为追加条件采用跨中的垂度 f 与跨中、两边吊杆的竖向坐标的关系公式：

$$z_{\frac{N}{2}}=\frac{1}{2}(z_N+z_0)+f \tag{17-37}$$

(2)水平面内的分析

与竖向平面的分析一样，同样可以得到 $N-1$ 个水平面内的平衡关系公式：

$$T_x\left(-\frac{y_{i-1}-y_i}{d_i}+\frac{y_i-y_{i+1}}{d_{i+1}}\right)=P_i\frac{y_{Gi}-y_i}{h_i}=W_{si}\frac{y_{Gi}-y_i}{z_{Gi}-z_i}$$
$$(i=1,2,\cdots N-1) \tag{17-38}$$

水平张力 T_x 可由竖向平面内的分析求得，主缆两端的 y 轴坐标 y_0，y_N 为已知，共有 $N-1$ 的变量 $y_i(i=1,2,\cdots N-1)$。

2.4.2 精确迭代分析

通过"悬索桥建模助手"生成的模型，因计算方法的基本假定，只能得到地锚式悬索桥成桥状态模型。把模型修改为自锚式悬索桥模型后,利用"分析>悬索桥分析控制"功能考虑所有结构体系进行精确迭代分析。

3 建模要点

3.1 成桥恒载状态分析

(1)悬索桥建模助手

通过"悬索桥建模助手"的参数输入和计算分析,自动生成地锚式悬索桥成桥恒载状态的主缆坐标、主缆和吊杆的内力。参数输入如图17-9所示。

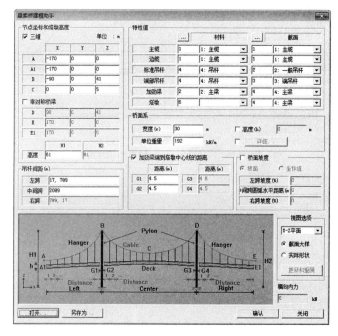

图17-9 悬索桥建模助手

(2)空间杆系模型

将"悬索桥建模助手"生成的模型,修改为自锚式悬索桥。空间模型如图17-10所示。

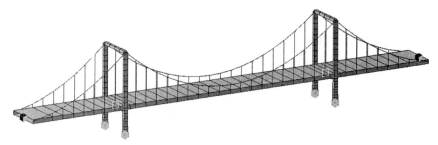

图17-10 自锚式悬索桥模型

(3)精确迭代分析

利用"悬索桥分析控制"再次进行精确迭代分析,计算自锚式悬索桥的成桥平衡状态。见

图 17-11。

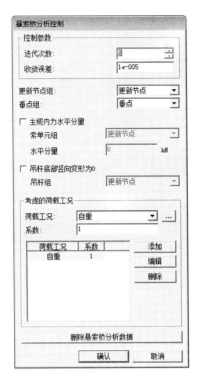

图 17-11 悬索桥分析控制

(4) 初始单元内力和几何刚度矩阵

利用"悬索桥分析控制"进行精确迭代分析后,自动生成描述索单元状态的"初始单元内力"、"几何刚度初始荷载"、"平衡单元节点内力"等数据,可用于后续的倒退分析以及成桥荷载的受力分析。

3.2 空缆状态的倒退分析

以成桥恒载状态为基础,通过拆除吊杆的倒退分析,可得到自锚式悬索桥空缆状态的计算结果。

(1) 索塔支点的约束释放

为了模拟吊杆张拉过程中的索鞍顶推调整,必须使主缆相对于塔顶可以自由滑动,模型中通过刚性连接释放纵向约束来实现。见图 17-12。

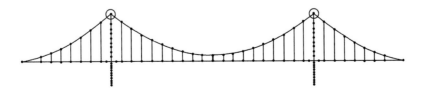

图 17-12 释放塔顶梁端纵向约束

(2)吊杆拆除

第一步:拆除边跨吊杆及与边跨对称布置的中跨吊杆,见图 17-13。

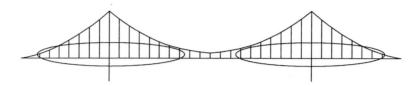

图 17-13　吊杆拆除(第一步)

第二步:拆除剩余的中跨吊杆,见图 17-14。

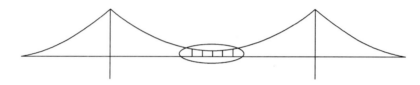

图 17-14　吊杆拆除(第二步)

第三步:得到空缆状态,见图 17-15。

图 17-15　空缆状态

(3)索单元内力和信息

运行分析后,在"结果〉分析结果表格〉索单元〉内力和信息"中,查看主缆和吊杆的受力状态和几何参数等结果。

4　分析结果与结论

4.1　主缆坐标

表 17-1 和表 17-2 为多段悬链线法、抛物线法和 midas Civil 软件算法计算的自锚式悬索桥在成桥恒载和空缆两种状态下的主缆坐标。

成桥恒载状态的主缆坐标(m)　　表 17-1

		x	0	9	18	27	36	45	54	63	72	81
中跨	y	多段悬链线	5	5.359	6.437	8.233	10.749	13.985	17.942	22.620	28.022	34.148
		抛物线	5	5.360	6.440	8.240	10.760	14.000	17.960	22.640	28.040	34.160
		midas Civil	5.000	5.359	6.437	8.234	10.750	13.986	17.943	22.621	28.023	34.149

续上表

		x	90	99	108	117	126	135	144	153	170
边跨	y	多段悬链线	41	33.531	26.790	20.774	15.483	10.914	7.068	3.942	0
		抛物线	41	33.548	26.815	20.803	15.510	10.938	7.085	3.953	0
		midas Civil	41.000	33.532	26.790	20.775	15.483	10.914	7.068	3.941	0.000

空缆状态的主缆坐标(m)　　　　　　　　　　　　　　　　　　　　表 17-2

中跨	x	多段悬链线	0	8.992	17.989	27.001	36.030	45.077	54.135	63.197	72.248	81.274
		抛物线	0	8.990	17.982	26.978	35.978	44.983	53.995	63.013	72.037	81.066
		midas Civil	0.000	8.989	17.986	26.997	36.025	45.069	54.125	63.183	72.231	81.254
	y	多段悬链线	6.097	6.428	7.425	9.095	11.451	14.512	18.295	22.819	28.101	34.157
		抛物线	5.474	5.828	6.890	8.659	11.139	14.329	18.233	22.850	28.183	34.233
		midas Civil	6.042	6.374	7.373	9.048	11.412	14.480	18.272	22.804	28.095	34.158
边跨	x	多段悬链线	90.257	99.126	108.054	117.023	126.020	135.029	144.039	153.043	170.015	
		抛物线	90.101	99.109	108.111	117.109	126.101	135.089	144.072	153.053	170.015	
		midas Civil	90.234	99.103	108.030	116.999	125.995	135.003	144.013	153.017	169.989	
	y	多段悬链线	41	33.405	26.596	20.564	15.297	10.778	6.991	3.917	0	
		抛物线	41	33.584	26.881	20.891	15.612	11.043	7.183	4.030	0	
		midas Civil	41.007	33.412	26.602	20.569	15.300	10.779	6.991	3.916	0.000	

4.2 内力、索长和索鞍预偏量

成桥恒载状态和空缆状态下的主缆内力、索长以及索鞍预偏量计算结果见表 17-3 和表 17-4。

成桥恒载状态的内力和索长　　　　　　　　　　　表 17-3

计算方法＼项目	水平力 H (kN)	竖向力 V_1 (kN)	有应力索长(m)		索弹性伸长(m)		无应力索长(m)	
			中跨	边跨	中跨	边跨	中跨	边跨
多段悬链线法	11324	8646	197.656	91.065	0.262	0.122	197.393	90.943
抛物线法	11299	8646	197.681	91.083	0.257	0.123	197.425	90.960
midas Civil	11259	8595	197.655	91.065	0.255	0.122	197.400	90.943

空缆状态的内力、索鞍预偏量和索长　　　　　　　　表 17-4

计算方法＼项目	水平力 $H^\#$ (kN)	竖向力 $V^\#$ (kN)	索鞍预偏量 (m)	有应力索长(m)		索弹性伸长(m)	
				中跨	边跨	中跨	边跨
多段悬链线法	542	438	0.257	197.406	90.949	0.012	0.006
抛物线法	507	444	0.101	197.436	90.965	0.011	0.005
midas Civil	541	438	0.234	197.412	90.949	0.012	0.006

4.3 结论

(1)相对于采用分段悬链线假定的精确方法,近似的抛物线法在自锚式悬索桥线形计算时具有计算简便的优点,但会带来一定程度的误差。

(2)对于成桥恒载状态,抛物线法的计算误差很小,一般可满足工程设计和施工的精度要求,但空缆状态的吊点坐标和索鞍预偏量结果误差很大,须予以重视。

(3)midas Civil 软件通过两个步骤计算的自锚式悬索桥精确线形与分段悬链线法计算结果基本吻合,完全能够达到设计和施工要求的精度。

第五篇　其他工程实例

- 自锚式悬索与斜拉组合体系桥
- 自锚式悬索桥的动力分析
- 连续刚构桥 0# 块分析
- 斜拉桥主塔承台水化热分析
- 斜拉桥主塔下横梁施工临时支撑分析

实例十八

自锚式悬索与斜拉组合体系桥

1 桥梁概况

1.1 工程概况

常州龙城大桥是京杭运河常州市区改建工程中新建的十一座景观桥梁之一,该桥位于常州市武进区常武路,主桥采用三跨自锚式悬索与斜拉组合结构体系,是世界上首座将斜拉与悬索两种完全不同的索结构体系进行组合的桥梁。

中跨采用悬索结构,主缆一端锚固于纵梁端部,另一端经过次塔后散成7根次缆锚固于主塔。主塔采用拱形结构,宽度沿高度方向变化,主梁采用箱形结构,主跨跨中部分采用钢—混凝土结合梁,其余部分采用预应力混凝土箱梁。主塔边跨设置5根斜拉背索,用以平衡主缆的拉力。该桥造型独特,寓意深刻,具有良好的景观效果,建成后将成为常州市的地标建筑。图18-1为该桥的建筑效果图。

图 18-1 龙城大桥鸟瞰图

龙城大桥主桥跨径组合为72.2m+113.8m+30m,京杭运河规划河口宽度为90m,桥梁采用一跨过河的形式,同时考虑桥墩的布置,采用斜桥正做。图18-2为桥梁总体布置图。

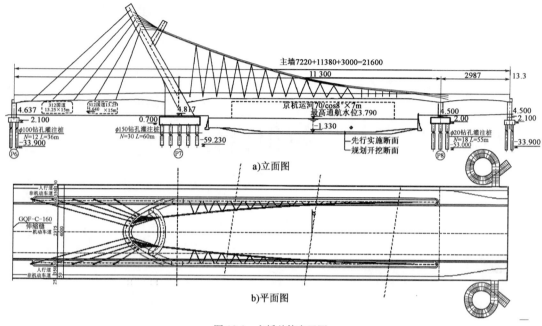

图18-2 主桥总体布置图

该桥不仅外观新颖,结构受力上也具有许多创新之处。主桥中使用了多种受力体系和结构形式,从受力上,该桥是连续刚构与索支承的组合受力体系,而桥塔则为拱式受力体系。从结构形式上,主梁分别采用了预应力混凝土梁和钢—混凝土结合梁,两者之间又组成混合梁的结构形式。主跨采用的自锚式悬索形式,主缆为空间线形,吊杆则采用了横断面上带内倾角度、立面上交叉式的英国式吊杆,这种形式也具有独创性。

1.2 主要技术标准

(1)道路等级:城市主干道,计算行车速度60km/h。
(2)设计荷载:公路-Ⅰ级;人群荷载3.5kN/m^2。
(3)抗震设防标准:基本烈度7度,工程区域地震动峰值加速度为0.10g。
(4)桥梁横断面(主桥):0.25m(栏杆)+1.50m(人行道)+3.5m(非机动车车道)+3m(布索区)+23.5m(车行道)+3m(布索区)+3.5m(非机动车车道)+1.50m(人行道)+0.25m(栏杆)=40.00m。

2 建模分析

本桥结构体系十分复杂,主跨采用悬索体系,边跨采用斜拉体系,无论主缆还是斜拉索均锚固于主梁。主跨主缆在施工过程中有很大的变形,成桥状态和挂缆初期主缆单元的位置和应力完全不同,因此无法在一个模型中同时进行施工阶段和运营阶段的分析。

悬索桥结构分析一般分为成桥阶段分析和施工阶段分析。通常,首先确定悬索桥初始平衡状态下的结构形状(主缆的线形),然后采用施工阶段倒退分析(倒拆)得到主缆架设时的线形。

由于以下原因,本桥很难通过软件直接获得主缆的初始平衡状态。

(1)主缆是空间缆。
(2)主缆采用自锚体系。
(3)主缆只有半跨。
(4)主缆在空中分成7根分缆。
(5)吊杆采用交叉斜吊杆。

midas Civil软件的悬索桥建模助手能够很好的解决问题(1)、(2)、(3),但无法直接求解其余问题。

实际分析时,先利用悬索桥建模助手建立一个对称的空间自锚悬索桥,然后取其一半主缆线形作为基本缆形,按设计建立其余结构单元,通过倒拆分析得到主缆架设时的线形,最后再综合考虑构造、受力、施工等因素对初始缆形进行手工修正,以求达到一个"理想状态"。这个过程实际上存在很大的主观因素,但考虑到本桥的特殊性,也没有更好的方法。

得到初始状态后,按照设计的施工流程进行施工阶段建模,其中最大的难点是主缆力的施加。

自锚式悬索桥主缆力施加通常用两种方法,一种是通过张拉吊杆施加;另一种是通过强制主梁变形带动吊杆来施加。本桥采用了第一种方法。由于吊杆张拉的"相干性",吊杆张拉过程会十分复杂,表现在张拉轮次多,主缆力增加缓慢。而且本桥由于采用交叉斜吊杆,在一个索夹上锚固了两根交叉吊杆,张拉过程变得更为复杂。此外,由于主缆在空中散成七股,如果不进行控制,将导致七根分缆的受力非常不均匀,因此必须对分缆进行一定张拉以平衡各分缆之间的受力。

设计时,尝试了各种方案,通过迭代计算,逐步寻找到一套比较优化的张拉方法,整个索力张拉只需要三个轮次,并进行了全桥1∶20模型试验,证实方案可行。

本文主要介绍施工阶段计算的结果。

2.1 模型概况

主梁、桥塔等刚性杆件以成桥理论竖曲线为基准进行结构离散,主缆则以初始安装线形位置模拟。建立空间杆系计算模型,由于主缆节点位置对其受力有明显影响,模型建立时需精确考虑索股锚固点位置。计算模型见图18-3,几何模型见图18-4。

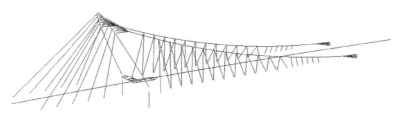

图18-3　全桥结构计算模型

全桥模型一共有节点 465 个,单元 343 个,考虑了支座和主墩承台以上的全部结构构件。由于次塔柱在成桥之前不参与结构受力,因此计算模型中未予考虑。模型截面除叠合梁外均采用参数化截面来模拟结构的实际形状。

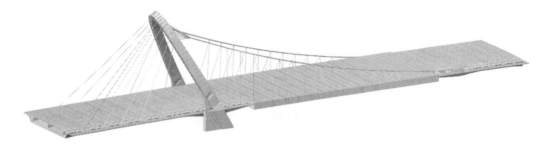

图 18-4　全桥结构几何模型

2.2 材料

主桥预应力混凝土梁、叠合梁桥面板、下塔柱采用 C50 混凝土,桥塔内采用 C50 无收缩混凝土。混凝土主要力学性能符合《公路钢筋混凝土及预应力混凝土桥涵设计规范》(JTJ D62—2004)的要求,具体见表 18-1。

混凝土材料性能表　　　　表 18-1

标号	弹性模量 (MPa)	剪切模量 (MPa)	泊松比	热膨胀系数	轴心抗拉设计值 (MPa)	轴心抗压设计值 (MPa)
C50	34500	13800	0.2	0.00001	1.83	22.4

结合梁钢结构和桥塔 A 段、B 段以及次塔柱采用 Q345qC 钢材,桥塔 C 段采用 Q420qD 钢材,其力学性能见表 18-2,钢材屈服强度及其相关容许应力随板厚的变化根据《桥梁用结构钢》(GB/T 714—2000)规定执行。

结构钢材性能表　　　　表 18-2

钢号	弹性模量 (MPa)	剪切模量 (MPa)	泊松比	热膨胀系数	屈服强度 (MPa)	轴向容许应力 (MPa)	弯曲容许应力 (MPa)	剪切容许应力 (MPa)
Q345qC	206000	79000	0.3	0.000012	345	200	210	120
Q420qD	206000	79000	0.3	0.000012	420	247	260	148

midas Civil 软件的材料数据库涵盖了国内主要设计规范中的材料,可以方便地使用内嵌的数据库定义各种材料。

2.3 单元类型

主梁、桥塔、下塔柱采用"空间梁单元",斜拉索和刚性吊杆采用"空间桁架单元",主缆、分缆和斜吊杆采用"只受拉索单元"。

在 midas Civil 软件中,索单元需要给出以下三个参数之一:"无应力长度 L_u"、"初拉力"或"水平力"。三个参数可任意选择且只能选择一个进行输入,使用时应根据结构实际情况采用。

对于本桥,从次塔柱散索点到主梁散索点之间的索体与常规悬索结构的主缆特征相似,可以使用"无应力长度L_u"或"水平力"输入。对于标准的对称的三跨悬索桥,设计时一般假定全部或确定比例的上部结构荷载由缆索系统承担,根据 $H=qL^2/8f$ 即可求得成桥时主缆在跨中(主缆最大垂度位置)的水平力,且这种标准的对称的悬索桥的主缆立面线形一般只控制跨中的垂度,由索体自动寻找平衡位置,因此一般采用"水平力"作为缆索单元的参数输入。由于本桥为组合受力体系,刚构体系的受力特点比较难精确地确定缆索的分配比例,而非对称的结构更难精确地确定主缆的水平力,只能初步估算缆索的水平力(4 500~5 000tonf),因此采用"无应力长度L_u"作为参数输入,这样也可以更好地控制缆索的线形,满足本桥对景观的要求。实际应用中,经过多次试算确定最优的成桥线形后根据索力值得到"无应力长度L_u"。

对于主缆散索后的七根分缆,由于需要在挂索后的初始阶段进行索力值的精确调整(张拉索股),因此采用"初拉力"作为单元输入参数。

2.4 截面

midas Civil 软件中具有丰富的截面数据库,用户可以很方便地对截面进行参数化定义。参数化定义方式对于设计是一个十分有用的工具,通过修改截面参数,可以迅速的更新模型和计算结果,以优化设计。本桥的主缆、斜拉索和吊杆以及桥塔的 AB 段(钢—混凝土组合截面)的截面就是使用这种方式定义的。其中,桥塔 AB 段的截面采用软件中的"联合截面"类型定义,同时将截面适当细分,用不断变化的等截面来模拟变截面。

由于受各种因素的影响,实际结构的截面形式千变万化,软件中的截面数据库尽管已经非常丰富,仍然不能涵盖全部的截面。在这种情况下,midas Civil 软件中自带的"截面特性值计算器"则可以解决对于任意形状截面的定义问题。同时,任意截面还可以应用到 PSC 截面上,用于预应力混凝土结构的验算,大大提高了软性的实用性。本桥中的桥塔 C 段(钢结构)和下塔柱利用"截面特性值计算器"进行任意截面定义,图 18-5 直观地显示了桥塔钢结构和下塔柱的形式。

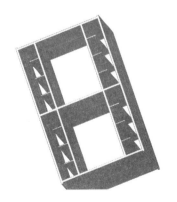
a)桥塔段(钢结构)

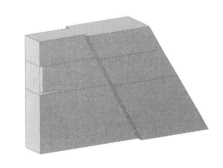
b)下塔栓

图 18-5 任意截面的定义

"任意截面"可以精确地模拟各种复杂和特殊截面,但是它没有"参数化截面"可以快速编辑截面的功能,因此对于某些截面,虽然不能从截面数据库中找到完全相同的类型,但可以找到比较接近的类型,在设计之初拟定截面尺寸的时候,可以先使用这些近似类型的截面建立参数化截面,进行截面设计。最后再使用"任意截面"进行精确分析与验算。

叠合梁截面由于不能使用以上方式建立截面,因此采用数值输入方式(直接输入截面特性)。叠合梁有钢与混凝土两种材料组成,以钢材为基准材料进行截面特性换算,在满足平截面假定和两种材料连接可靠的条件下,可以使得换算后的截面刚度信息等效于组合截面,由于截面中只有一个表示面积的参数 A,如果保证了轴向刚度 EA 等效,就不能保证截面重量等效,此时可以使用软件中的"截面特性调整系数"来调整截面的重量信息。

最后,对于 PSC 截面,还需要输入截面钢筋信息以进行截面验算。

2.5 边界条件

(1)外部边界条件

计算模型的外部边界条件分为永久边界条件和施工边界条件。永久边界条件指成桥时的约束,即主墩(P7 墩)塔底固结,P6、P8 和 P9 墩根据支座类型在主梁节点上施加约束。施工边界条件指施工过程中的临时约束,即主梁和桥塔的支架以及 P8 墩的临时纵向约束。为了模拟支架,采用"弹性连接"中的"只受压"类型模拟支架,在缺乏试验参数的情况下,支架的弹性系数可取 $1.0 \times 10^6 \mathrm{kN/m}$。主梁施工的支架模拟如图 18-6 所示。

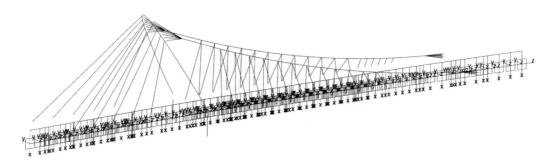

图 18-6 主梁施工的支架模拟

(2)内部边界条件

主梁采用的脊骨梁形式模拟,吊杆、斜拉索和主缆入梁锚固等是通过"刚性连接"的"主从约束"与主梁相应节点进行连接。其他由于建模原因引起的节点偏离通过"刚性连接"进行处理。图 18-7 显示的是全桥内部约束的情况。

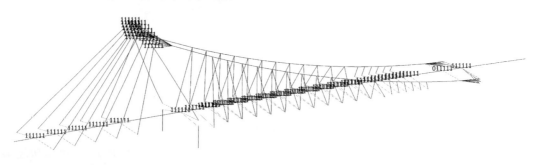

图 18-7 主桥内部约束情况

2.6 作用(荷载)

(1)结构重力

主梁、桥塔和缆索的重量由软件根据材料和截面特性自动计算,混凝土梁和叠合梁横梁的重量通过节点集中荷载施加到纵梁节点上。索体防护层重量按索体自重的11.5%计算,并换算为集中荷载与索夹、散索套等重量一起施加到缆索节点上。

(2)二期恒载

铺装层、栏杆等重量换算为均布荷载施加到主梁单元上,换算值109kN/m。

(3)预应力荷载

主梁中配置了纵向预应力钢束,按实际位置建立"钢束形状",考虑了不同腹板高度以及外侧斜腹板对钢束形状的影响,预应力荷载按设计值施加。

(4)缆索张拉力

自锚式悬索桥的施工方法不同于常规的地锚式悬索桥,一般采用"先梁后缆"的施工方法,即先支架施工主梁,然后挂索,最后通过张拉吊杆达到设计状态。

不同于一般自锚式悬索桥由主缆承担全部恒载,本桥为组合体系桥梁,因此存在一个体系受力分配的问题,吊杆设计力成为决定主缆与主梁分担恒载比例的关键因素,见表18-3。叠合梁一期恒载约为503kN/m,二期恒载为109kN/m,每个节段(6m)的一期恒载重3018kN、二期恒载重654kN,吊杆设计竖向力为480kN,占一期恒载的64%,全部恒载(一期+二期)的52%。

吊杆索力 表18-3

吊杆编号	与竖直方向夹角(°)	竖直力(kN)	吊杆力(kN)
H1	16.4	480	500.4
H2	16.49	480	500.6
H3	16.84	480	501.5
H4	16.94	480	501.8
H5	17.39	480	503.0
H6	17.48	480	503.2
H7	18.06	480	504.9
H8	18.15	480	505.1
H9	18.91	480	507.4
H10	19.01	480	507.7
H11	19.99	480	510.8
H12	20.1	480	511.1
H13	21.35	480	515.4
H14	21.53	480	516.0
H15	23.15	480	522.0

续上表

吊杆编号	与竖直方向夹角(°)	竖直力(kN)	吊杆力(kN)
H16	23.38	480	522.9
H17	25.44	480	531.5
H18	25.73	480	532.8
H19	28.31	480	545.2
H20	28.56	480	546.5
H21	31.64	480	563.8
H22	32.13	480	566.8
H23	35.67	480	590.8
H24	36.03	480	593.5
S1	17.47	240	251.6
S2	17.51	240	251.7
S3	18.81	240	253.5
S4	19.96	240	255.3
S5	21.71	240	258.3
S6	24.44	240	263.6

主缆力通过张拉吊杆实现,而斜拉索力则需要根据桥塔侧各分主缆力的大小确定,通过张拉斜拉索平衡分主缆力,以保证桥塔不会受到过大的不平衡力。一般来说,对于对称布置的斜拉桥,主跨侧的斜拉索和边跨的斜拉索索力基本上是一一对应关系。而本桥由于以下原因不能直接根据分缆力直接得到斜拉索力。

(1)分主缆一侧为7根,斜拉索一侧为5根,数量是不对称的。

(2)桥塔在立面上向边跨倾斜角度较大,缆索入塔角度上的差异会加剧锚固位置的不对称。

(3)不同于一般斜拉桥,本桥缆索布置间距很小,如分缆立面上下两根索的竖向间距仅为1.67m,使得相邻索力"相干"程度很大。

因此,我们很难从理论上一步确定索力之间的关系。但是利用有限元软件计算速度快的优势,可以根据缆索空间布置,假定每根拉索索力的关系,然后通过试算修正索力,修正目标是保证桥塔的变形控制在2cm以内(满足设计要求),最后得到斜拉索索力见表18-4。

斜拉索索力　　　　　表18-4

斜拉索编号	索力(kN)	斜拉索编号	索力(kN)
C1	5982	C4	5852
C2	5716	C5	6010
C3	5952	—	—

因为设计索力是指扣除各类瞬时和过程损失之后的索力，采用 midas Civil 软件中的"体外力"模拟斜拉索和吊杆的张拉力，将"施工阶段分析控制"中的"索初拉力控制"选项勾选"体外力"即可。

2.7 施工阶段模拟

由于缆索张拉时相互之间的影响不能忽略，因此细致模拟了每根（组）索的张拉，一共建立41个施工阶段，见表18-5。表中张拉力指的是锚下力，张拉时要求同一个阶段的吊杆或斜拉索应对称同步张拉到设计力。

施工阶段的划分　　　　　　　　　　表18-5

阶 段 号	阶 段 内 容 描 述	
1	施工主墩下塔柱，支架上施工混凝土梁	
2	支架上施工叠合梁和桥塔，张拉主梁纵向预应力	
3	安装斜拉索并锚固	
4	安装主缆索股和散索套	
阶段号	安装（张拉）吊杆/斜拉索编号	张拉力(kN)
5	H13	3112.2
	H14	2210.5
6	C3	3231.0
7	C2	3270.0
8	C4	3062.0
9	C1	3306.0
10	C5	3074.0
11	H15	1918.6
12	H16	1010.2
13	H11	1733.1
	H12	943.9
14	H17	2004.3
	H18	1063.9
15	H9	1691.6
	H10	914.8
16	C3	4700.0
17	C4	4454.0
18	C2	4756.0
	C1	4809.0
19	C5	4475.0
20	H19	1971.2
21	H20	1093.7

续上表

阶 段 号	阶 段 内 容 描 述	
22	拆除叠合梁斜吊杆区域的支架	
23	H8	912.1
24	H7	1491.7
	H21	1833.0
	H22	953.9
25	H5	1254.2
	H6	768.9
26	H23	1523.6
	H24	722.4
27	H3	920.5
	H4	617.7
28	C3	6419.4
29	C4	5925.1
30	C2	6097.6
	C1	5709.4
31	C5	5569.2
32	H1	520.8
33	H2	481.8
34	拆除主梁剩余支架	
35	S2	890.4
36	S1	1038.5
	S3	766.5
37	S4	622.2
38	S5	459.4
39	S6	266.5
40	施加二期恒载	
41	徐变收缩 1000d	

3 分析结果

未注明时，以下分析结果均指成桥时结果，即模型中"二期恒载"施工阶段末时的分析结果。

3.1 反力

上部结构（包含下塔柱）全部恒载重量为 241 281kN，各墩支座反力和塔底反力见表 18-6，其中 P6、P9 墩未计入引桥箱梁传递给横梁牛腿上的压重。

实例十八 自锚式悬索与斜拉组合体系桥

恒 载 反 力 合 计 表 18-6

位　　置	F_z (kN)	M_y (kN·m)
P7 墩下塔柱反力(东侧)	82 596	−123 640
P7 墩下塔柱反力(西侧)	82 278	−123 909
P6 墩支座合计	6 910	0
P8 墩支座合计	63 417	0
P9 墩支座合计	6 080	0
反力合计	241 281	—

3.2 结构变形

(1) 主缆变形

在吊杆张拉过程中,随着主缆力的增加,主缆(索夹)会发生较大位移,通过软件的几何非线性功能求解主缆的变形值。由于吊杆横向有倾角,因此主缆不仅发生竖向和纵向(顺桥向)变形,还会发生较大的横向变形。同时由于交叉吊杆的采用,索夹的纵向变位也大于一般直吊杆悬索桥,这一部分的变形不容忽视,否则将会影响成桥的吊杆形状。经过反复试算,得到索夹的初始预偏值,按考虑预偏值的位置建立节点,确保成桥主缆线形符合设计要求。主缆(索夹和散索套)从主缆安装就位后自重平衡状态下到成桥状态累计变形值见表 18-7,最大值出现在 J7 号索夹处。

主缆施工过程中变形值 表 18-7

说　　明	施 工 相 对 位 移		
	Dx (cm)	Dy (cm)	Dz (cm)
次塔柱散索套	5.6	−25.9	6.0
索夹 J1	−16.9	−90.2	−50.4
索夹 J2	−25.7	−110.6	−74.9
索夹 J3	−32.5	−127.8	−95.6
索夹 J4	−37.3	−141.6	−112.3
索夹 J5	−40.4	−152.2	−125.3
索夹 J6	−41.7	−159.3	−133.9
索夹 J7	−41.7	−163.1	−138.6
索夹 J8	−40.4	−163.5	−138.9
索夹 J9	−38.0	−160.5	−134.9
索夹 J10	−34.5	−153.9	−126.1
索夹 J11	−30.3	−143.7	−112.6

续上表

说　明	施 工 相 对 位 移		
	Dx(cm)	Dy(cm)	Dz(cm)
索夹 J12	−25.4	−129.9	−94.0
索夹 J13	−20.0	−112.0	−70.1
索夹 J14	−17.7	−102.6	−59.7
索夹 J15	−15.4	−92.6	−49.7
索夹 J16	−13.2	−82.1	−40.0
索夹 J17	−11.2	−70.9	−30.8
索夹 J18	−9.2	−59.1	−21.9
主梁散索套	−4.2	−0.0	−0.6

(2)主梁变形

在缆索支承下,主梁总体变形较小,混凝土梁由于刚度较大,基本变形在 1cm 以内,叠合梁跨中最大挠度 10.6cm,因此叠合梁需要根据此值设置预拱度,如图 18-8 所示。

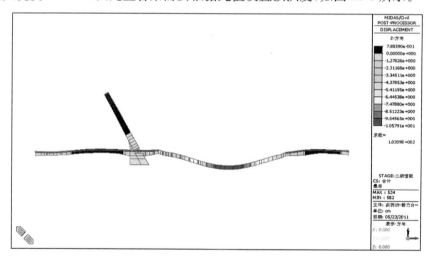

图 18-8　主梁竖向位移等值线图(单位:cm)

3.3 构件内力和应力

(1)主缆

按照前述分配比例,设计控制主缆力在 45 000～50 000kN,计算得到施工阶段最大主缆力近塔侧为 46 294kN,近梁侧为 42 850kN,对应应力为 433MPa 和 401MPa,最大应力对应 1 670MPa 的安全系数为 3.86。如图 18-9 所示。

(2)分缆

分析时发现由于分缆与主缆之间的空间夹角不同,相对于主缆呈现非对称的空间分布,使得分缆力出现很大的不均匀性,成桥分缆力(应力)分布如图 18-10 所示,最大应力为 540MPa,对应安全系数 3.1。

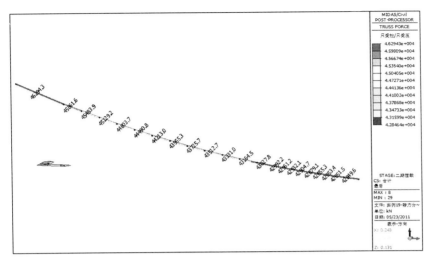

图 18-9　成桥主缆力分布(单位:kN)

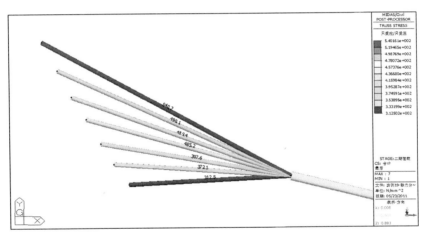

图 18-10　成桥分缆应力分布图(单位:MPa)

(3)斜拉索

斜拉索主要用于平衡分缆对桥塔的作用力,以使得桥塔顺桥向受力在容许范围之内。斜拉索索力变化见表 18-8。可以看出,由于二期恒载的作用,斜拉索索力会有所增加;同时也验证了徐变、收缩会使得索力下降。这种下降幅度虽然不大,但由于收缩、徐变是一个长期的不可逆的过程,且目前对收缩、徐变的各种计算假定也存在不足,因此在混凝土结构中采用拉索结构时,需要对拉索进行长期的监测,必要时进行补张拉。

各斜拉索索力随施工阶段变化(kN)　　　　　　表 18-8

缆索编号	张 拉 时	二 期 恒 载	徐变收缩 1 000d
C1	5629	6011	5945
C2	5270	5744	5709
C3	5451	5978	5951
C4	5349	5876	5844
C5	5567	6032	6010

(4)斜吊杆和刚性吊杆

与斜拉索一样,吊杆力也会随着二期恒载和时间变化发生改变,且这种变化幅度要大于斜拉索。这是因为整体上主跨叠合梁的刚度要小于边跨,而交叉斜吊杆的布置会使得吊杆之间的"相干性"明显大于一般的直吊杆结构。

(5)预应力混凝土梁

成桥阶段梁的上下缘应力分布见图 18-11 和图 18-12,最大压应力为 9.6MPa,满足《公路钢筋混凝土及预应力混凝土桥涵设计规范》(JTG D62—2004)的规定。

$$\sigma'_{cc} \leqslant 0.7 f'_{ck} = 0.7 \times 0.9 \times 32.4 = 20.4 \text{MPa}$$

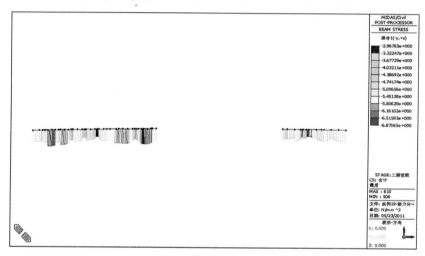

图 18-11 成桥阶段混凝土上缘应力分布(单位:MPa)

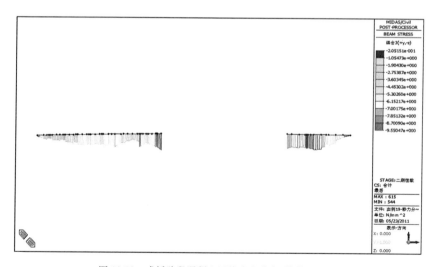

图 18-12 成桥阶段混凝土下缘应力分布(单位:MPa)

(6)钢—混凝土结合梁

钢—混凝土结合梁成桥阶段的内力分布见图 18-13～图 18-15,成桥阶段的上下缘应力分布见图 18-16～图 18-17。成桥阶段的最大钢板压应力为 153.4MPa,最大拉应力 36MPa,混凝土桥面板最大拉应力为 $10.5/5.97=1.76$ MPa,最大压应力为 $60.5/5.97=10.13$ MPa(由于我们按照钢材进行换算,因此图中应力需要除以系数 $5.97=206/34.5$)。

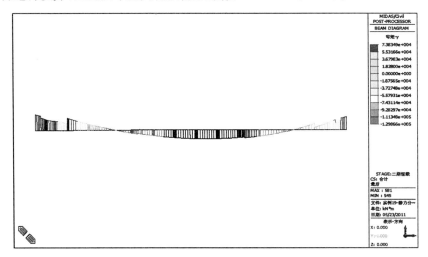

图 18-13　叠合梁成桥内力分布——弯矩(单位:kN·m)

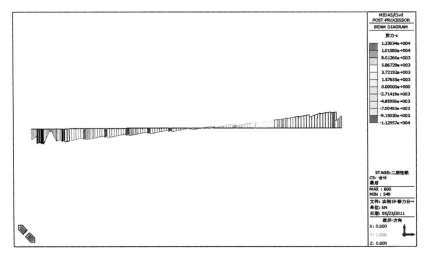

图 18-14　叠合梁成桥内力分布——剪力(单位:kN)

(7)桥塔

桥塔受到缆索力引起的轴力、顺桥向弯矩和横桥向弯矩。顺桥向弯矩通过调整斜拉索力来降低塔根部弯矩值,而横桥向弯矩值只能通过调整索塔平面内线形来改善。由于造型上决定了塔柱在入梁处保持竖直,因此塔柱在成桥横桥向弯矩值相对较大。图 18-18 为桥塔四个角点代表的位置分布,图 18-19~图 18-22 为桥塔四个角点的应力分布。

"1"——纵向为主跨侧,横向为内侧。

"2"——纵向为主跨侧,横向为外侧。

"3"——纵向为边跨侧,横向为外侧。

"4"——纵向为边跨侧,横向为内侧。

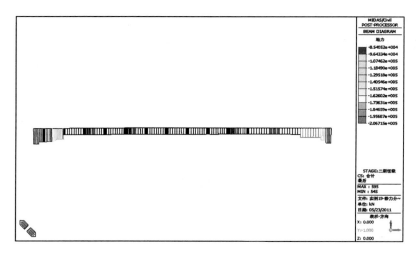

图 18-15　叠合梁成桥内力分布——轴力（单位：kN）

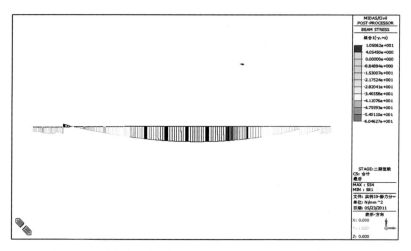

图 18-16　叠合梁成桥应力分布——上缘混凝土桥面板应力（单位：MPa）

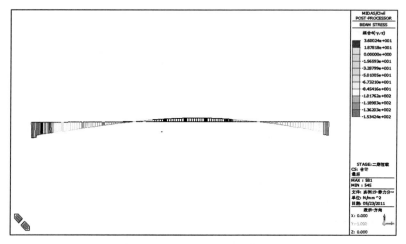

图 18-17　叠合梁成桥应力分布——下缘钢板应力（单位：MPa）

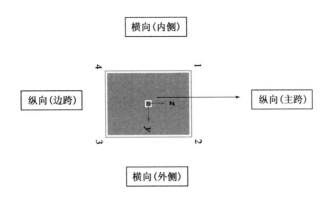

图 18-18 桥塔四角点代表的位置分布

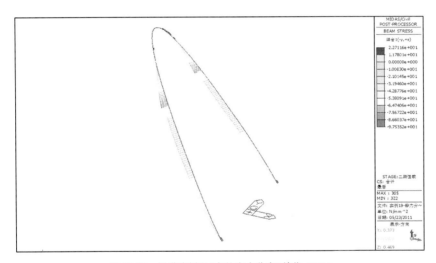

图 18-19 桥塔成桥"1"点的应力分布(单位：MPa)

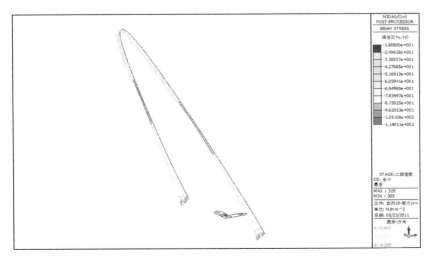

图 18-20 桥塔成桥"2"点的应力分布(单位：MPa)

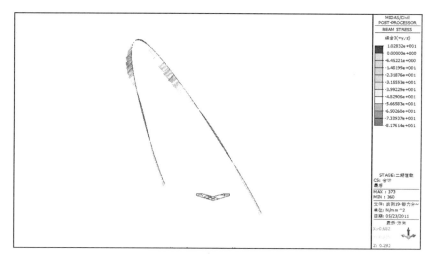

图 18-21　桥塔成桥"3"点的应力分布(单位:MPa)

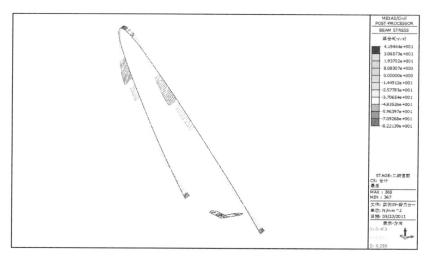

图 18-22　桥塔成桥"4"点的应力分布(单位:MPa)

桥塔 AB 段最大应力出现在塔底,最大压应力 114MPa(2 点),最大拉应力 41.9MPa(4 点)。桥塔 C 段最大压应力出现在 BC 结合处,为 97.5MPa(1 点),最大拉应力出现在塔顶,为 31.5MPa(4 点)。

4　结论

龙城大桥是整个常州市京杭运河改建工程中十一座桥梁之一。常州市京杭运河改建工程是近年来苏南运河升级改造工程中规模较大并具代表性的工程之一。整个工程从 2002 年开始前期规划,一直到 2007 年底以龙城大桥的通车作为整个工程的结束,历时 6 年多。工程在 2009 年被评为"第九届中国土木工程詹天佑奖"。

运河上的十一座桥梁的景观和结构都各具特色,被人形象地称为"桥梁博物馆",而作为整个工程中最重要的桥梁——龙城大桥自身也是一座桥梁结构的集合体。本桥在长安大学进行

1∶20的模型试验,当时长安大学提出来要将试验完成后的模型留在学校,作为教学的工具。桥梁中应用了几乎所有受力结构体系:悬索、斜拉、拱、梁(刚构),同时使用了预应力混凝土、钢结构、组合梁和钢管混凝土等各种结构材料。

  桥梁在追求景观效果时,往往很难同时做到结构合理,它们常常是相互矛盾的。如前所述,本桥的结构体系十分复杂,因此结构分析十分重要。本桥在最初的研究阶段,采用了目前在国内普遍使用的各种有限元分析软件。经过对比,midas Civil 的结构分析功能较为强大,计算结果较为精确。因此最终采用了这款软件。从某个角度来说,没有这样的分析软件作为工具,是无法设计这样一种结构的。

  当然,从纯粹的结构分析角度来说,这样的结构是十分有挑战性的。但是从桥梁建设的整体考虑,我们在选用这种结构时,应尽可能地在景观和结构之间寻找一个平衡点。

实例十九 自锚式悬索桥的动力分析

1 桥梁概况

某桥为自锚式悬索桥,见图 19-1,桥跨布置为 80m+190m+260m+80m,全长共 610m。主桥采用四跨连续半漂浮体系。在索塔两侧三角横撑上和辅助墩、过渡墩顶设置竖向支座,以增加全桥的抗扭刚度;在索塔两侧设置水平横向抗风支座,在辅助墩顶设置横桥向线性弹簧装置,以共同承受横桥向风力作用,也保护了梁端的伸缩装置不会因受较大的横向剪切而破坏;在索塔两侧三角横撑上和辅助墩顶设置纵桥向线性弹簧装置,用以改善全桥的受力状态。主梁采用分离式双箱断面,两个封闭钢箱梁之间用横向连接箱连接。钢箱梁梁高 3.2m。全桥两根主缆,呈空间缆形。索塔塔柱采用 C50 混凝土。索塔为独柱塔,截面采用哑铃形,根部尺寸为 10×10m,向上截面尺寸逐渐缩减为 5×5m,塔顶打开。塔柱总高约 150m。为提高全桥的抗扭刚度,改善结构的动力特性,横桥向在索塔两侧设置三角横撑。索塔基础为群桩基础。

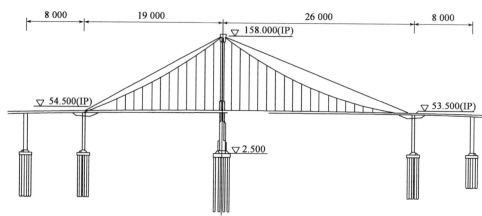

图 19-1 自锚式悬索桥立面布置图(尺寸单位:cm)

2 模型说明

2.1 模型概述

结构动力分析采用空间结构的有限单元方法,有限元计算模型均以顺桥向为 x 轴,横桥向为 y 轴,竖向为 z 轴。利用"空间梁单元"模拟主梁、主塔和墩身,用"空间桁架单元"模拟主缆、吊杆;用"边界单元"模拟单元之间及单元与基础之间的约束关系,用"刚性弹性连接"单元模拟主梁与吊杆之间的连接,用"一般弹性连接单元"模拟支座,用"弹性支承"和"一般支承"模拟群桩基础;主缆、主塔、主梁、吊杆均考虑恒载引起的几何刚度的影响。全桥动力分析模型见图 19-2,该模型共有 323 个单元,330 个节点。

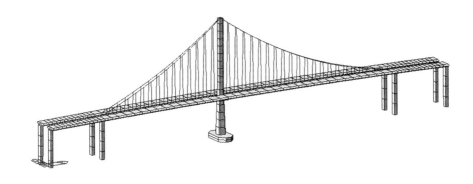

图 19-2 全桥三维模型图

2.2 建模要点

2.2.1 合理的单元划分及模拟

单元类型的选择和单元尺寸的划分是有限元分析首先要解决的问题。一般来说,结构有限元单元网格划分得越精细,分析结果越趋近于解析解。但是,不加控制的一味地加密网格,有可能造成无法承受的计算量。即使采用大规模计算机可以求解,但是由于计算时间过长,使得分析人员不能及时确认分析结果、调整模型,最终很难得到最优的分析结果。对于自锚式悬索桥,索塔、桥墩及基础是抗震分析的重点,上部结构在地震作用下的结构内力通常不会是控制内力,但是其刚度和质量对于结构的动力特性影响甚大。因此,在自锚式悬索桥动力分析模型中,主梁及缆索系统等只需一定的精度,不影响结构动力特性即可;而索塔则需要将单元划分较细,单元截面模拟要准确,关键的计算断面必须划分单元,单元划分的数量应该包括索塔的全部主要振型。

本桥分析模型中,主梁按照吊杆间距进行单元划分,主梁的截面特性采用"截面特性值计算器"进行计算,赋予主梁单元。钢箱梁横隔板、焊缝等主梁截面中不包含的附加一期恒载质量通过"截面特性值调整系数"计入。桥面铺装、护栏、灯柱等二期恒载通过静力工况施加,在动力分析中转换为"节点质量"计入。附加质量的计入可以采用"节点质量"、"换算容重"和"截面特性值调整系数"等方式,只要能够正确地模拟主梁的质量,具体采用哪种方法都是可以的。

过渡墩和辅助墩不是本算例分析的重点,且未采用变截面,振型也较为简单,因此单元划分较粗。主塔为变截面,是本算例分析的重点,单元划分较密,从动力特性分析结果看,已经包含了索塔的主要振型,精度基本满足计算要求。

2.2.2 缆索承重桥梁刚度模拟

缆索承重桥梁的特点之一是缆索系统给上部结构提供了主要刚度,而缆索系统自身的刚度又主要来自于内力导致的初始刚度。通常在抗震分析中,仅考虑恒载作用下结构的内力,不考虑动力作用下结构内力造成的结构刚度变化。

本桥分析中大缆和吊杆的初始内力按照恒载自平衡状态下结构内力赋予单元,索塔和主梁亦赋予相应内力。梁单元初始内力虽然对结构刚度影响较小,但是对结构振型有一定影响。通过比较发现,是否考虑梁单元初始内力对于抗震分析结果影响不明显。

2.2.3 边界条件的正确处理

边界条件主要包括单元之间的支座、弹性约束装置、阻尼装置等。关于此类装置的模拟参见 midas Civil 用户手册。在非线性时程分析中,支座单元模拟应注意摩阻系数的正确选择,摩阻系数通常会受到支座压力、摩擦面相对滑动速度、使用温度、摩擦面的光洁程度等多种因素的影响,应选择最不利工况下的摩阻系数进行分析。

本桥分析中未包括非线性时程分析的内容,所以支座单元采用"一般弹性连接"模拟。

2.2.4 基础的正确模拟

基础模拟是抗震分析中争议较大的课题,大跨度桥梁采用群桩基础较多。群桩基础的模拟方法主要有三种:完全土弹簧模型、等效嵌固模型以及六向土弹簧模型。下面分别对这三种方法进行简单的介绍。

(1)完全土弹簧模型

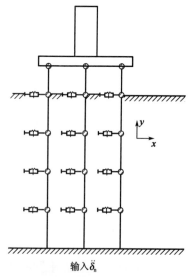

图 19-3 完全土弹簧模型

完全土弹簧模型假定桩侧土是 Winkler 连续介质,将桩—土体系的质量按一定厚度简化并集中为一系列质点,离散成一理想化的参数系统,并用弹簧和阻尼器模拟土介质的动力性质,形成一个包括地下部分的多质点体系,在地震作用下把结构物—桩—地基土作为一个完整的体系来分析其动力反应。如图 19-3 所示,将各单桩按同样的方式集中为若干个质点,然后将两个水平方向的弹簧和阻尼器直接加在群桩中每一单桩的相应节点上。这一方法力学意义简单明了,结果也最为准确,甚至可以直接算出单桩内力。缺点在于对大规模的群桩基础进行非线性时程分析时,由于所需附加的弹簧和阻尼器数量庞大,计算量相当大。并且学者对于土层划分和岩土动力学特性存在较大争议。因此,对于大规模群桩基础,可以采用等效并桩模型来减少计算量。

(2)六向土弹簧模型

六向土弹簧模型是将整个群桩基础的刚度求解出来,然后用六个方向的弹簧刚度进行模拟。此种模型单元数量最小,且对于承台以上部分具有足够的精度,因此也是使用较多的模型。见图19-4。

本桥分析模型中主塔基础采用六向土弹簧模型模拟,六个方向的刚度见表19-1。

主塔底六向土弹簧刚度　　　　　　　　　　表19-1

弹簧方向	k_{xx}	k_{yy}	k_{zz}	m_{xx}	m_{yy}	m_{zz}
刚度(kN/m)	2.2e6	2.2e6	8.3e7	1.1e10	3.8e9	4.2e8

(3) 等效嵌结模型

对于高桩承台,工程界常用的一种简化方法是将桩在冲刷线以下3~5倍直径处嵌固来简化计算分析过程,如图19-5所示。一般认为,对于动力问题,桩在冲刷线以下的嵌固深度 H 应根据单桩的水平刚度等效的原则来确定。但许多桩基础的计算分析表明,根据单桩水平刚度等效的原则确定的嵌固深度 H 仍然处于3~5倍直径范围内。

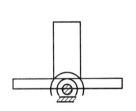

图19-4　六向土弹簧模型

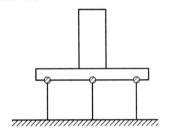

图19-5　等效嵌固模型

2.3 地震作用输入

2.3.1 反应谱输入

通常进行抗震分析时需输入加速度反应谱,单位是加速度单位,横坐标为周期。midas Civil软件有多种加速度输入方式,可以按照规范输入,或者直接输入。建议直接输入反应谱。反应谱可以自定义,通过EXCEL生成后直接拷入"反应谱函数"对话框。这样使用的反应谱函数物理意义明确直观。本桥分析使用的反应谱函数如图19-6所示。

2.3.2 加速度时程输入

通常进行抗震分析时需输入加速度时程,单位是加速度单位,横坐标为时间。通常直接输入地震动加速度时程函数。本桥分析使用的"时称函数"如图19-7所示。

2.3.3 地震作用输入方向及组合

由于地震作用在水平方向的输入是不确定的,即可以任何方向进入桥址场地,通常抗震设计中考虑地震作用沿桥轴线和垂直桥轴线两个方向进行地震力效应组合。AASHTO规范规定了水平力两个工况组合:LC1是在一个垂直方向的力效应绝对值的100%与在第二个垂直方向的力效应绝对值的30%相组合;LC2是在第二个垂直方向的力效应绝对值的100%与在第一个垂直方向的力效应绝对值的30%相组合。国内计算大桥时通常分别计算两个方向水平力，并各自与竖直荷载相组合。竖向地震作用若无单独的地震作用输入，则可采用水平作用的1/2或者2/3。

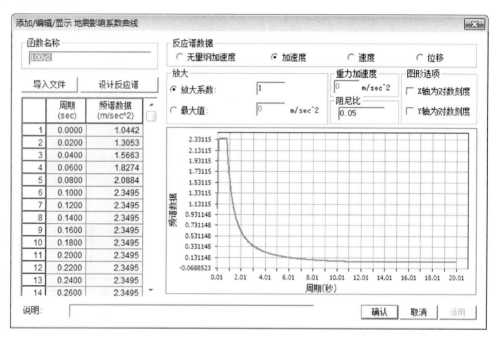

图 19-6　输入反应谱函数

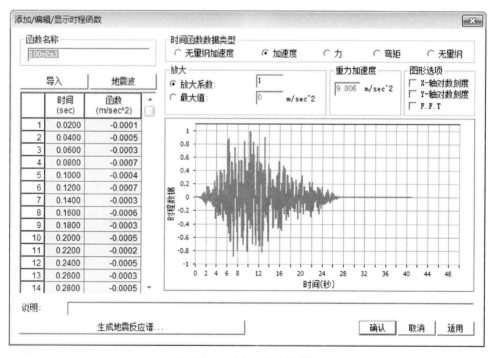

图 19-7　输入加速度时程函数

本桥分析中分别考虑两个水平方向与竖向作用组合的工况,水平向与竖向结果组合采用SRSS法。竖向作用采用水平作用的2/3。

2.4 计算输入控制

2.4.1 特征值分析的控制

特征值分析是地震反应分析的基础,主要应注意分析方法和阶数的选择。经常使用的特征值分析方法包括特征值向量法和多重Ritz向量法,可针对不同结构选取合适的分析方法。一般来说,对于悬索桥结构,可以采用多重Ritz向量法。特征值分析应该包括足够多的阶数,以保证分析中包含了对分析结果产生影响的主要振型。但是,选取的阶数与结构的总自由度有直接关系。通常分析阶数越多,结果精度越高,但会带来很大的计算量。一般来说,分析阶数应该保证足够高的振型参与质量。本桥分析中特征值分析采用多重Ritz向量法,阶数为300阶。

2.4.2 反应谱方法的控制

反应谱方法主要应注重振型组合方法的选择,通常分析中采用CQC法。本桥分析反应谱振型组合采用CQC法。

2.4.3 线性时程积分方法的控制

线性时程积分方法主要有直接积分法和模态积分法。前者为步步积分法,应注意时间积分参数的选择,通常选择midas Civil软件中默认的参数即可。直接积分法不依赖于振型分析,精度较高,但是分析时间长;模态积分法分析时间较短,但精度依赖于振型分析的阶数。本桥分析采用模态积分方法。

3 分析结果及评价

3.1 动力特性及振型

3.1.1 悬索桥振型

动力特性分析是结构动力响应分析(包括风振、地震动反应、车激振动等各种作用分析)的基础。因此,对结构模型正确与否首先应通过结构动力效应进行判断。大跨度悬索桥前几阶振型通常为纵飘、竖弯或者平弯,根据跨径和结构各部分刚度及约束条件的影响,第一阶周期通常为长周期,可以达到10~15s,超大跨径甚至可以达到20s。自锚式悬索桥体系介于地锚式悬索桥与斜拉桥之间,一般来说第一阶周期在5~10s之间,或者稍短。本桥第一阶周期为5.12s,振型为纵飘,如图19-8所示。

3.1.2 可能出现的错误

(1)主梁扭转

由于抗震分析中对于主梁的扭转刚度并不是特别敏感,且扭转刚度的求解较为复杂,所以有些软件使用者在主梁扭转刚度中任意输入一个数值(通常是一个小值)。对于单主梁模型的结构,就有可能出现低阶振型奇异的现象,如图 19-9 所示,这是由于扭转刚度过低而造成的。所以,分析中应尽可能地准确输入扭转常数等各项信息。

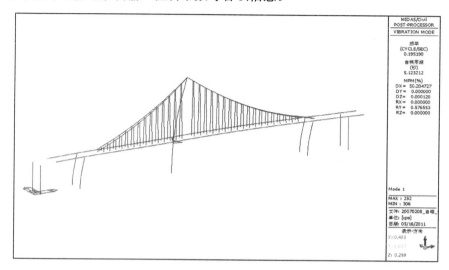

图 19-8 第一阶振型(纵飘)

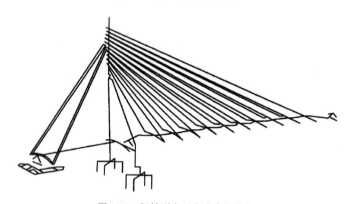

图 19-9 扭转刚度过小造成的错误

(2)缆索摆动

有时特征值分析结果显示,缆索承重结构的前几阶振型总是缆索自身的振动,出现这种情况很可能是未正确赋予缆索相应的初始内力,使得其重力刚度太小,从而导致缆索自振振型提前出现。

3.2 结构地震动反应结果及其判别

3.2.1 反应谱分析结果与时程分析结果

反应谱的方法求解的是截面各内力包络极值,时程法计算出来的极值应该和反应谱的结果相近,这两种方法所取得的三种内力结果基本不可能同时出现。时程中某最大内力对应的其他内力值比时程极值小,与极值同时出现,此三者与恒载组合的内力是地震作用下可以实际出现的内力情况。见表 19-2。所以,不管是反应谱分析方法,还是时程分析方法的极值结果,都是能够将地震作用最不利工况结果包含在内的。反应谱分析方法与时程分析方法结果的差异主要来源于地震动输入本身的差异及两种分析理论固有的差异。时程分析方法对于特定的某条地震波可以说是相对精确的,但是反应谱中包含了场地地震活动环境和地震地质特征等多方面的影响因素,因此,不能断然判定哪种方法更为准确。

两种方法得到索塔底内力 表 19-2

方　法	$N(\text{tonf})$	$Q(\text{tonf})$	$M(\text{tonf} \cdot \text{m})$
反应谱	2656	1438	46476
时程极值	3781	1446	41574

常用的地震力计算方法主要有静力法、动力反应谱法和动态时程分析法。静力法将水平向地震动加速度产生的惯性力作为惯性力加在结构上。反应谱法考虑了结构的动力特性,用静力的方法解决动力问题。动态时程分析法则建立结构地震振动方程,求解结构每一时刻的结构响应。三种方法根据其特点和能力,各有所长,三种地震力分析方法的主要区别见表19-3。

三种地震力分析方法的主要区别 表 19-3

分析方法	静　力　法	反应谱法	时程分析法
大刚度结构	三者分析结果相近		
弹性结构	无法精确分析	二者分析结果相近	
非线性结构	无法精确分析	无法精确分析	可精确分析
优点	概念清晰 计算简单	计算时间短 可以反映场地特征	可精确分析非线性结构和桩土相互作用
缺点	适用范围窄	很难考虑非线性因素 反应谱很难反映地震波的离散性	计算时间长 很难考虑场地特征

3.2.2 地震动反应结果的正确使用

结构抗震分析仅计算地震动作用下结构的反应,需要与恒载组合进行结构承载能力验算。在组合过程中尤其应该注意地震内力的正负号。由于地震动作用方向的不确定性,在抗震分析过程中将地震动作用分解为竖向作用和水平向正交的作用,在此三个方向上作用又大小相同,可正可负,按照最不利进行组合。注意恒载轴力应该分别与正负动轴力组合,弯矩与剪力也同样可正可负,依最不利原则进行组合。

3.3 对结果的补充说明

求得结构地震动作用内力后,还应与恒载组合计算构件承载能力。对于一般的空间受力杆件,截面承受双轴弯矩,而且截面的抗弯强度受轴力的影响,其双向恢复力模型就发展为空间的屈服面模型,如图19-10所示。在某个方向地震动作用下,若恒载亦未产生面外力,则可简化为截面的($P-M$)相互作用面的屈服线模型,这样就可以通过midas Civil软件的截面设计功能进行截面验算。

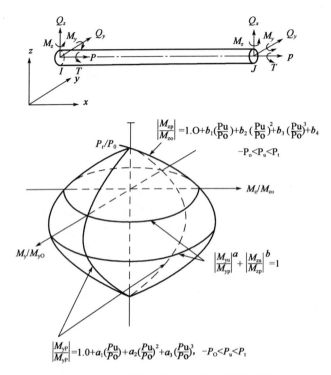

图 19-10 空间 RC 弹塑性梁柱单元截面的屈服面模型

参 考 文 献

[1] 范立础. 桥梁抗震[M]. 上海:同济大学出版社,1997.
[2] 苏通长江公路大桥跨江大桥工程结构抗震性能分析研究. 同济大学,2004.

实例二十

连续刚构桥0#块分析

1 桥梁概况

1.1 工程概况

本桥全长810m,主桥为145m+2×260m+145m的四跨预应力混凝土连续刚构桥。桥面顶板宽20.3m,单向横坡1.5%,底板宽12.9m,单箱双室截面。主墩为宽12.9m,高2.6m双薄壁墩。桥梁近期施工单幅桥,双向四车道,远期完成双幅桥,双向6车道汽车+双向2车道轻轨。本文只针对近期工况进行分析。全桥构造图及钢束图如图20-1所示。

桥面布置:0.25m(栏杆)+1.3m(人行道)+8.0m(行车道)+0.5m(双黄线)+8.0m(行车道)+2.0m(人行道)+0.25m(护栏)。

0#块断面如图20-2所示,顶板厚0.76m,其余梁段顶板厚0.38~0.76m,以折线变化;T构底板厚2.2~0.35m,边腹板厚1.0~0.45m,中腹板厚0.6~0.45m。桥面横坡由腹板变高调整,T构墩顶处梁高15.1m(箱梁外腹板处高度),高跨比为1/17.21;各跨跨中合拢段以及边跨直线段梁高为4.6m,高跨比为1/56.5;梁底按照1.8次抛物线变化。主桥采用三向预应力混凝土结构。每个薄壁墩墩顶处设两道横隔板,厚0.6m,两道横隔板间净距1.4m,横隔板中间设人洞。

主桥上部结构为C60混凝土,主桥墩身为C50混凝土。纵向预应力采用ϕ15.2低松弛钢绞线,竖向预应力钢筋采用JL32精轧螺纹钢筋(标准强度f_{pk}=785MPa)和ϕ15.2低松弛钢绞线;横向预应力钢筋采用ϕ15.2低松弛钢绞线。

桥面荷载包括双向4车道公路-I级荷载,人群荷载3.0kN/m²,桥面铺装荷载87.5kN/m。体系温度为升温25℃、降温20℃,顶板梯度温度要同时考虑正负效应。

1.2 分析内容

大跨度连续刚构桥墩梁固结的0#块部位,应力状态复杂,局部甚至存在三向受拉的情况,

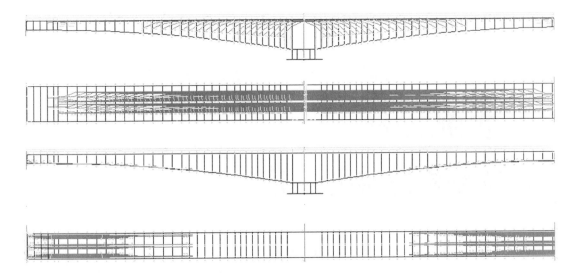

图 20-1　全桥构造及钢束图

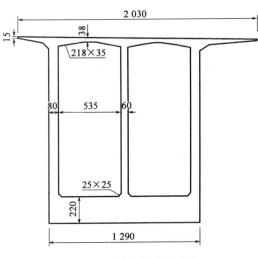

图 20-2　0#块断面图(尺寸单位：cm)

对抗裂性要求较高。梁单元模型不能准确得到 0#块的应力分析结果，所以必须进行空间实体单元分析。

0#块处梁高达到 15m 以上，存在多道横隔板，需要分析三条腹板的竖向预应力钢束、顶板及横隔板的横向预应力钢束的作用效果，以便于指导设计和施工。

实体单元分析模型需要能够正确描述成桥状态下各部位的应力状态，腹板梗腋、墩梁连接处、横隔板附近等薄弱部位的纵向、横向及竖向正应力和主拉应力，研究改善结构抗裂性的方法。

2　模型说明

2.1　空间模型的简化

本桥的中间主墩受力较为不利，因此选取中间主墩及其相应的 0、1、2#梁段建立分析模型。选取的中间主墩高 54m，为简化计算，在不影响最终分析结果的情况下，主墩取长 15m 的一段进行分析。如图 20-3 所示，与 0～2#梁段相对应的预应力钢束为顶板纵筋 T_1、T_2，腹板纵筋 F_2。

预应力混凝土箱梁实体分析的难点有两个：一是预应力钢束的模拟，二是局部分析荷载及边界条件的简化。

本桥采用 midas FX+软件建立几何模型和划分有限元网格。建模时，预应力钢束作为空间实体的内部线，模型进行自动网格划分时把预应力钢束划分为桁架单元，保证能够精确模拟预应力钢束的空间形状及预应力钢束与混凝土的相互作用。

成桥状态下，0#块的内力、应力、位移等都是在整个施工过程中累计形成的，而且施工过程复杂，期间还要经历多次结构体系转换，在只能选取局部结构进行分析的情况下，必须正确模拟局部结构的边界条件。方法是把局部结构视为一个隔离体，把其他结构部分对该局部结构的作用以外荷载的形式施加。这么做的前提条件是在所有施工过程中，从该局部结构安装完成后，结构体系没有发生变化。本桥为连续刚

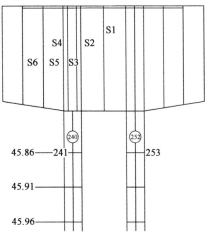

图 20-3 所选取的局部结构示意图

构桥，虽然全桥合龙发生了体系变化，但是就 0#块和桥墩来说，结构和约束一直没变，变的只是荷载和外部作用，因此符合前提条件。

局部结构所受的荷载可分为三类：

(1)直接承受的结构自重和恒载。这部分可以直接加载。

(2)局部结构中的预应力。这种荷载就是一端或者两端都在局部结构范围内锚固的钢束，该部分荷载应该用初拉力的方式加在用来模拟钢束的桁架单元上。从空间杆系模型分析的结果里提取各钢束在收缩徐变全部完成后成桥状态时的有效预应力，然后乘以钢束面积得到初拉力。

(3)其他结构部分对局部结构的作用力。从空间杆系模型的分析的结果里得到成桥状态时的杆端力，然后施加到局部结构端截面中心处的节点上。这个杆端力包括其他部分的结构重力作用、完全穿过该局部结构的钢束荷载效应、所有永久荷载及预应力产生的二次力、收缩徐变产生的二次力、整体温度作用以及作用在其他部分的活载内力。这里特别要注意的是，对于梁单元来说，杆端内力是按照单元坐标系来输出的，而单元的轴向为从一端截面中心到另一端截面的中心，所以单元坐标系与整体坐标系有一个夹角，在给节点施加荷载的时候，应首先把荷载从单元坐标系变换到整体坐标系。

2.2 荷载组合

桥面荷载为公路—I 级，人群荷载为 $3.0kN/m^2$，桥面铺装为 $87.5kN/m$。横向和竖向预应力以压力荷载方式施加。活载加载需要先用 midas Civil 建立空间杆系模型，对以下两种活载工况进行移动荷载追踪。

(1)工况 1：结构墩顶 0#段梁结构所受最大负弯矩的受力状态。

(2)工况 2：结构墩顶 0#段梁结构所受最大剪力的受力状态。

根据上述两种工况，建立以下的荷载组合：

组合 1=结构重力(0.8 倍预应力)+0.7(活载工况 1+降温+顶板升温负效应)

组合 2=结构重力+0.7(活载工况 1+降温+顶板升温负效应)

组合3=结构重力+0.7(活载工况2+降温+顶板升温负效应)

其中组合1为抗裂性正应力计算组合,组合2、3为主拉应力计算组合。全预应力结构截面抗裂性检算使用短期组合,因此注意要把活载折减0.7倍,预应力效应折减0.8,而主应力组合要考虑全部预应力效应。

根据以上3种组合,从midas Civil空间杆系模型分析结果中提取的2#块两端的作用荷载见表20-1。

其他部分结构作用荷载表　　　　　表20-1

组 合 名	位　　置	轴力 N(kN)	剪力 Q(kN)	弯矩 M(kN·m)
组合1	左端	562 076	−90 395	−1 289 305
	右端	−560 991	−89 811	1 254 101
组合2	左端	703 872.35	−83 733.29	−240 932.25
	右端	−702 738.08	−83 145.70	205 608.26
组合3	左端	703 912.5	−83 649.9	−199 058.7
	右端	−702 895	−83 535.1	190 111.7

3　建立几何模型与网格划分

建立几何模型与网格划分工作在midas FX+软件中完成。

3.1　准备dxf文件

准备好建模所需要截面以及钢束的dxf文件(表20-2)。在midas FX+软件中,截面位于xy平面上,桥轴线方向为z轴,单位是mm,为避免公差产生的误差,FX+内部操作的容许误差都设置为0.1。

dxf文件绘制　　　　　表20-2

图形文件名	图形截面位置	z坐标数值(mm)
Sec0	S2	4 000
Sec1	S4	6 000
Sec2	S5	9 000
Sec3	S6	12 000
Sec4	S7	15 000
人洞	S1	0
T.dxf	顶板钢束	0
F1.dxf、F2.dxf、F3.dxf	腹板钢束	0

3.2　导入截面文件

在"文件〉导入〉dxf 3D(线框)"中,选择文件sec1.dxf,输入该截面的z坐标距离D_z=6 000。按相同的方法导入其他截面的dxf文件。

3.3 生成线组

将导入的直线编成"线组"。通过"几何〉曲线〉生成线组",选择"单个个体",误差设置为 0.1,然后选择目标曲线上的一段直线,点击"适用",就可以把该直线相连的所有直线编成同一个线组。同理,可以将导入的轮廓线都编辑成为"线组"。

注意:下一步将要进行的"放样"操作对"线组"的拓扑组成有一定要求,即这些"线组"节点的个数必须相同,而且点和点之间连接方式要一样。

最后对 sec0 的内轮廓线组复制一次。在"几何〉转换〉移动复制"中,选择 sec0 的内轮廓的两条"线组",选择方向为"基准 Z 轴",等间距复制,距离为 -600。此时形成的模型如图 20-4,生成的模型文件为 0.mfb。

3.4 放样和扩展生成几何体

在"几何〉生成几何体〉放样"中,选择 sec1 到 sec4 的外轮廓,"名称"中填入 w1,点击"适用"。用同样的办法,放样内轮廓,得到名称为 n1、n2 的几何体。

再通过"几何〉生成几何体〉扩展",选择 sec1 的外轮廓,扩展方向为"基准 Z 轴",选择反向,长度 6000,"名称"中填入 w2,点击"适用"。用同样的办法,把 sec0 的内轮廓"扩展"1400 和 -3400,生成几何体 n3、n4;把人洞扩展 6010,形成几何体 rd。

在"几何〉标准几何体〉箱形"中建立桥墩,填入长度 12900,宽度 15000,高度 2600,生成几何体 qd。然后把 qd 移动到正确的位置。如图 20-5 所示,生成的模型文件为 1.mfb。

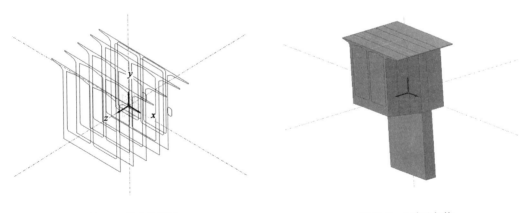

图 20-4　基本轮廓线　　　　　　　　图 20-5　生成几何体

3.5 布尔操作

在"几何〉布尔运算〉并集"中,"主形状"选择几何体 w1,"辅助形状"依次选择 w2、qd,点击"确定"。生成新的几何体 w1。

在"几何〉布尔运算〉差集"中,"主形状"选择几何体 w1,"辅助形状"依次选择 n1,n2, n3,n4,点击"适用"。"辅助形状"依次选择 rd,点击"确定"。对实体 w1 进行 x-y 平面镜像,然后做两个几何体的并集,最后只剩余一个实体 w1,如图 20-6,生成的模型文件为 2.mfb。

3.6 导入钢束

用导入截面的同样方法,导入 T.dx、F.dxf 文件并编成"线组"。由于坐标系的原因,F 钢束需要绕 x 轴旋转 $90°$,然后对 z-y 平面镜像,变换到正确的位置,如图 20-7 所示,生成的模型文件为 3.mfb。注意:腹板 F 钢束的圆弧段是用直线段模拟的。

图 20-6 整体几何模型图

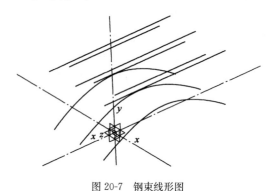

图 20-7 钢束线形图

3.7 印刻

"印刻"的目的是使实体在网格划分时,在印刻的位置会自动划分出单元的边界,方便施加边界条件。印刻时,要考虑桥面人群荷载、汽车荷载的作用范围,竖向预应力作用的位置,横隔板横向预应力作用位置等。印刻前,在离实体一定远的位置画出直线。以顶板印刻为例,在"几何〉曲面〉印刻"中,首先选择目标实体,然后选择实体上需要印刻的曲面,即顶板平面。注意即使是同一平面,也有可能被分成了几个,要同时都选择上。最后是选择刚建立的直线,印刻方向为"基准 y 轴",点击"适用"。全部印刻完成后,如图 20-8 所示,生成的模型文件为 4.mfb。

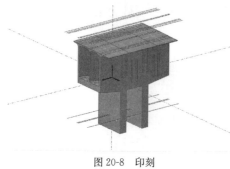

图 20-8 印刻

3.8 网格划分

在"网格〉自动网格划分〉实体"中,选择要划分的几何体,然后在"选择内部线"的树形菜单的"曲线"列表里选择名字为 T、F1~F3 的几何线,如图 20-9 所示设置选项。

点击"确定",软件进行自动网格划分,生成的模型文件为 5.mfb,如图 20-10 所示。模型中包括实体单元 100 517 个,桁架单元 270 个,节点 23 149 个。

生成的网格在导出前,需要定义相应的特性,所以建立 1 号 3D 特性,2 号 1D 特性。定义特性时,特性值可以任意输入,导入 midas Civil 软件后再进行修改。同时,由于目前模型中桥轴线方向为 z 轴,和通常桥轴线方向定义为 x 轴的习惯不符,所以还要进行两次旋转。在"网格〉转换〉旋转网格"中,先绕"基准 X 轴"旋转 $90°$,再绕"基准 Z 轴"旋转 $90°$。最后在"文件〉导出〉Midas/Civil"中将网格导出,文件名为 1.mct。

实例二十　连续刚构桥0#块分析

图20-9　自动划分网格

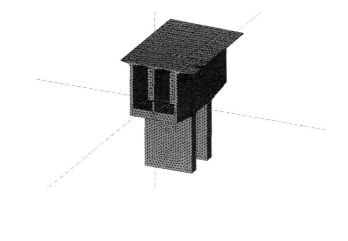

图20-10　有限元模型图

4　建立实体单元分析模型

4.1　定义材料与截面

运行 midas Civil 软件,把单位设置为 kN、m。在"文件〉导入〉Midas/Civil MCT"中,选择刚才建立的 1.mct 文件导入模型。

定义三种材料,JTG(04)中的 C50 混凝土、C60 混凝土、strand1860 钢材。选择桥墩部分的实体单元赋予 C50 的材料特性,其余实体单元赋予 C60 的材料特性,再选择所有的桁架单元赋予 strand1860 的材料特性。

预应力钢束为 23 根一束的 ϕ15.2 低松弛钢绞线,等效直径为 0.064 03m。在"截面"中定义预应力钢束截面,选择"实腹圆形截面"的"用户"类型,输入 $D=0.064\,03$。

4.2　定义边界条件

选中墩底的节点后,在"模型〉边界条件〉一般支承"中把 6 个自由度全约束,即把"D-ALL"、"R-ALL"全选中,点击"适用"。再新建两个节点,23150 号节点的坐标为(-100,0,0),23151 号节点坐标为(100,0,0)。在节点选择框里直接输入节点号 23150 和 23151,点击回车,可以选中新建立的两个节点,然后可以在"查询〉节点详细表格"中直接修改节点坐标,见表 20-3。

修改节点坐标(m)　　　　　　　　　　　　　　　　表 20-3

节点编号	x	y	z
23150	−15	6.5646	7.112
23151	15	6.5646	7.112

表 20-3 中的两个节点位置就是 2 号块两个端截面的中心点,外部作用等效荷载需要加在这两个节点上。将这两个节点和端截面上的其他节点刚性连接起来。在"模型>边界条件>刚性连接"中,主节点输入 23150,然后选择该端截面的除 23150 外的所有节点,"类型"选"刚体",点击"适用"。用同样的办法处理另一端截面。如图 20-11 所示。

4.3 定义荷载工况

定义号的荷载工况如图 20-12 所示。

图 20-11　刚性连接处理

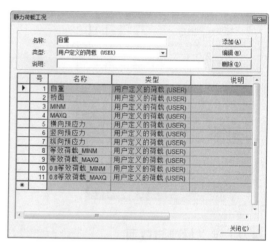

图 20-12　荷载工况定义

4.4 施加荷载

(1)在"荷载>自重"中,选择"荷载工况名称"为"自重","自重系数"为−1.04。

(2)在"荷载>压力荷载"中,选择所有桥面节点,"单元类型"选择"实体(面)","选择"为"节点","方向"为"整体坐标 z","荷载"为"均布",$P_1=4.31 kN/m^2$,点击"适用"施加荷载,然后取消全部选择。用类似的方法,加载 MINM、MAXQ、横向预应力、竖向预应力、0.8 倍等效荷载_MINM、等效荷载_MAXQ。

4.5 生成荷载组合

(1)正应力组合=自重+桥面+MINM+横向预应力+竖向预应力+纵向预应力×0.8+0.8 等效荷载_MINM。

(2)主应力组合 1=自重+桥面+MAXQ+横向预应力+竖向预应力+纵向预应力+等效荷载_MAXQ。

(3)主应力组合 2=自重+桥面+MINM+横向预应力+竖向预应力+纵向预应力+等

效荷载_MINM。

(4)主应力组合＝组合(2)与组合(3)的包络。

4.6 运行分析

在"分析〉主控数据"中勾选"约束桁架/平面应力/实体单元的旋转自由度",点击"分析〉运行"。

5 分析结果与结论

5.1 分析结果

将 midas Civil 软件中的单位调整成为 N、mm。由于模型规模很大,显示时速度会很慢,所以每次显示的时尽量先在前处理状态下选择一部分单元"激活",再切换到后处理状态下,在"结果〉应力〉实体应力"中查看结果。

按图 20-13 选择后,点击"适用",等值线图自动显示。为了显示效果更好,需进行进一步的设置。以顶板正应力为例,应力分布于－4MPa～0 范围内。点击"等值线"后面的小按钮,弹出的对话框如图 20-14 所示,再点击"调整范围",设置－4 到 0,点击"适用",点击"确定"返回。再选中"颜色按梯度扩散",勾选"标注等值线注释",点击"确认"。此时应力云图的显示效果如图 20-15 所示。

图 20-13 查看实体单元应力

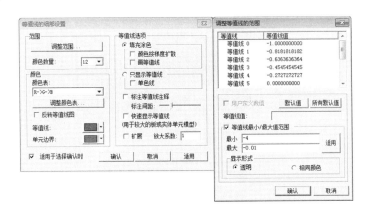

图 20-14 设置等值线特性

5.1.1 顶板正应力

顶板正应力如图 20-15 所示,梁单元分析的结果如图 20-16 所示。

5.1.2 底板正应力

底板正应力如图 20-17 所示,梁单元模型的分析结果如图 20-18 所示。

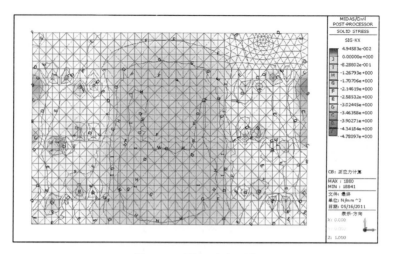

图 20-15　顶板正应力云图

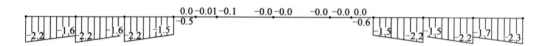

图 20-16　顶板正应力(梁单元模型分析结果)

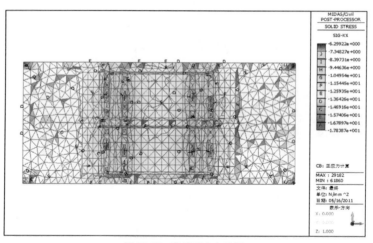

图 20-17　底板正应力云图

图 20-18　底板正应力(梁单元模型分析结果)

5.1.3　主拉应力

要显示特定截面剖面图,首先应定义 UCS,即用户坐标系,在"模型＞定义用户坐标系＞Y-Z 平面"中输入原点坐标(-6000,0,0)。

要显示截面的主拉应力,在"荷载工况"中选择 CBMax:主应力组合,"应力"为 Sig-p1,选择"剖断面",x-y平面。结果如图20-19～图20-21所示。

(1)S4截面

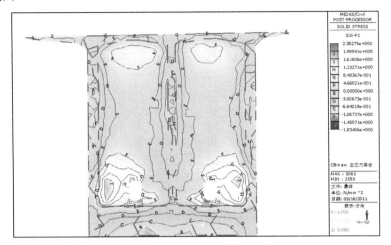

图20-19　S4剖断面主拉应力云图

(2)S2截面

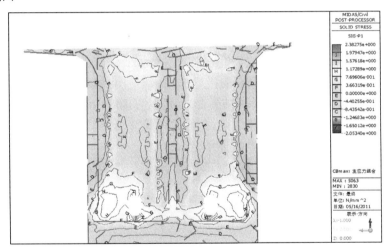

图20-20　S2剖断面主拉应力云图

(3)S1截面

5.2　结论

(1)从实体单元模型与梁单元模型的正应力分析结果来看,不考虑梁端应力集中区,实体单元模型顶板纵向压应力在1.2～2.6MPa之间,梁单元模型的分析结果是1.6～2.2MPa之间,而S1到S4剖断面应力约0.8MPa左右,而梁单元模型的分析结果是0.2MPa。总的来说,两者符合的很好,这说明实体模型的简化方法、荷载加载方式是正确的。

(2)横向的应力结果吻合也较好。在纵向预应力作用下箱梁截面受力较为均匀,横、竖向拉应力都较小。

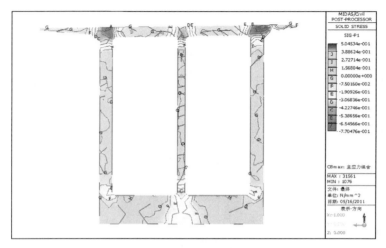

图 20-21 S1 剖断面主拉应力云图

(3)主应力计算结果显示,除预应力的锚固点、横隔板等局部应力集中位置外,主拉应力都比较小。最大主拉应力出现在 S4 截面处,上梗腋部位不大于 0.4MPa,下梗腋部位不大于 0.7MPa,整个梁体的应力状态满足设计要求。出现应力集中的范围较小,横隔板横向预应力对降低横隔板拉应力有较大作用。横隔板应力在人洞附近应力集中明显,进行普通钢筋混凝土设计时应适当加强处理。

(4)实体单元模型分析已经逐渐成为设计中的一个重要环节,对优化设计方案、合理选择施工方法及保证施工质量安全等有重要的指导作用。本桥 0 号块采用 midas FX+ 及 midas Civil 软件进行分析,建模过程简洁,计算结果合理,可以直接应用到设计中。

(5)对于局部结构有体系转换的连续梁,在普通钢筋特别是箍筋的作用分析、横向和竖向的温度作用分析等方面,还需要进一步的研究。

实例二十一
斜拉桥主塔承台水化热分析

1　工程概况

闵浦大桥是世界跨度最大的双层斜拉桥,主跨达 708m,横跨黄浦江,连接浦东与闵行。其主塔承台呈哑铃形,厚 7m,长 86.8m,宽 44m,无论承台体积还是长度及厚度,在国内桥梁中仅次于苏通大桥。承台下铺一层强度等级为 C20 的 20cm 的素混凝土,承台混凝土强度等级为 C30。桩基采用钢管桩,桩径 900mm,桩距 3m。

承台面积超过 3 000m²,混凝土总浇筑方量达 23 000m³,浦东段承台采用分层(两层)分块(五块)浇筑的施工方案,平面尺寸及浇筑顺序如图 21-1 所示。除后浇带外,每块混凝土浇筑量都超过 5 000m³,属大体积混凝土施工。浇筑时间为:第 I 块较第 II 块早 2d(实际为连续浇筑,第 I 块浇筑耗时 2d),之后养护半个月(15d),浇筑第 III 块,两天后浇筑第 IV 块。大概一个半月后浇筑后浇带。

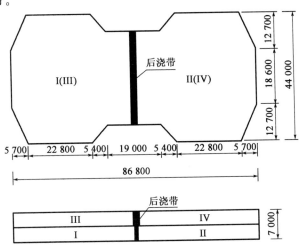

图 21-1　主塔承台平面尺寸及混凝土浇筑顺序(尺寸单位:mm)

2 建模分析

2.1 模型概述

根据对称性，取 1/2 结构建模分析，模型如图 21-2 所示。考虑到将地基作为弹性支撑建立水化热分析模型时，不能正确体现混凝土的热量向地基传播的过程，所以在本模型中将地基建成具有比热和热传导特性的构件，同时考虑桩基础对承台的约束作用。地基厚度取 3.5m，两层单元，分别为 1.5m 和 2m。模型中节点总数 24 918 个，单元总数 209 88 个。

在模型中，根据施工实际浇筑情况分为四个施工阶段，第一个施工阶段(CS1)浇筑第 I 块，48h 后浇筑第 II 块(CS2)，养护 13d，浇筑第 III 块(CS3)，48h 后浇筑第 IV 块(CS4)。由于后浇带(第 V 块)滞后时间较长，故没在模型中反映。

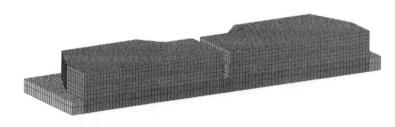

图 21-2 闵浦大桥承台分析模型

由于包含拐角，所以承台并非规则的四方形，如果直接采用 midas Civil 建模，很难给出合理的单元划分。为此，采用 midas FEmodeler 软件进行网格划分，如图 21-3 所示。在 FEmodeler 中将地基和承台分成不同的 part，网格划分完后，导入到 midas Civil 软件中，采用"扩展单元"功能向下(地基)、向上(承台)扩展为实体单元。也可采用 midas FX＋软件建立承台空间几何体，然后直接进行单元划分。

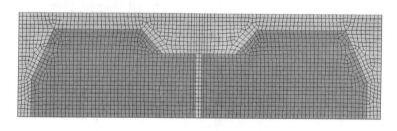

图 21-3 闵浦大桥承台与地基的网格划分

2.2 材料参数取值

(1)材料力学及热力学参数

C30 承台混凝土、C20 垫层混凝土及地基的力学参数及热力学参数可参考有关文献[1,2]，本工程的有关参数见表 21-1。地基的弹性模量考虑了桩基的影响，如果没有桩基，弹性模量应该在 100MPa 以下，按王铁梦[2]的观点：桩距 3m，ϕ900 的钢管桩，考虑 C_x 增大 20%，可取地基的弹性模量为 120MPa，为保守起见取 300MPa。周围地基弹性模量取 50MPa。

材料力学及热力学参数　　　　　表 21-1

物 理 特 性	C30 承台	垫 层	地 基
弹性模量（MPa）	3.0×10^4	2.0×10^4	3.0×10^2
泊松比	0.2	0.2	0.2
线膨胀系数 α	1×10^{-5}	1×10^{-5}	1×10^{-5}
比热 c(kJ/kg℃)	0.96	0.96	0.75
导热系数 λ(kJ/m·h·℃)	10.0	10.0	3.0
容重 γ(kg/m³)	2 500	2 500	1 800

（2）混凝土的抗压强度变化曲线

采用 CEB-FIP 设计标准中混凝土抗压强度发展函数来模拟承台混凝土抗压强度发展，其中混凝土 28d 抗压强度取 30MPa。如图 21-4 所示。

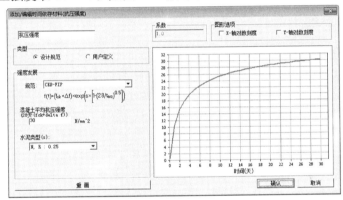

图 21-4　抗压强度变化曲线

（3）混凝土的收缩徐变曲线

采用《公路钢筋混凝土及预应力混凝土桥涵设计规范》(JTG D62—2004) 的有关规定。如图 21-5 和图 21-6 所示。

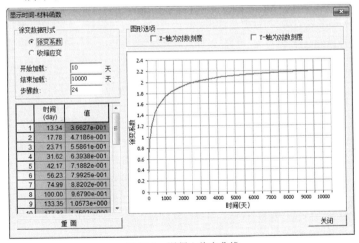

图 21-5　混凝土徐变曲线

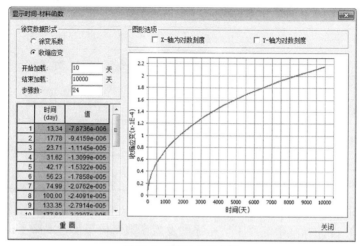

图 21-6 混凝土收缩曲线

2.3 水化热计算参数

(1)混凝土的绝热温升

混凝土的最大绝热温升(K)和导温系数(a)根据实验确定。如无实验数据,可参考有关文献[3,4]确定。下面给出本工程最大绝热温升的计算过程。

在没有任何热损耗的情况下,胶凝材料(包括水泥、粉煤灰和矿粉)和水化合后产生的反应热,全部转化为温升后的最后温度,按下式计算:

$$K = \frac{Q_0(W+kF)}{c\rho}$$

式中:Q_0——水泥最终水化热,kJ/kg,取 377;

W——单位体积混凝土中水泥用量,kg/m³;

F——单位体积混凝土中混合材料的用量,kg/m³;

k——混合材料水化热折减系数,粉煤灰取 0.25,矿粉取 0.463;

c——混凝土比热,kJ/kg℃,取 0.96;

ρ——混凝土密度,kg/m³,取 2 400。

本工程采用 42.5 的低热水泥 175kg/m³,粉煤灰 70kg/m³,矿粉 90kg/m³,则其绝热温升为:

$$K = \frac{Q_0(W+kF)}{c\rho}$$

$$= \frac{377 \times (175 + 0.25 \times 70 + 0.463 \times 90)}{0.96 \times 2\ 400}$$

$$= 38.3(℃)$$

实际混凝土浇筑时,由于浇筑过程中的散热,最大温升往往低于绝热温升,根据本工程实施中的实测数据,平均最大温升为 35℃。

导温系数 a 是与水泥品种比表面、浇捣时温度有关的经验系数,一般取 0.2~0.4。根据文献[3],取为 0.362。

(2)边界对流放热系数

当混凝土表面附有模板或者保温层时,按第三类边界条件计算[4],但用选择放热系数 β_s 的方法来考虑模板或保温层的影响。

$$\beta_s = \frac{1}{(1/\beta) + \sum(h_i/\lambda_i)}$$

式中:β——最外面保温层在空气中的放热系数;

h_i——保温层厚度;

λ_i——保温层的导热系数。

①顶面对流:表面暴露时,按粗糙表面、风速为 1m/s 的情况考虑,其等效放热系数取 38.64kJ/(m²·h·℃);表面覆盖两层薄膜和 4cm 草袋时,经计算得等效放热系数为 5kJ/(m²·h·℃);表面覆盖一层薄膜和 2cm 草袋时,等效放热系数为 10kJ/(m²·h·℃)。

②侧面对流:基础侧面拟采用 2cm 木模,1cm 厚的油毛毡保温,侧面按风速为 0 考虑,其等效放热系数为 14kJ/(m²·h·℃)。地基侧面固定温度取 20℃。

(3)其他相关温度取值

初始温度取混凝土开始浇筑时的温度,即入模温度,本工程取 20℃。

环境温度即大气温度,严格来说,应该是温度随时间变化的函数。但在施工前缺乏大气温度数据,可简化地取大气平均温度,本工程取 20℃。实际上,由于混凝土表面、侧面都有保温层,取平均气温对结果影响不大。考虑到上层混凝土(第Ⅲ、Ⅳ块)浇筑时,气温较下层(第Ⅰ、Ⅱ块)浇筑时的气温高,在 CS3、CS4 的"定义水化热分析施工阶段"对话框中,将初始温度设为 25℃。

2.4 边界条件的模拟

在进行水化热分析时,除了与其他分析相同的支承边界外,还有单元对流边界。每个面都有边界,或支承边界,或单元对流边界,不能有完全"裸露"的面。考虑对称性的模型,其对称面上,一般是支承边界,即水平某向位移被约束。裸露在空气中的面(如地基表面,或者没有保温层的混凝土表面)必须有单元对流边界。

3 分析结果

水化热分析的结果查看,不同于其他分析结果的查看,必须从主菜单中"结果〉水化热分析〉应力(或温度、位移、容许张拉应力、拉应力比、图表)"查看。

3.1 温度场分析结果

根据工程经验,温度峰值一般出现在 3~5d,并且持续约 1d 左右,之后开始降温,一般控制降温速率为 1.0~2.0℃。根据规范规定[6][7]:"对大体积混凝土的养护,应根据气候条件采取控温措施,并按需要测定浇筑后的混凝土表面和内部温度,将温差控制在设计要求的范围内;当设计无具体要求时,温差不宜超过 25℃"。

理论计算的目的是为了指导工程实践。根据工程要求,温度场的计算结果一般须查看:

①3d、5d、7d、10d、15d、30d 等的温度场；②底面、中间、顶面的温度变化趋势；③3d、5d、10d 等时间点的温度梯度。

图 21-7 为承台中央同一轴线上不同高度的 5 个点的温度变化趋势图。图中 N 表示节点，N15697 表示模型中的 15697 号节点，从上到下依次为 N15697、N11947、N8197、N4447、N16。其中 N15697、N16 分别为上、下表面节点，N8197 在上下层混凝土的交接面，N11947 距上表面 2m，N4447 距下底面 2m。从图中可以看出：N16 在升到最高温度后，缓慢地降温，温度几乎不变；N4447 在上层混凝土浇筑后有微量的升高；N8197 受上层混凝土温度的影响较大，有二次升温的过程，升温幅值接近 20℃；距离上表层越近的点降温越快。

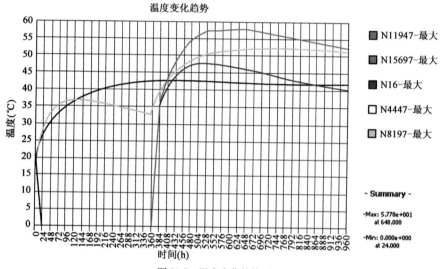

图 21-7 温度变化趋势图

图 21-8 为 3d、5d、15d、20d、27d、47d 的温度场。从图中可以看出各个时刻温度场在空间的分布情况。

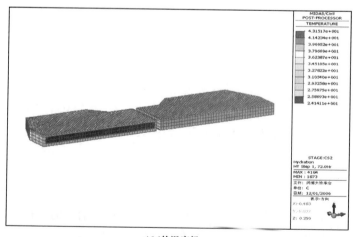

a) 3d 的温度场

图 21-8

实例二十一 斜拉桥主塔承台水化热分析

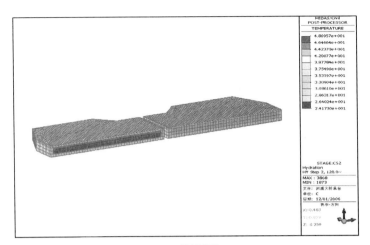

b) 5d的温度场

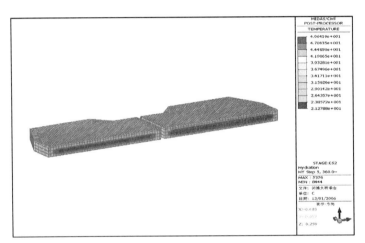

c) 15d的温度场

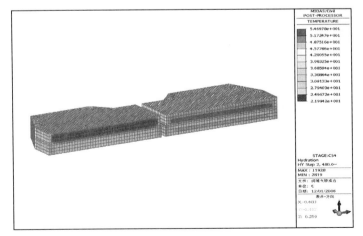

d) 20d的温度场

图 21-8

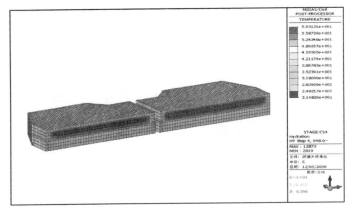

e) 27d的温度场

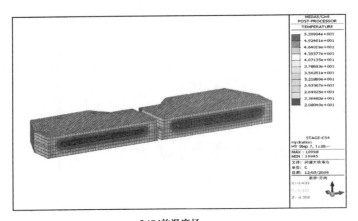

f) 47d的温度场

图 21-8 温度场

3.2 应力场分析结果

应力一般滞后于温度，可从 5d 开始查看，图 21-9 为 5d、12d、15d、20d 的应力场。

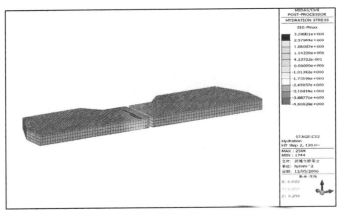

a) 5d的应力场

图 21-9

实例二十一 斜拉桥主塔承台水化热分析

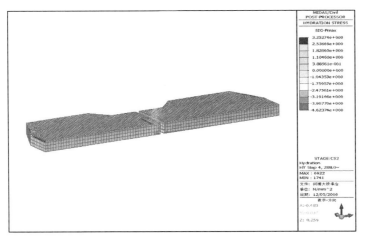

b) 12d的应力场

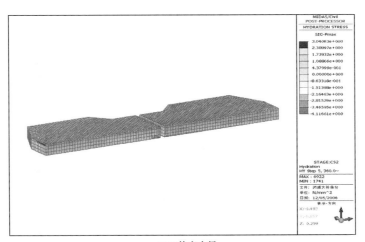

c) 15d的应力场

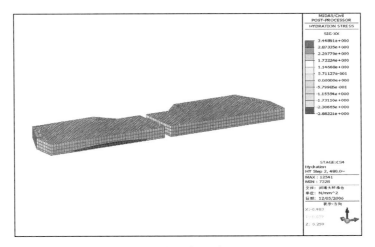

d) 20d的应力场（上层混凝土）

图 21-9 应力场

3.3 应力及容许张拉应力

通过查看某一点的应力及容许张拉应力,可判断该点是否会出现裂缝。图 21-10 所示为上下层各两个点的应力及容许张拉应力比较,最大应力都小于容许张拉应力,故不会开裂。值得注意的是,这里的容许张拉应力是混凝土材料的实际抗拉应力(立方体抗压强度),而不是规范规定的强度设计值或标准值。

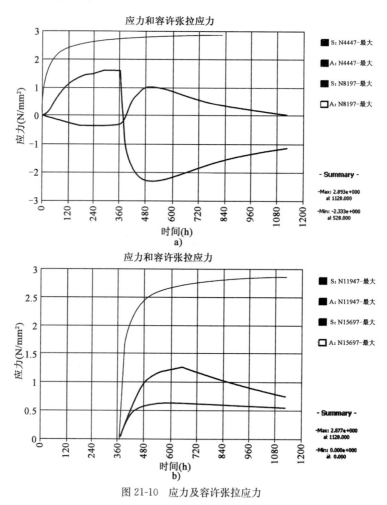

图 21-10 应力及容许张拉应力

4 分析结果的评价

闵浦大桥浦东段承台已于 2006 年 4~5 月浇筑完毕。为控制混凝土的内外温差,在承台内部布置了大量温度测点(未布置应力测点),现将部分实测结果与理论计算结果做一简单比较。

4.1 温度测点布置

根据承台混凝土的形状、对称性及混凝土的浇筑顺序等确定以先浇筑的上下两块(Ⅰ、Ⅲ)

为主布置监测点;同时考虑到后浇筑的上下两块(Ⅱ、Ⅳ),受环境温度变化的影响,温度可能略有不同,因此,在Ⅱ、Ⅳ辅助布置一些测点。

在Ⅰ、Ⅲ块布置12根测温轴(共轴),每根测温轴布置6~10个测点(温度传感器),计94个测点;在Ⅱ、Ⅳ块布置8根测温轴,每根测温轴布置6~10个测点(温度传感器),计62个测点。在每块养护期间混凝土表面(保温层下面)各布置1个测点,在基坑外设立2个大气环境温度监测点进行测控,以利于更准确地反映出混凝土基础的温度场分布情况及大气、表面和内部的温度梯度。共计160个测温点,如图21-11所示。

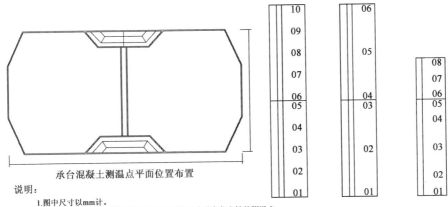

说明:
1. 图中尺寸以mm计。
2. 承如分层分块后,根据结构尺寸每块布置12个具有代表性的测温点。
3. 每个平面测点位置顺着高度方向布置6个测温点。
4. 承台高7m,上下层分2次浇筑,第二次的测点位置与第一次位置相同。
5. 图中O为测点。

图21-11 闵浦大桥承台温度测点布置图

4.2 温度结果对比

承台中部及靠近侧边界的测点温度变化趋势如图21-12所示,B、D为承台中部测点,J、L为靠近边界的测点。表21-2为部分测温轴最大温差及温度梯度。

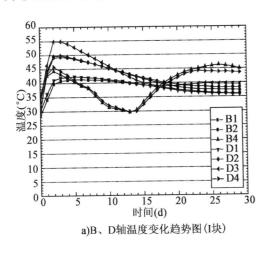

a) B、D轴温度变化趋势图(Ⅰ块)

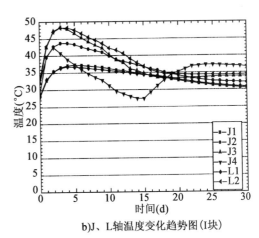

b) J、L轴温度变化趋势图(Ⅰ块)

图21-12 温度变化趋势图

实测结果表明混凝土从入模到升到最高温度需 3~5d,本次浇筑的混凝土以 3 天半到 4 天半达到最高温度的居多,最高温度持续时间为 20h 左右。混凝土的最高温升为 34~38℃,平均 35.5℃。

图 21-13 为 A 轴(承台中心一点)的温度变化趋势图,与分析结果图 21-7 比较发现:温度变化规律(时间)、温度分布规律(平面)二者基本吻合,但是由于计算时的假定环境条件、保温条件等与施工时的条件出入较大,很难准确模拟实际情况,所以温度峰值出现时间、温度峰值结果存在一定的误差,但是计算结果仍具有指导意义。

表 21-2 部分测温轴最大温差及温度梯度

浇筑时间	位置	最大温差(℃)	温度梯度(℃/m)	时间(d)	浇筑时间	位置	最大温差(℃)	温度梯度(℃/m)	时间(d)
第一次浇筑	A 轴	28.5	16.3	4	第二次浇筑	A 轴	26	14.8	8
	D 轴	30.6	17.4	3		D 轴	19.5	11.1	8
	J 轴	30.9	17.6	3		J 轴	5.6	3.2	5
	P 轴	28.8	16.4	3		L 轴	14.7	8.4	8
						P 轴	10.1	5.8	7

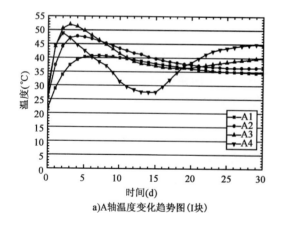

a) A 轴温度变化趋势图(I块)

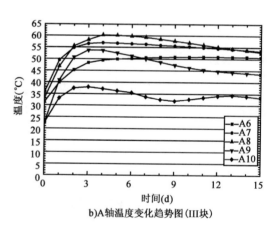

b) A 轴温度变化趋势图(III块)

图 21-13 承台中心轴温度变化趋势图

参 考 文 献

[1] 赵志缙. 高层建筑施工手册(2 版)[M]. 上海:同济大学出版社,1997.
[2] 王铁梦. 工程结构裂缝控制[M]. 北京:中国建筑工业出版社,1997.
[3] 江正荣. 建筑施工计算手册[M]. 北京:中国建筑工业出版社,2001.

[4] 朱伯芳. 大体积混凝土温度应力与温度控制[M]. 中国电力出版社,1999.
[5] 伍小平,顾海欢,杨宏杰,徐强,史洪泉. 闵浦大桥承台(浦东段)大体积混凝土温度监控. 建筑施工.
[6] 中华人民共和国行业标准. JTJ 041—2000 公路桥涵施工技术规范[S]. 北京:人民交通出版社,2000.
[7] 中华人民共和国国家标准. GB 50204—1992 混凝土结构工程施工及验收规范[S]. 北京:中国建筑工业出版社,1992.

实例二十二
斜拉桥主塔下横梁施工临时支撑分析

1 工程概况

某斜拉桥主塔高 210m，设上下两道横梁，下横梁为空心箱形截面，长 43.8m，底宽 11.363m，顶宽 10.5m，高 9.0m。两侧腹板厚 1.3m，顶板、底板及隔墙厚度均为 1.0m。对称布置的两道隔墙间距 13.5m。

下横梁支撑结构采用竖向钢管与人字斜撑共同支撑的方式。跨中两侧为 6 排 $\phi 900$ 竖向钢管，每排 3 根，组成群柱作为垂直支撑，中间两排柱中心距 15m；横梁跨中支撑采用 3 组双榀 I40 人字撑，底端分别固结于两侧 $\phi 900$ 竖向钢管上，并采用双榀[40 槽钢作为水平拉杆。各柱除横梁两端两排钢管柱置于塔座上外，其余柱底均支撑在承台上，并加设钢底板以减小对塔座、承台结构的影响。柱顶设双榀 I56 工字钢横梁，纵梁采用单层贝雷桁架梁与自制桁架相结合，贝雷梁及自制桁架顶按 40cm 间距铺设 I20 分配梁，其上再铺横梁底模。为增加立柱支撑的整体稳定性，钢管柱间采用小桁架作为横向联系，从承台顶面起每 13m 设置一道，桁架采用双榀 I32 槽钢。下横梁及支撑结构如图 22-1 所示。

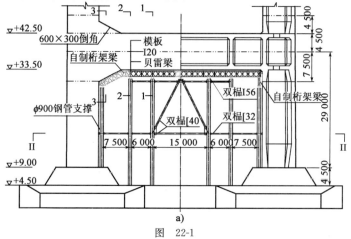

图 22-1

实例二十二 斜拉桥主塔下横梁施工临时支撑分析

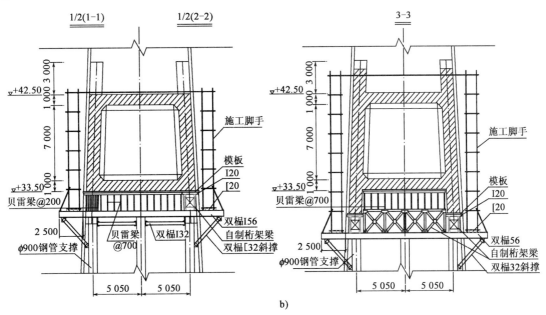

图 22-1 下横梁结构及临时支撑结构图(尺寸单位:mm)

2 建模要点

2.1 模型概述

除贝雷架里的斜撑采用桁架单元外,模型中其他结构都采用梁单元模拟。

立柱底端为约束三个平动方向的位移,支撑纵梁两外侧各三根立柱(即靠近主塔塔柱)的上端与塔柱通过预埋件连接,在模型中采用约束其两个水平方向的位移。立柱顶端与双榀I56工字钢由于中心点不在同一位置,采用三个平动方向的位移刚接的连接方式。如图22-2所示。模型中节点总数9 203个,单元总数17 182个,其中梁单元14 898个,桁架单元2 284个。

图 22-2 下横梁临时支撑结构分析模型

2.2 单元的模拟

在本模型中,大部分构件采用梁单元模拟。对贝雷架、桁架结构,一般采用桁架单元模拟。但本模型中,贝雷架的上下弦杆及竖腹杆采用梁单元模拟,斜杆采用桁架单元模拟。这样做是为了避免在空间三维分析时结构为机动体系。根据作者的经验,对于类似的桁架结构,一般将桁架的主要杆件(如上下弦杆)模拟为梁单元,而将次要杆件模拟为桁架单元。这样处理的好处在于:一是可以避免结构不稳定,无法进行计算;二是更接近实际。

2.3 连接的处理

在将实际结构用有限元软件模拟时,经常会遇到按构件的轴线建模时,本来连接在一起的两个构件无法连接(节点有一定间距)的情况,如图 22-3 所示,可将有关节点按主从连接关系进行处理。

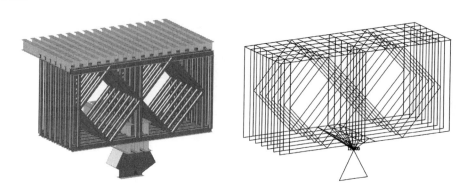

图 22-3 构件连接的处理

2.4 荷载工况的确定

在结构进行施工阶段分析时,荷载的确定及荷载的工况组合与运营结构不同,目前尚无具体的规范可参考,须根据现场条件、施工工艺等具体情况进行确定。

本工程中,下横梁分两次浇筑,第一次浇筑高度为 7.5m(包括塔柱部分与下部三角形腋板),第二次浇筑高度为 4.5m。在第二次浇筑前,张拉横梁底板部分预应力钢筋。根据施工工艺,确定工况组合。最终对下横梁支撑系统进行四个工况组合的结构验算。

(1)支撑系统搭设完成,考虑结构本身自重、模板重量、施工荷载以及风荷载的作用。

(2)支撑系统搭设完成,开始第一次浇筑混凝土,考虑结构本身自重、模板重量、施工荷载、风荷载以及混凝土湿重的作用。

(3)支撑系统搭设完成,第一次浇筑的混凝土达到设计强度,张拉底板预应力钢筋,根据计算分析(这部分工作须另行建模分析),在底板预应力钢束张拉总吨位大约为 11 000t(约占总张拉控制吨位的 75%)时基本可以使支架卸载 2 700t,此时仍然处于受压状态,支撑系统受力偏安全,可以不进行结构验算。

(4)横梁第一次浇筑完成并形成强度,开始第二次浇筑混凝土,根据计算分析,在底板预应力筋张拉总吨位大约 11 000t 时(约占总张拉控制吨位的 75%),支撑系统的受力状态同工况二。支撑系统承载处于安全范围内,此时已浇筑横梁的下部仍处于受压状态。

2.5 荷载分析

由于下横梁不同区域混凝土浇筑的高度不同,其自重荷载施加于梁的荷载也不同,所以混凝土自重荷载须根据混凝土浇筑高度不同分区确定,如图22-4所示。

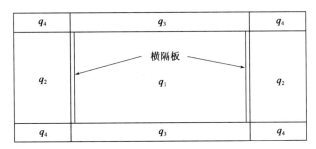

图22-4 荷载分区

其中,$q_1=0.6t/m$,$q_2=0.5t/m$,$q_3=3.375t/m$,$q_4=5.025t/m$,横隔板自重为1.4t/m,这些荷载均作用在支撑系统上间距为40cm的I20上。

其他荷载参考有关规范确定[1],分项系数按永久荷载取1.2,施工荷载取1.3,风荷载取1.4。

3 分析结果与结论

3.1 分析结果

为保证临时支撑结构的安全以及下横梁混凝土浇筑的质量,须对临时支撑结构的应力和变形以及支撑的稳定性进行验算。需要提供的分析结果包括:立柱的支撑反力、临时支撑结构的应力和变形。下面按工况分别给出分析结果。

3.1.1 工况一的分析结果

(1) 应力

在工况一的荷载条件下,贝雷架部分的最大应力为72.8MPa,位置如图22-5所示。其他部分构件最大应力为56.6MPa,位置如图22-6所示。

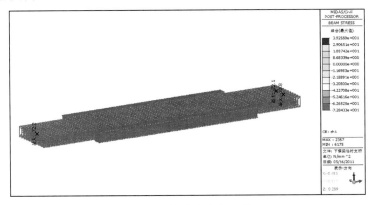

图22-5 贝雷架部分应力(工况一)

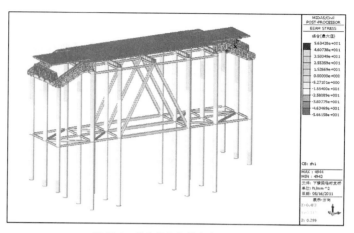

图 22-6　其他部分构件应力(工况一)

(2) 变形

在工况一荷载条件下,支撑系统竖向与水平向最大变形分别为 1.8mm 和 10.0mm,分别如图 22-7 和图 22-8 所示。

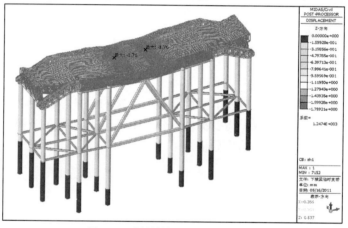

图 22-7　支撑结构竖向变形(工况一)

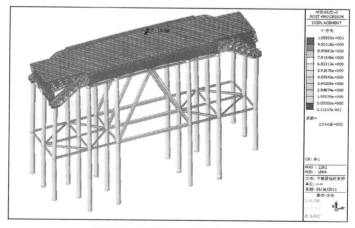

图 22-8　支撑结构水平变形(工况一)

实例二十二 斜拉桥主塔下横梁施工临时支撑分析

(3)支撑反力

在工况一荷载条件下,支撑系统竖向与水平向最大反力分别为57.9t和7.7t,反力图分别如图22-9和图22-10所示。

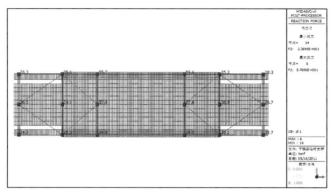

图22-9 支撑结构竖向反力(工况一)

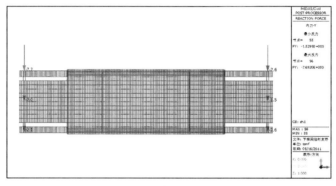

图22-10 支撑结构水平反力(工况一)

3.1.2 工况二的分析结果

(1)应力

在工况二的荷载条件下,贝雷架部分的最大应力为243.0MPa,位置如图22-11所示。其他部分构件最大应力为160.6MPa,位置在自制桁架上,如图22-12所示。

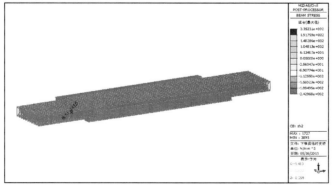

图22-11 贝雷架部分应力(工况二)

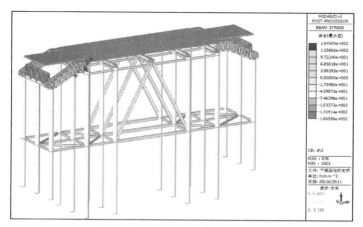

图 22-12　其他部分构件应力(工况二)

(2)变形

在工况二荷载条件下,支撑系统竖向与水平向最大变形分别为 11.7mm 和 10.9mm,钢管立柱的最大压缩及侧向变形分别为 6.0mm 和 7.6mm,分别如图 22-13～图 22-16 所示。

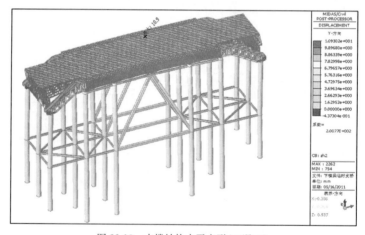

图 22-13　支撑结构水平变形(工况二)

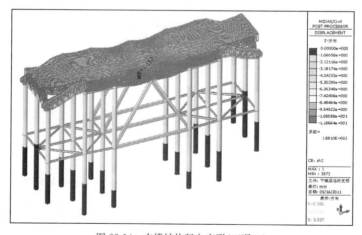

图 22-14　支撑结构竖向变形(工况二)

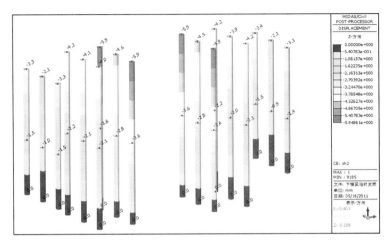

图 22-15　钢管立柱压缩变形（工况二）

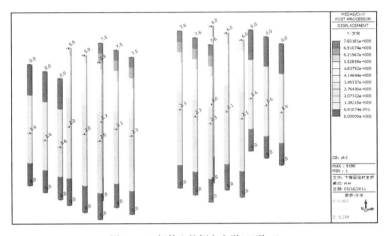

图 22-16　钢管立柱侧向变形（工况二）

(3) 支撑反力

在工况二荷载条件下,支撑系统竖向与水平向最大反力分别为 329.5t 和 75.7t,反力图分别如图 22-17 和图 22-18 所示。

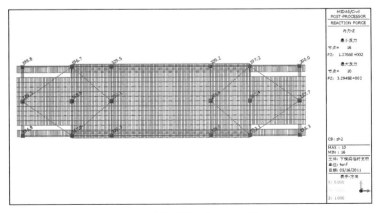

图 22-17　支撑结构竖向反力（工况二）

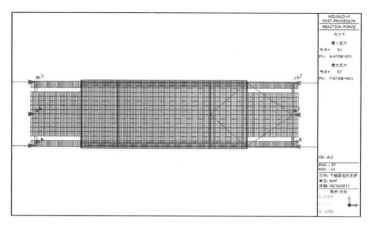

图 22-18　支撑结构水平反力(工况二)

3.1.3　工况三的分析结果

已浇筑好的下横梁下部达到结构强度后,建立有限元模型如图 22-19 所示,共分为 44 个梁单元,编号从左至右依次为 1～44。

图 22-19　下横梁结构有限元模型(工况三)

对底板进行预应力张拉,总吨位大约为 11 000t(约占总张拉控制吨位的 75%)时,经计算可卸去约 2 700t 的荷载。

选取下横梁已浇筑的下层最不利的两个截面,通过"结果→梁单元细部分析"查看其应力,如图 22-20 和图 22-21 所示。由图可见,两个单元的全截面上的正应力,除 6 号单元上缘有 0.06MPa 的拉应力外,其余均为负值,即几乎为全截面受压,因而底板预应力总吨位大约为总张拉控制吨位的 75% 时,结构不会出现开裂。

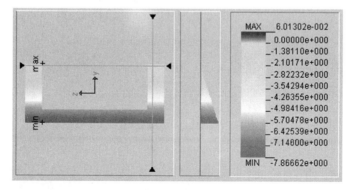

图 22-20　6 号单元截面应力图(工况三,单位:MPa)

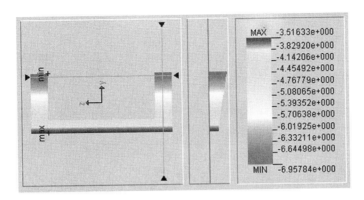

图 22-21　21号单元截面应力图(工况三,单位:MPa)

3.1.4　工况四的分析结果

同工况二。

3.1.5　支撑稳定性验算

(1) $\phi900$ 钢管支撑稳定性验算如表 22-1 所示,表中验算两种不同长度的钢管的稳定性。

钢管支撑稳定性验算　　　　　　　　　表 22-1

柱号	轴力 (t)	L (m)	A (m²)	I (m⁴)	i (m)	λ	φ	f (MPa)	f_y (MPa)
1	329.5(max)	13.47	5.53e−2	5.36e−3	0.32	42.1	0.937	63.6	215
2	199.8(max)	11.32	5.53e−2	5.36e−3	0.32	35.4	0.952	38.0	215

$$f = \frac{N}{\varphi A}, \lambda = \frac{L}{i} = L \cdot \sqrt{\frac{A}{I}},$$

$f_{max} = 63.6\mathrm{MPa} \leqslant f_y = 215\mathrm{MPa}$。

所以支撑满足稳定条件。

(2) 人字形支撑稳定性验算

人字形支撑轴力如图 22-22 所示,压杆轴力最大值为 128.1t。压杆的稳定性验算如表 22-2 所示。

人字形支撑稳定性验算　　　　　　　　表 22-2

方向	轴力 (t)	L (m)	A (m²)	I (m⁴)	i (m)	λ	φ	f (MPa)	f_y (MPa)
x 轴	128.1(max)	15.4	2.44e−2	8.18e−4	0.183	84	0.661	79.4	215
y 轴	128.1(max)	15.4	2.44e−2	5.32e−4	0.148	104	0.529	99.2	215

$f_{max} = 99.2\mathrm{MPa} \leqslant f_y = 215\mathrm{MPa}$

所以支撑满足稳定条件。

3.2　结论

分析结果汇总见表 22-3。根据所给条件经计算分析,下横梁支撑系统结构应力、变形可以满足工程要求。

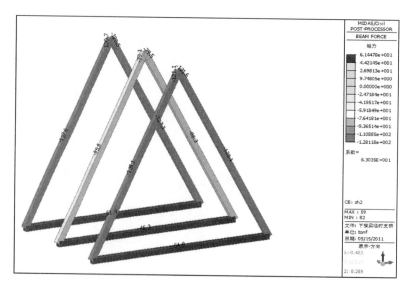

图 22-22 人字形支撑轴力图

下横梁临时支撑结构分析结果汇总　　　　　　　表 22-3

项　　目		工况一	工况二	工　况　三	工　况　四
支座反力（t）	竖向	57.9	329.5	底板预应力张拉总吨位大约为11 000t时大约可使支架卸载2 700t,此时支撑系统受力偏安全,结构可不进行验算。	第二次混凝土浇筑时,若底板预应力张拉总吨位为11 000t,支撑系统的受力状态如工况二。支撑系统承载处于安全范围内,结构可不进行验算。
	横向	7.7	17.4		
构件应力（MPa）	贝雷梁	72.7	242.8		
	其他构件	56.5	160.5		
支撑系统变形（mm）	竖向	10.9	11.7		
	横向	2.8	10.9		

参 考 文 献

［1］中华人民共和国国家标准. GB 50009—2001 建筑结构荷载规范［S］. 北京：中国建筑工业出版社,1992.